湖南文理学院知识产权中心研究成果
湖南文理学院习近平法治思想研究所研究成果
湖南文理学院知识产权科普教育基地研究成果

# 知识产权理论与实务

王 翀 著

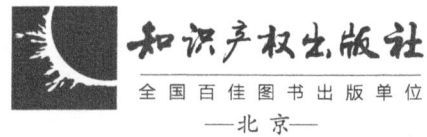

全国百佳图书出版单位
—北京—

图书在版编目（CIP）数据

知识产权理论与实务/王翀著. —北京：知识产权出版社，2022.9
ISBN 978-7-5130-8372-0

Ⅰ.①知… Ⅱ.①王… Ⅲ.①知识产权法—研究—中国 Ⅳ.①D923.404

中国版本图书馆 CIP 数据核字（2022）第 171506 号

责任编辑：栾晓航 王海霞　　　　　　责任校对：王　岩
封面设计：回归线（北京）文化传媒有限公司　责任印制：孙婷婷

## 知识产权理论与实务

王　翀　著

| 出版发行：知识产权出版社有限责任公司 | 网　　址：http://www.ipph.cn |
|---|---|
| 社　　址：北京市海淀区气象路 50 号院 | 邮　　编：100081 |
| 责编电话：010-82000860 转 8382 | 责编邮箱：luanxiaohang@cnipr.com |
| 发行电话：010-82000860 转 8101/8102 | 发行传真：010-82000893/82005070/82000270 |
| 印　　刷：北京建宏印刷有限公司 | 经　　销：新华书店、各大网上书店及相关专业书店 |
| 开　　本：720mm×1000mm　1/16 | 印　　张：17.25 |
| 版　　次：2022 年 9 月第 1 版 | 印　　次：2022 年 9 月第 1 次印刷 |
| 字　　数：300 千字 | 定　　价：78.00 元 |
| ISBN 978-7-5130-8372-0 | |

出版权专有　侵权必究
如有印装质量问题，本社负责调换。

# 前言

2021年10月,中共中央、国务院联合印发了《知识产权强国建设纲要(2021—2035年)》(以下简称《纲要》),提出要深度参与全球知识产权治理,建设面向社会主义现代化的知识产权制度。改革开放40余年来,随着中国加入WTO,世界经济一体化成为必然趋势,与此密切相关的知识产权竞争愈演愈烈。2020年新型冠状病毒肺炎疫情席卷全球,至今仍在蔓延;长期的中美贸易争端在一定程度上形塑了中国知识产权制度,也成为制定知识产权国家战略无法脱离的国际环境。鉴于此,为了转变知识产权价值观念,掌握知识产权规则,提高知识产权应用能力,增强知识产权自我诊断与预警能力,降低法律风险,提升科技竞争优势,实施国家知识产权战略具有深远的理论意义与实践价值。

本书的撰写,是作者基于自己20多年的专业研究与实务积累,也是贯彻落实《纲要》工作部署的具体举措。其出版的意义有三:一是通过开展知识产权基础性法律研究,促进建设新时代中国特色社会主义的知识产权制度,加快人工智能等新领域、新业态的知识产权立法;二是通过对知识产权国际保护制度的研究,促进建设支撑国际一流营商环境的知识产权保护体系,统筹推进知识产权国内法治与国际法治建设;三是加强知识产权国际化人才培养,塑造尊重知识、崇尚创新的知识产权文化理念,建设促进知识产权高质量发展的人文社会环境。

知识产权是"企业命运之系、立足之本、发展之根、创新之源"[①],这是

---

[①] 蒋言斌. 差距与转变:知识产权视角下的推究与反思[J]. 文史博览,2005(18):50.

对知识产权地位的高度概括，浓缩了在全球一体化背景下企业的发展目标和途径。知识产权能够使企业具有更强的竞争优势。专利权是技术创新的法权凝固，商标权是企业文化的高度浓缩和品牌价值的法权凝固；作品是作者人格的延伸，著作权使作品具有了拟制的法律人格，是不可侵犯的。本书阐述了著作权法、专利法、商标法、反不正当竞争法的理论与实务，并对人工智能知识产权保护、网络知识产权国际保护和知识产权刑法保护等前沿问题进行了专题探讨。通过研究理论基础、法律制度、行政管理和司法救济，逐一介绍了目前的立法动向和修法草案，以供读者学习和研究使用。在写作过程中，引用借鉴了诸位前辈专家的研究成果，在此表示诚挚的感谢。

由于学术水平所限，书中的缺点和错误在所难免，希望广大读者批评指正。

作者

2022 年 8 月 6 日

# 目录 CONTENTS

**第一章 知识产权与知识产权法** …… 001
 第一节 知识产权 / 001
 第二节 知识产权法 / 010

**第二章 著作权法** …… 034
 第一节 著作权和著作权法概述 / 034
 第二节 著作权客体和主体 / 037
 第三节 著作权的内容 / 049
 第四节 著作权和邻接权的法律救济 / 058

**第三章 著作权实务分析** …… 065
 第一节 著作权的法律保护 / 065
 第二节 著作权的管理 / 076

**第四章 网络著作权** …… 082
 第一节 网络著作权概述 / 082
 第二节 网络著作权的侵权形式 / 087
 第三节 网络著作权的法律限制 / 090
 第四节 网络著作权的法律保护 / 095

**第五章 专利法** …… 102
 第一节 专利法概述 / 102
 第二节 专利权的保护对象 / 106
 第三节 授予专利权的实质条件 / 111
 第四节 侵犯专利权的行为 / 116

## 第六章　专利权实务分析 ……………………………………… 124
第一节　专利权的取得程序 / 124
第二节　专利权的期限、终止与无效 / 136
第三节　专利权的法律保护 / 142
第四节　人工智能算法的专利保护 / 152

## 第七章　商标法 ………………………………………………… 165
第一节　商标和商标法 / 165
第二节　商标权的内容和利用 / 170

## 第八章　商标权实务分析 ……………………………………… 178
第一节　商标权的取得程序 / 178
第二节　商标管理 / 192
第三节　商标权的法律保护 / 199

## 第九章　反不正当竞争法与实务分析 ………………………… 221
第一节　反不正当竞争与知识产权保护 / 221
第二节　不正当竞争行为的概念与特征 / 224
第三节　与知识产权有关的不正当竞争行为 / 226

## 第十章　网络知识产权的国际保护 …………………………… 232
第一节　知识产权的国际保护 / 232
第二节　网络环境下著作权国际保护的新发展 / 238
第三节　网络域名的国际保护 / 245
第四节　商业方法专利的国际保护 / 246
第五节　网络环境下知识产权国际保护的完善 / 247

## 第十一章　知识产权保护的新需要与刑法完善 ……………… 251
第一节　知识产权犯罪的现状与发展趋势 / 251
第二节　知识产权犯罪的预防与刑法保护的完善 / 254
第三节　创新变革中的知识产权法律保护问题 / 262

## 参考文献 ………………………………………………………… 267

# 第一章 知识产权与知识产权法

> **导读**　知识产权是人们对自己在智力劳动中创造的成果和工商业经营管理活动中的标记、资信等依法享有的权利的统称。本章简要地阐述了知识产权的概念、范围和特征，并对知识产权法的概念、基本原则加以论述。

## 第一节　知识产权

### 一、知识产权的概念

#### （一）"知识产权"称谓的演进

从词源来看，"知识产权"一词最早是在17世纪中叶由法国学者卡普佐夫创设的，他认为一切来自知识活动领域的权利统称为知识产权。后来，比利时法学家皮卡第对其有所发展，认为知识产权是一种特殊的权利范畴，从根本上不同于对物的所有权。

在不同的国家和地区，对知识产权的称谓不尽相同：在日本被称为"无体财产权"；在我国曾被称为"智力成果权"，直至《民法通则》颁布，国内才统一使用"知识产权"的称谓。"知识产权"一词经过三百多年的演变，直至世界知识产权组织（World Intellectual Property Organization，WIPO）成立,"知识产权"一词才被世界上大多数国家和国际组织广泛认可。

(二) 知识产权概念解析

要理解知识产权的概念,应当重点把握知识产权法律关系的三个基本要素——知识产权法律关系的主体、客体、权利内容。

知识产权法律关系的主体是指知识产权法律关系的参与者,即在知识产权法律关系中享有一定权利和承担相应义务的人。知识产权与物权、人格权均属于绝对权、对世权,权利主体特定,义务主体不特定。知识产权的权利主体按照权利产生的顺序分为原始主体和继受主体,前者如通过授权程序取得专利权、商标权的人以及创作作品的作者,后者如知识产权转让中的受让人、继承人、受赠人等;义务主体是权利人以外的任何人。知识产权的权利主体还可以按照权利人的自然状态分为自然人、法人;按照国籍分为中国人、外国人。

知识产权法律关系的客体是知识产权、权利义务共同指向的对象——知识产品,包括智力成果和工商业标记。智力成果是指人类在改造自然和社会的过程中所创造的脑力劳动成果,其融入了完成者的聪明才智及其对事物或现象的独特认识,仅对已有知识的再现或简单重复不是智力成果。工商业标记是生产经营者在经营活动中使用的符号标记。然而,并非所有的智力成果、工商业标记都可以成为知识产权的客体。知识产权是法定的权利,其客体的种类和范围、权利内容、权利救济方式等均依据法律规定,只有符合法律规定的条件才能成为知识产权的保护对象。例如,我国专利法规定,授予专利权的发明创造要具有新颖性、创造性、实用性;享有著作权的作品要具备独创性;工商业标记要具备显著性等。知识产权的客体是知识产权法律关系产生的前提和基础,也是知识产权的保护对象。技术的发明、作品的创作等法律事实能够引起知识产权法律关系的产生、变更、消灭,即知识产权的取得、转让、许可使用、权利终止等。

知识产权的客体具有财产性。根据劳动价值理论,知识产品具有商品的二重性——价值和使用价值,知识产品的价值表现在知识产品凝结了创造者的社会必要劳动,知识产品的使用价值表现在它能够满足人们物质或精神生活的需要,通过对知识产品的应用、交换发挥其效用,因此知识产品具有财产价值,是无形财产的一部分。知识产权的私权性质也取决于其客体的财产属性。Intellectual Property Right 中"Property"的词义是财产、资产、所有物、所有权等。Property Right 的词义是产权、财产权。英美法国家采用狭义的财产概念，"财产"相当于大陆法系的"物"（有体物）；大陆法国家采用的是广义的财产概念，"财产"泛指一切能带来经济利益的事物。卡尔·拉伦茨在其所著的《德国民法通论》中指出："'财产'也是指一个人对某个东西所拥有的权利总和，只有权利属于财产，而且这些权利是具有金钱价值的，在这种意义上，纯粹的人格权和具有人身性质的家庭权利不属于财产。"财产与财产权是内容与形式的关系，二者属于同一范畴，财产权是法律对财产的认可或确认。按照财产权一般原理，法律上的财产必须符合三个条件：一是因稀缺而具有价值；二是能够归属于某一特定主体拥有，该主体能够排除他人的共享和干涉；三是可以以一定价格让渡给他人。依此来衡量，知识产品符合上述所有条件，故能够作为财产。

知识产权法律关系的内容是指权利人享有的权利及义务人应承担的义务。知识产权属于私权性质的民事权利，具有独占性、排他性、支配性。知识产权的权利内容依据法律的创设，权利人享有对其智力成果和工商业标志的独占性控制支配及排除他人非法干涉的权利，即自己行使权利及许可他人行使权利、将权利转让或许可给他人，以及在权利受到侵害时获得法律救济的权利。义务人负有不得非法使用知识产品的义务，即表现为一种消极的不作为、不侵害义务。根据不同的知识产权类别，其权利体系、权利内容不同。

除了从法律关系的三个基本要素来理解知识产权的概念以外，还应当明确，知识产权是法定权利而非自然权利，按照物权法定主义原则，权利的创设及权利义务内容等皆由法律规定，不能由当事人自行约定。物权法定主义原则在知识产权中同样适用。知识产权是基于法律调整而产生的权利，其保护范围、权利取得、权利内容、权利行使、保护手段等必须经法律确认和规定。在权利客体上，因智力成果的产生、利用、终止所形成的社会关系只有经过法律确认才能上升为知识产权法律关系，成为知识产权的客体。如著作权保护的客体——作品，按照《保护文学艺术作品伯尔尼公约》（以下简称《伯尔尼公约》）及《中华人民共和国著作权法》（以下简称《著作权法》）的规定，著作权自动产生，但受著作权保护的作品应当具有独创性、可复制性。商业秘密作为一种未上升为权利的"法益"，虽然不经授权产生，但法律也规定了其构成条件，《中华人民共和国反不正当竞争法》（以下简称《反不正当竞争法》）规定，商业秘密的构成条件应具备秘密性、价值性、保密性，缺少其中任何一个，将不能作为商业秘密而受到保护。商业秘密其实就是一种未上升为权利的法益，其内容不公开,这与物权法定主义原则相悖,物权法定必然伴随着公示公信。再如学界所探讨的域名、数据库等能否作为知识产权的客体,依然取决于法律规定,在立法机关未在设权法中作明文规定之前,只能作为一种未上升为权利的"法益"来保护。广义的"法益"是一切受法律保护的利益,包括法定的权利和未上升为权利的"法益"。知识产权为法定权利,也说明了国家因公共政策的需要,决定将哪些知识产品列入保护范围,哪些不予知识产权保护,体现了法律实现公共政策目的的工具职能。

## 二、知识产权的范围与分类

### (一)知识产权的范围

知识产权国际化、一体化趋势的增强,使建立知识产权制度的国家不断增加;《与贸易有关的知识产权协定》(《TRIPS 协定》)的强大影响力,使各缔约方更应当以全球化、国际化的视野来确定知识产权保护范围。建立知识产权制度的国家和地区一般以两个重要的知识产权国际公约为蓝本,确定其国内法中知识产权的保护范围,即《建立世界知识产权组织公约》和《TRIPS 协定》。

1. 《建立世界知识产权组织公约》划分的知识产权

《建立世界知识产权组织公约》规定的知识产权包括:与文学、艺术及科学著作或作品有关的权利(著作权或版权);与表演艺术家的表演以及唱片和广播节目有关的权利(邻接权);与人类一切领域内的发明有关的权利(发明专利权);与科学发现有关的权利(科学发现权);与工业品外观设计有关的权利(外观设计权);与商标、服务标记以及商业名称和标志有关的权利(工商业标记权);与制止不正当竞争有关的权利;在工业、科学、文学或艺术领域内由于智力活动而产生的一切其他权利。

版权是指权利人对其文学、艺术及科学作品依法享有的权利;邻接权是指作品的传播者在传播作品过程中产生的与原创作品有关的权利;发明专利权是指发明人依法对其发明创造享有的专有性权利;工商业标记权是指工商业标记的所有人依法对其商标、商号等享有的专有专用的权利;与制止不正当竞争有关的权利是指制止以不正当竞争手段损害竞争对手合法权益的权利。

《建立世界知识产权组织公约》采取列举与概括相结合的方法规定了知识产权的范围,其中第 8 项是一个兜底式、开口式规定,包含人类一切智力创造活动所产生的权利,此项规定为知识产权范围的扩展预留了空间,能够适应因科学技术发展而带来的客体扩大的需要,但仍存在范围宽泛的弊端。该公约第 16 条虽然规定对本公约不得作任何保留,但是大多数成员国的国内法并没有完全按照该公约划分的范围保护知识产权,例如,只有中国及其他个别国家承认科学发现权,大多数国家并不承认其私权性质。各国学者对《建立世界知识产权组织公约》所划定的知识产权范围也存在争议,其他知识产权国际公约也未将发现权、发明(非专利发明)权列入知识产权范围。我国学界多主张把发现权、发明权排除在知识产权之外。知识产权理论认为,科学发现不宜作为知识产权的保护对象,对科学发现权进行知识产权保护是不妥当的,认为"诸如发现权、发明权以及其他科技成果权并非对智力成果的专有使用权,而是一种取得荣誉及获取奖励的权利,该项制度应归类于科技法"[1]。我国传统法律制度并未赋予发现人以独占使用权,而只赋予其署名权、获得奖励和报酬等人身权以及与人身权利密切相关的财产权,这些权利与知识产权的私权性、财产权性、排他性、独占性截然不同。

2. 《TRIPS 协定》规定的知识产权

《TRIPS 协定》规定的知识产权包括版权和相关权、商标权、地理标识权、工业设计权、专利权、集成电路布图设计(拓扑图)权、对未披露信息的保护权、对协定许可中反竞争行为的控制权。

地理标记识是指对来源于一成员领土或该领土内一地区或地方的货物,该货物的特定质量、声誉等与当地的地理环境、传统技术等自然因素或人文因素有关的一种标识的权利;集成电路布图设计(拓扑图)权是指权利人对其布图设计进行复制和商业利用的专有权利;对未披露信息的保护权是指自然人和法人应有可能防止其合法控制的信息在未经其同意的情况下,以违反诚实商业行为的方式向他人披露,或被他人取得或使用的权利。

《TRIPS 协定》的签订标志着知识产权国际保护框架和机制已经形成。该协定是 WTO 的一揽子协议之一,是一项重要的知识产权国际公约。《建立世界知识产权组织公约》与《TRIPS 协定》相比,前者范围较宽泛,后者范围较窄。《TRIPS 协定》从知识产权贸易的角度划分知识产权,而与贸易无关的"科学发现权"、范围过于宽泛的"在工业、科学、文学或艺术领域内由于智力活动而产生的一切其他权利"被排除在外。科学发现权未被纳入《TRIPS 协定》知识产权范围,其原因在于:一是科学发现权与贸易无关;二是科学

---

[1] 吴汉东. 知识产权基本问题研究 [M]. 2 版. 北京:中国人民大学出版社,2009:149.

发现权不属于人类所创造的智力成果，只是人类对客观世界固有的现象或规律的认识，不是人类行为干预的结果。发现不同于发明。《TRIPS 协定》将地理标识权作为一项独立的知识产权，是基于其在国际贸易中的重要性；集成电路布图设计（拓扑图）权的引入反映了该协定对集成电路新技术的产生在知识产权领域的回应；将对未披露信息的保护权列入知识产权范畴，统一了对商业秘密性质的认识。

WTO 成员虽然在《TRIPS 协定》框架下具有保护知识产权的义务，但各国国内法在遵守相关国际公约最低保护标准的前提下，按照各国国内法相互独立原则保护知识产权，各国的经济、文化、政治、历史条件存在差异，使其在知识产权保护客体、权利内容、权利救济等方面有所不同。例如，我国专利权的客体包括发明、实用新型、外观设计三种发明创造，对科学发现、动植物品种不授予专利权；而美国专利法号称"对阳光下任何人造事物均授予专利权"，其专利权的客体包括发明与发现，其所称"发现"实为"发明"的同义语，而且其对动植物品种也授予专利权。此外，知识产权虽然是一种私权，但其负有执行公共政策的"使命"及实现国家技术进步与社会发展的目标，各国国内法一般根据本国国情及政策需要来确定知识产权范围。

3. 我国规定的知识产权范围

我国《民法典》将知识产权作为民事权利之一，与有形财产所有权、债权、人身权并列，在知识产权项下，列举式地规定了作品，发明、实用新型、外观设计，商标，地理标志，商业秘密，集成电路布图设计，植物新品种，法律规定的其他客体八种知识产权客体。显然，我国《民法典》基本借鉴了《建立世界知识产权组织公约》规定的知识产权的类别。除了《民法典》所规定的著作权、商标权、专利权外，学界对将发现权、发明权及其他科技成果权作为支配性、独占性权利存在较大争议，主要原因在于这三种权利并不属于可支配的民事权利，而是体现为署名权，以及获得证书、奖金和其他奖励的精神权利。

笔者认为，知识产权体系中不应包括发现权、发明权及其他科技成果权。原因如下：其一，随着我国加入 WTO 及全球经济一体化的深入，我国具有履行该组织协议的义务，也包括《TRIPS 协定》，那么，在知识产权范围上应当与《TRIPS 协定》一致，不应包括发现权、发明权、其他科技成果权三种权利；其二，知识产权的客体是人类智力成果以及区别性标记，科学发现是人类对客观存在的、尚未揭示出来的自然现象、自然规律、事物性质迄今为止的一种认识，属于人类认识世界的范畴，不是人类的智力成果，不具有创造性。科学发现的对象是客观存在的自然事实，是公有领域的信息，不能被专有或独占。如某医生发现了一种罕见的疾病、某化学家发现了一种新的化学元素、某天文学家发现了一个新的星体等，国家可以给予发现者姓名命名的权利、精神和物质上的奖励，但并不能给予其知识产权的独占性权利。此外，发明与发现不同，发明是人的智力成果，发现则是对自然界早已存在的事物或现象的认识，但是二者有密切关系，发现属于基础研究领域，发明属于应用研究领域，许多发明是在发现的基础上产生的。

随着科技的发展和社会的进步，知识产权客体呈现扩大的趋势，新的知识产权类别在不断产生。如植物新品种权，根据《保护植物新品种国际公约》及《TRIPS协定》的规定，允许各国选择采取专有权、专利权或兼用两种形式保护植物新品种，我国采取专有权对其予以保护；数据库、商业方法、基因技术等也逐渐被纳入知识产权保护范畴。此外，域名、传统知识、遗传资源、民间文学艺术等在国际论坛或会议上已成为热门议题，有望被纳入法律保护范畴，而知识产权就是保护手段之一。

(二) 知识产权的分类

知识产权的传统分类按照所属领域的不同，划分为版权（文学产权）和工业产权两大类。版权是指文学、艺术及科学领域的智力成果所产生的权利，包括著作权与邻接权，《伯尔尼公约》是第一个保护版权的国际公约。工业产权是工业领域的智力成果及工商业经营活动中的标记产生的权利。工业产权在国际社会被认可始于《保护工业产权巴黎公约》（以下简称《巴黎公约》），该公约第1条第2项规定：工业产权的保护对象有专利、实用新型、工业外观设计、商标、服务商标、商号、产地标记或原产地名称以及制止不正当竞争。这里的"工业"二字应作广义的理解，不仅指工业领域，还适用于商业、农业、采掘业等，因此理解为"产业"较为贴切。

国际保护工业产权协会（AIPPI）东京大会将知识产权划分为创作性成果权利与识别性标记权利两大类，并增加了植物新品种权和计算机软件权。这种分类方式基本上揭示了两类不同性质的知识产权，并被我国学界所接受，在一些专著、教材中多采用这种分类方式。目前我国理论界一般按照知识产权权利客体的不同，将知识产权分为智力成果权和工商业标记权。前者包括著作权、邻接权、专利权、集成电路布图设计权、对未披露信息的保护权、与制止不正当竞争有关的权利、植物新品种权,后者包括商标权、商号权、地理标记权。随着科技的发展,知识产权客体的范围不断拓展,打破了知识产权二分法的局面,工业产权与文学产权保护对象产生融合、交叉,如实用艺术作品、具有功能性作用的计算机软件及商业方法软件等,这些对象因其表现形式兼具作品的独创性和发明创造的实用性特征,理论上称之为"工业版权",可以同时获得专利权及著作权的双重交叉保护。

(三) 知识产权范围的扩展

随着科技进步和社会发展,新的智力成果不断涌现。高科技的迅猛发展,使经济发展的基础由对稀缺资源的开发变为新技术的创新,而这必然带来新知识、新技术成果的产生,如集成电路技术、信息技术、现代生物技术等,这些高新技术的发展引起了知识产权范围的扩展、知识产权法域的拓宽。其中有些已经明确纳入知识产权国际公约的保护范围,而有些能否成为知识产权的保护客体在立法上尚未明确,在理论上仍存争议。换言之,知识产权客体的外延是确定的,可以依据相关国际公约来确定,而其内涵具有不确定性,有争议的客体能否被纳入知识产权保护范畴?首先,从法理上分析,能否作为同一部门法的主要依据是调整对象(即客体),考察这些客体是否具有基本相同的性质,而知识产权客体的共性是创造性或识别性;其次,从知识产权制度的价值目标来看,其虽然是私权,但具有执行国家公共政策的职能,因此还应当考虑一国国情,从本国的经济、政治、历史、文化现状出发,从有利于创新和经济增长、社会发展等角度综合考虑,在考量基本国情的前提下,应与国际知识产权保护规则基本一致;最后,知识产权是法定的权利,能否作为知识产权客体,必须依据法律规定或认可,权利保护范围、调整对象、权利创设与权利义务内容皆应由法律规定。

笔者认为,高新技术领域的成果可以成为知识产权的保护对象。高新技术主要包括信息技术、现代生物技术和微电子技术。信息技术是指利用电子计算机、遥感技术、现代通信技术、智能控制技术等获取、传递、存储、显示和应用信息的技术。信息技术给传统知识产权制度带来了挑战,尤其是网络技术对版权制度的冲击最大,如数据库、计算机软件、网络传播行为等,使原有的版权保护体系和原则难以适用,传统版权制度不得不构建新的规则体系。欧盟1995年《数据库保护指令》将无独创性数据库作为"准版权"客体予以保护,以补偿数据库制作人付出的非创造性劳动与投资(有些国家以竞争法进行保护或以特殊权利进行保护），我国著作权法将独创性数据库作为汇编作品给予保护，但是对不具有独创性的数据库如何进行保护尚无规定。网络中的虚拟财产（网络游戏装备、ID卡、Q币、收费电子邮箱等）的性质及其法律保护模式，对整个民事法律制度提出了挑战。网络域名的注册使用与商标发生冲突，抢先把他人的商标注册登记为域名，会导致商标权人对域名的使用出现障碍。因此，网络域名的性质、域名本身与商标冲突如何解决等问题，给商标制度提出了挑战。现代生物技术的发展引发了越来越多的牵涉法律、政治、经济、社会伦理等方面的棘手的问题，对现代生物技术中的基因技术生物遗传资源应否给予法律保护，也对知识产权制度提出了挑战。

另外，商品化权（或形象权，是指对人的姓名、肖像等的商业化使用，包括文艺作品中塑造的人物）、商誉权能否纳入知识产权保护范畴？显然，这两类无法归入创造性成果权或工商业标记权中，应深入研究欧盟、美国、日本等已经对商品化权予以保护的地区或国家的做法。进入21世纪以来，以发展中国家为主力，很多国家在国际社会积极呼吁对遗传资源、传统知识、民间文学艺术予以法律保护，尤其是予以私权方式的保护，但是国际规则的出台却步履维艰，而这些与知识产权具有不可分割的联系，因此，遗传资源、传统知识、民间文学艺术以及非物质文化遗产的知识产权保护依然是知识产权领域研究的热点问题。

知识产权制度的产生和发展与科学技术的进步相伴随，保护新技术成果的最直接、最有效的法律制度是知识产权制度，因此知识产权法学需要不断研究新问题，以促进相关法律制度的构建和完善。知识产权新客体的不断产生，愈加证明了随着科技进步，知识产权法已成为最具有活力的法律部门之一。知识产权制度的产生距今只有三百多年的历史，与其他民事权利理论及制度相比仍不够完善和成熟，存在许多悬而未决的问题。知识产权法学目前在我国是新兴学科，理论界对许多基本问题尚存在争议，随着信息技术、现代生物技术等高新技术的发展，知识产权新客体（如数据库、域名、商业方法软件等）不断产生，导致知识产权的保护范围逐渐扩大，不断有新的课题需要研究。因此，作为"社会制度创新典范"，知识产权具有活跃、易变动的特点，能够挖掘、激励人的创新能力，促进生产力发展，推动社会进步。

## 第二节 知识产权法

### 一、知识产权制度的理论基础

每种法律制度都应当具有一定的理论支撑。学界关于知识产权制度的理论基础问题形成了多种学说，分别从不同的角度揭示知识产权制度的正当性、合理性，这也是知识产权财产权性质的理论基础。代表性观点如下。

(一) 财产权劳动理论

财产权劳动理论被学界首推为知识产权制度的理论基础。近代财产权劳动理论的创始人英国自然法学家洛克基于自然权利理论，阐述了劳动是获得私人财产权的重要途径及其合理性所在。洛克指出，"每个人对他自己的人身享有一种所有权，除他以外任何人都没有这种权利。他的身体从事的劳动和他的双手所进行的工作，我们可以说，是正当地属于他的"①。财产权是以劳动为基础的自然权利，劳动是取得财产权的依据。洛克的财产权劳动理论不但为解释有形财产权的合理性提供了极为重要的理论基础，而且为知识产权作为一种私权而存在提供了合理的解释。人类劳动既包括体力劳动，也包括智力劳动。知识产品是智力劳动的产物，也是一种财产，劳动者对知识产品同样享有财产权利，只是其权利客体为无形财产。洛克的"既然劳动是劳动者无可争议的所有物，……至少在还留有足够好的东西给其他人所共有的情况下，事情就是如此"②的理论是知识产权利益平衡原则的依据。财产权劳动理论的核心是，财产权是以劳动为基础的自然权利。

当然，应该认识到，洛克的自然权利理论在解释知识产权制度时存在一些问题，如人们并非对自己的劳动成果（包括智力劳动成果）自然地享有权利。依照专利制度的先申请原则，对相同发明创造的不同申请人只授予一个专利权，而驳回后一申请，尽管后一申请人独立完成了发明创造，付出了自己的创造性智力劳动，但其并不享有取得专利权的资格。商标权也是如此。专利权、商标权需经授权才能产生，而非自然取得。

---

① 洛克. 政府论：下篇 [M]. 叶启芳，瞿菊农，译. 北京：商务印书馆，1964：19.
② 洛克. 政府论：下篇 [M]. 叶启芳，瞿菊农，译. 北京：商务印书馆，1964：18.

### (二) 财产权人格理论

财产权人格理论是关于财产和财产权的一种重要理论，其发端于欧洲的思想家、哲学家，以德国哲学家康德和黑格尔为代表，其中黑格尔的财产权人格学说较为著名。康德理论的核心是自由意志理论，即"意志体现在任何物中"，他认为财产权是人的自由意志与天赋权利。黑格尔认为，将财产作为人格的组成部分，是因为人的意志体现于其中。在纷繁复杂的社会中，人正是通过对财产的占有、使用、获益和处分，从而划定了自己与他人的各种界限，表明了自己独立和自由的人格，以及其在社会中的地位。该理论的核心是强调人的精神权利。就像把劳动理论运用到知识产权中一样，将人格理论适用到知识产权中似乎还有一种直觉的效果——知识产权是人的大脑的创造物，负载在人的智力创造物中，是智力创造者人格思想和自身价值的体现。因此，循着这一思路，知识产权制度不但应当注重对知识产品生产者财产权利的保护，而且应当注重对知识产品生产者精神权利的保护。特别是在文学艺术作品中，著作权人的人格性表现得更为突出。例如，康德在关于知识产权的简短论述中，强调作品是作者的思想和人格的表现，保护知识财产的权利也就是保护作者人格的权利。

以康德和黑格尔的人格理论为基础形成了德国和法国的知识产权制度，尤其是以该理论为基础的著作权制度。然而，人格理论在知识产权适用上也存在一定的局限性。例如，人格理论将知识产品看成是创造者人格的体现，但专利权、商标权却是单一的财产权。

### (三) 社会契约论 (公共契约论)

法国启蒙思想家卢梭在《社会契约论》一书中，在对洛克的财产权劳动理论进行批判的基础上，提出了以社会契约为基础、以社会公意为依据的新的财产观。他将财产权的依据归结为体现主权者（人民）意志的公意，认为公意具有决定相应社会状态下一切事物合法性的力量，当然也就决定了私有财产权的合法性。财产的自然占有状况只是享有权，它以个人强力和先占为依据。只是在进入国家状态之后，在体现社会公意的法律的作用下，使得对物的占有事实成为正式的财产权利，即所有权。卢梭认为，劳动只能产生占有权，所有权只有通过社会契约才能产生。

社会契约理论为知识产权制度提供了一个合理的解释。由于知识产品的非物质性特征,一旦将其公开,可能被人们广泛、无偿地利用。如果没有一个机制保护知识产品创作者,控制其知识产品的复制和传播,那么其创造性的劳动将化为乌有。而按照社会契约论,知识产权是以国家面貌出现的社会与知识产品所有人之间签订的一项特殊的契约,即权利垄断与知识公开的契约关系。知识产品所有人将自己的作品和发明公布出来,使公众了解其中的专门知识;而公众则承认知识产品所有人在一定时期内享有其中的专门知识。只有这样,每个人才能享受到更多的财富和更大的安全。如果专利权人以专利技术方案的公开获得了或"换取了"一定期限的独占性权利,相当于国家与权利人之间的公共契约关系。授予专利权是国家对权利人个人价值的承认,对其发明创造的贡献的肯定,权利人的义务是公开其技术方案的内容,使公众获知其新技术的内容,从而启迪相关技术领域人员的思维,使其研发出更先进的新技术,也减少了重复研究,促进了技术的进步和广泛传播,是专利技术社会价值的体现。

知识产权制度的理论基础还有萨伊的无形产品理论,麦克劳德、凡勃仑的无形财产理论,考特、尤伦的知识产品理论,扎霍斯的抽象物理论等,众多学者从不同方面为知识产权制度的建立提供理论支持,近年来理论界还提出了激励理论、利益平衡理论等观点。

## 二、知识产权法的调整对象与部门法归属

### (一) 知识产权法的调整对象

民事权利的本质特征是以平等主体之间的财产关系和人身关系为调整对象,知识产权法的调整对象与民法的调整对象基本一致,并无独立的调整对象。知识产权法的调整方法和适用原则主要是民法的调整方法和适用原则。"在多数情况下,知识产权保护适用传统民法一般原则"[1],因为民法是私法之基础,是私法之集大成,代表着私法的最一般规则。知识产权法是调整在知识产品的创造、利用、保护过程中产生的各种社会关系的法律规范的总称,知识产权法的调整对象包括三个方面:第一,在知识产权的取得或产生过程中形成的社会关系。如在专利权、商标权取得过程中,申请人与国家有关行政管理部门之间产生的社会关系。虽然涉及申请人与国家有关部门的社会关

---

① 郑思成. 民法草案中知识产权篇(总则)的专家建议稿及说明:上[J]. 电子知识产权, 2011 (10): 131-134.

系，但此时国家是以一个平等主体身份出现的，不是行政管理者的身份，依然属于平等主体之间的社会关系。国家机关的登记、审查等行为并非其公权力的体现，而是作为私权利的辅助，将权利设立与变动的信息向社会公开，以便第三人了解相关信息，使权利移转形成公信力，起到确权、公示的作用，是私法制度的一部分。登记、审查等程序的存在并没有改变知识产权法的调整对象与调整方法。知识产权法的调整对象仍然是平等主体之间的财产关系和人身关系，所适用的调整方法依旧为平衡、平等主体之间的利益，公权力的介入是以尊重私权利为前提，其目的是实现和保障知识产权作为私权利的使命，私权利本身的属性并没有因此改变。第二，知识产权的利用关系。取得权利之后，权利人在行使知识产权过程中与相对人所产生的社会关系，包括权利转让中转让人与受让人之间的社会关系、使用许可中许可方与被许可方之间的社会关系等。权利转让与许可使用均为平等主体之间通过合同方式来确定双方的权利义务。第三，在知识产权保护过程中产生的社会关系。知识产权被侵权后，权利人为保护知识产权与侵权人之间产生的社会关系，体现为法律责任制度。

(二) 知识产权法的性质

自古罗马学者乌尔比安首先提出公私法的划分方法以来，大陆法国家承继并发展了公私法的划分标准，形成了"主体说""利益说""意志说"等多种观点，其中包含主体、利益与意志综合说的判断标准是基本可行的。私法以权利本位为首要价值目标，调整权利之间的关系；公法遵循国家利益本位原则，调整权力与权利之间的关系。近年来，第三法域的社会法正在兴起，交织了公法与私法规范，以社会本位为原则，即以不特定大多数人利益为本位，通过限制私权利和公权力来保障不特定多数人的利益，包括社会保障法、劳动法、环境保护法等。尽管可以从理论上清晰地划分两个或三个法域，但实际上没有纯粹的公法，也没有纯粹的私法，社会法的出现并未动摇公私法划分的基石。私法中公法性质规范的设计与适用，其目的是服务于私益的实现；而公法中私法性质规范的出现，则是为了让公共事务管理中机关或个人在行使必要的自由裁量权时有章可循。

知识产权法具备私法调整平等主体之间的财产关系与人身关系的基本特征，既遵循权利本位、个人本位的价值理念，又具有执行公共政策的特殊职能，即兼顾社会本位的理念，但是这丝毫不能改变知识产权法的私法性质。

知识产权法属于民法的分支，也是大陆法系国家的主流观点。由于知识产权法没有独立的调整对象及调整手段，因此不能成为一个独立的法律部门。知识产权法属于民法范畴，但又是相对独立的财产权体系，大多数国家将知识产权法作为单行法立法，少数国家在民法中对其进行规定，这也说明知识产权法属于民法范畴的相对独立的部门法。传统民法的财产法分为财产归属法与流转法两大类，即物权法和债权法，知识产权在本质上具有财产权性质，其基本属性与有形财产权相同，知识产权法也属于财产法，因此，财产法的一般制度适用于知识产权法。但是，知识产权的特性使其不能被简单地划归于物权或债权范畴，知识产权客体的非物质性、易复制、传播快、不能被主体实际占有和控制等特点，决定了其在法律适用上并不能简单地套用一般财产法制度，而应给予特别保护，这也是大多数国家的知识产权法采取单行法立法的原因之一。

知识产权法虽然属于私法，但其包含较多的程序性规范和公法规范，然而其主导性规范仍为民事规范。其中的行政法规范主要用于知识产权管理和知识产权行政执法：知识产权在权利设定、权利管理、权利变动、权利救济程序上，有更多的行政管理行为介入，如在权利产生过程中，有些知识产权的取得必须由国家有关机关经过一定的行政审批程序才能实现；专利权、商标权流转过程中的转让、使用许可登记、备案制度，以及专利权、商标权确权的措施，乃至知识产权的部分内容（保护范围、保护期限等）在授权过程中的确定，均由行政法规范调整。而权利的行使取决于权利人的主观意愿，由知识产权法调整。《TRIPS协定》及许多建立知识产权制度的国家在其国内法中均规定了知识产权行政执法的内容，我国知识产权立法与相关国际公约保持一致。由此可见，知识产权法包含公法和程序法的内容，具有私法与公法相结合的特点，在立法技术上，这些内容有利于保持法律文件的完整性。法学理论认为，公权与私权在法律上体现为公法与私法的调整。知识产权是私权，知识产权法是私法、实体法，虽然其具有一些公法和程序法的内容，但在本质上仍然属于私法范畴的实体法，其主导性规范仍为民事法律规范，不能因其包含公法和程序法内容而否定其私权性质和私法性质，不能否定其作为民法体系组成部分的本质属性。知识产权法中的行政管理和行政处罚、刑事处罚的公法规范，是通过国家的参与来加强法律的一致性和稳定性，为知识产品的创造活动创建一个公平竞争的社会环境，一定意义上体现了知识产权利益平衡原则——在保护权利人合法权益的同时，最终要维护社会公共利益，这也是国家本位、社会本位理念的体现。从立法的目的来看，知识产权保护加入了公法保护的方法，其最终目的是保证作为私权的知识产权的实现，其私权性质并不因此而发生改变。

(三) 知识产权法的部门法归属

法律部门是指由所有调整同一类别社会关系的法律规范所构成的部门。知识产权法的部门法归属或称法律地位，是指知识产权法在整个国家法律体系中所处的地位。法律体系是由一个国家全部现行法律规范按照一定标准和原则划分为不同法律部门而形成的内容和谐一致、有机联系的统一体法律部门，其划分标准一般是调整对象和调整方法。

知识产权法的部门法归属在国内外理论界曾存在争议，主要有三种观点：民法的分支、综合性法律部门、相对独立的法律部门。

国内外理论界一般认为，知识产权法是民法的组成部分。世界上建立知识产权制度的国家，均以立法承认知识产权的民事权利性质。这是基于知识产权法与民法调整对象和调整方法的一致性，民法的基本原则、基本制度、法律规范适用于知识产权法，民法理论是知识产权法的基础。调整平等主体之间的财产关系与人身关系是民事权利的最本质特征，而知识产权法是调整平等主体之间在智力成果的创造、利用、保护过程中所产生的各种社会关系，包括财产关系和人身关系，具备民法的最本质特征。知识产权法的调整对象属于民法调整对象的一部分，二者是种属关系，属为民法调整对象，种为知识产权法调整对象。在当代，学界及各国立法关于知识产权法属于民法分支已不存在争议，知识产权的私权性质在国际上得到了普遍认可，知识产权法的私法性质已成定势。

综合性法律部门之说认为，知识产权法本为私法、实体法，但其中的公法规范、程序法规范（如知识产权法中的行政管理、行政处罚、刑事规范，专利法及商标法的行政审批程序等）、国际保护等内容，使其与民法、刑法、行政法、国际法等联系紧密，因此应当为综合性法律部门。笔者认为，知识产权法中的程序性规范依附于实体法而存在，具有公法与私法相结合的特点，行政管理、行政处罚及刑事制裁等公法规范的存在是为了更好地保证知识产权这一私权的实现，不足以影响该法的私法性质。综合性法律部门之说过于宽泛，会掩盖知识产权法的私法属性。

关于知识产权法的部门法归属，我国在知识产权研究的初期还有一些其他观点，如认为知识产权法应归属于科技法。理由是专利权、著作权、集成电路布图设计权、技术秘密权、植物新品种权等也属于科技成果权，其客体为科技成果，因此其产生的科技社会关系应当属于科技法的调整对象。笔者认为，一方面，科技法与知识产权法的调整对象虽有交叉，但是有各自的研究领域，知识产权中的商标权、商号权、地理标记权等商业标记权没有任何技术性，不属于科技成果权；另一方面，科技法所调整的科技社会关系包括科技管理关系和科技财产关系，其中的科技管理关系不属于平等主体之间的社会关系，不属于知识产权法的调整对象。

知识产权法与民法、反不正当竞争法等部门法之间，既存在法律适用上的冲突，又存在法律保护上的协调，如权利冲突及双重保护，包括各项知识产权间的冲突及与知识产权其他民事权利的冲突；反不正当竞争法与知识产权法在调整对象上存在交叉与重合，反不正当竞争法对知识产权法起着补充保护和附加保护的作用。

### 三、中国知识产权法律渊源与执法机制

（一）中国知识产权法律渊源

1. 《宪法》是制定知识产权法律的依据

《中华人民共和国宪法》（以下简称《宪法》）是我国基本法律的制定依据，知识产权法也不例外，知识产权法不能与《宪法》相抵触。《宪法》第20条规定："国家发展自然科学和社会科学事业，普及科学和技术知识，奖励科学研究成果和技术发明创造。"第47条规定："中华人民共和国公民有进行科学研究、文学艺术创作和其他文化活动的自由。国家对于从事教育、科学、技术、文学、艺术和其他文化事业的公民的有益于人民的创造性工作，给以鼓励和帮助。"这些规定是制定知识产权基本法律和特别法及其规章制度的根本依据。

2. 知识产权基本法律

我国《民法典》是关于知识产权法的基本法律。《民法典》第一编"总则"的第五章之第123条规定了"作品，发明、实用新型、外观设计，商标，地理标志，商业秘密，集成电路布图设计，植物新品种，法律规定的其他客体"八种知识产权客体，并且对权利内容和权利保护作出了规定。

3. 知识产权特别法（单行法或专门法）

知识产权特别法包括《中华人民共和国专利法》（以下简称《专利

法》)、《中华人民共和国商标法》(以下简称《商标法》)、《中华人民共和国著作权法》(以下简称《著作权法》)、《中华人民共和国反不正当竞争法》(以下简称《反不正当竞争法》)。

4. 知识产权行政法规

知识产权行政法规包括《中华人民共和国专利法实施细则》(以下简称《专利法实施细则》)、《中华人民共和国商标法实施细则》(以下简称《商标法实施细则》)、《中华人民共和国著作权法实施条例》(以下简称《著作权法实施条例》)、《计算机软件保护条例》《中华人民共和国植物新品种保护条例》(以下简称《植物新品种保护条例》)、《集成电路布图设计保护条例》《中华人民共和国知识产权海关保护条例》(以下简称《知识产权海关保护条例》)、《信息网络传播权保护条例》等。

5. 最高人民法院关于审理知识产权案件的司法解释

最高人民法院关于审理知识产权案件的司法解释包括《最高人民法院关于审理商标民事纠纷案件适用法律若干问题的解释》《最高人民法院关于审理侵犯专利权纠纷案件应用法律若干问题的解释》《最高人民法院关于审理著作权民事纠纷案件适用法律若干问题的解释》《最高人民法院适用反不正当竞争法若干问题的解释》等。

在国内法的适用上，根据特别法优先适用的原则，当民法与知识产权法均有规定时，首先适用知识产权法，知识产权法没有规定时适用《民法典》。关于涉外知识产权案件，根据《民事诉讼法》第267条的规定，"中华人民共和国缔结或者参加的国际条约同本法有不同规定的，适用该国际条约的规定，但中华人民共和国声明保留的条款除外"。

(二) 中国知识产权执法机制

我国实行具有中国特色的司法与行政执法的"双轨制"执法机制。知识产权司法机制是通过人民法院对知识产权案件的审理，切实保障权利人的合法权益。知识产权司法机关包括法院、检察院、公安机关、海关等。知识产权行政执法主体是知识产权执法机关，包括知识产权行政管理部门、工商行政管理部门、版权行政管理部门、海关，各级管理部门在其辖区范围内依法进行知识产权的管理和行政执法活动，如专利权、商标权的授权、无效宣告、复审，知识产权纠纷处理、知识产权违法案件查处等。对进出口产品依据《知识产权海关保护条例》实行知识产权边境保护，具体通过报关单审核、进出口货物查验、侵权物扣留及调查等手段，对违法行为予以处理；在知识产权的救济方式上，采取民事救济、行政救济、刑事救济的方式。

目前，我国在知识产权执法的"双轨制"中还存在一些问题，如民事审判权与行政执法权的不协调、知识产权纠纷的民事诉讼程序与行政执法程序的衔接不畅等。在知识产权行政执法中，相关部门各自行使专利、商标、版权的行政执法职能，力量分散，影响了执法效力的发挥。这这些问题需要进一步探讨，包括理论研究以及立法完善。

## 四、知识产权制度的价值目标与功能

从 21 世纪开始起步的知识经济是继农业经济和工业经济之后的一种经济形态，其特征是以知识为主要资源和主要生产要素，科学、技术、知识成为促进经济增长和提升竞争力的主要动力。而科技进步、经济发展离不开法制的保障。知识产权制度承认并保护知识产品创造者享有的权利，为知识产品的产出、利用、传播、保护提供最直接、最有效的保障。知识产权制度的宗旨是激励智力成果的创新、传播，推动经济发展和社会进步。

知识经济时代强调知识产权保护是历史的必然。近年来，美国、英国、日本等国家发布了关于知识产权的研究报告，这些国家积极探讨知识产权制度对经济发展和科学技术进步所产生的影响以及存在的问题。目前，我国一些行业和企业的核心技术与关键设备对国外还有一定依赖，缺乏能够支撑经济结构调整和产业技术升级的技术体系，特别是缺少拥有自主知识产权的核心技术；创新能力与美国、欧洲、日本仍有差距，基础性的专利技术掌握在外国人手中，高新技术领域的发明创造还较少。我国申请专利的产品大多是日用品、食品、文化用品，实用新型、外观设计所占比重大，科技含量高的发明专利所占的比重偏低。从数量上来看，中国已经成为知识产权大国。但从知识产权质量上来看，我国在世界高新技术领域的发明、拥有的世界驰名商标等方面与发达国家相比，还存在一定的差距。由知识产权大国向知识产权强国的转变，由重视知识产权数量"产出"到重视知识产权质量的转变，必将有力推动科技发展。因此，有必要实施知识产权强国战略，弘扬创新精神，促进创新性智力成果的产出，依靠知识产权制度保障和推动创新能力的提高，增强综合国力和国际竞争力。

（一）知识产权制度对知识经济社会的影响

每一种社会经济形态都有其最基本的生产要素，农业经济的主要生产要素是土地等自然资源，工业经济的主要生产要素是资本、机器，知识经济的主要生产要素是知识或知识产品。知识成为一种生产要素，具有土地、资本的财产属性，能够在生产活动中得到运用，能够转化为生产力。在知识经济社会中，知识作为一种智力资源和无形资产，其作用已经超过了土地、劳动力、货币资本，是促进生产力发展的核心要素之一。知识经济是建立在知识和信息的生产、分配与使用基础之上的经济形态，主要以知识作为资本投入，以知识和技术作为经济持续增长的推动力。

知识在现代社会的重要作用导致了产业结构的重新调整。传统的农业、工业在知识经济社会被注入更多的科技含量和附加值，高新技术产业中的信息产业、现代生物技术产业、微电子技术产业蓬勃兴起，其创造的社会产值大大超过了传统工业。创新性的知识逐渐成为财富，相关资料显示，近年来创造社会财富最多的产业是信息产业，世界首富主要集中在信息产业领域，而非石油大亨、汽车大王等有形财产的所有者。在知识经济时代，科学技术发展水平成为衡量一个国家的经济地位和综合国力的决定性因素。美国、欧盟、日本等国家或地区，依靠知识产品和知识产权在世界经济中居于强国地位。

国际上许多未来学家、经济学家和科技政策专家对新世纪发展趋势的分析预测，得出的结论尽管有差异，但共同的一点是：在新世纪，综合国力的竞争，必然越来越集中于知识、科技的竞争，进而集中于知识产权的竞争，拥有自主知识产权，就具有强大的竞争实力，发展中国家的竞争力之所以不强，很重要的一个原因是缺乏竞争力强的核心技术（专利权）和优质品牌（驰名商标）。知识产权拥有数量和质量是衡量一个国家经济、科技发展和文化水平高低的重要标志。

随着全球经济一体化趋势的增强，知识产品的国际贸易逐渐增多，知识产权纠纷往往成为国际贸易中的突出矛盾，这也凸显了知识产权的重要地位。《TRIPS协定》的签订，标志着知识产权贸易与商品贸易、服务贸易成为世界贸易的三大支柱，在知识产品国际贸易中，逐步取消关税保护而代之以知识产权保护已成为发展趋势，关税壁垒在世界贸易中的作用日益减弱，取而代之的是技术壁垒和知识产权壁垒，知识产权对占领市场和保护市场的作用日益重要。

（二）知识产权制度的价值目标

法的价值是指法律所追求的目标和所要达到的目的。我国学界关于法的价值表述为：一般包含安全、和平、秩序、自由、平等、文明、公共福利和正义等。这些价值互相联系、互相渗透、互相包容，构成一个价值体系。法的价值是正义与效益，正义通常又可称为公平、公正、正直、合理等，它是社会制度的首要价值和最终价值，秩序是其基本价值。效益即实现资源的有效配置，促进知识产品的增加。知识产权法保护创造者权利与促进知识传播的立法宗旨，其实是正义与效益双重价值目标的体现。知识产权法保护权利人的利益，其最终目标是刺激知识的生产与创新，推动国家经济和社会发展。知识产权法是激励知识产品创造的法律保障。实现正义是知识产权制度的第一目标，即激励创新以维护公平竞争的秩序，保护创造者的合法权益；效益最大化目标在知识产权领域可以解读为知识、技术、信息的广泛传播，最有效地使用社会资源，促进经济增长和社会发展，增强社会福利。因此，知识产权制度的价值目标体现了二元价值理念，即以权利为核心、兼顾社会公共利益的双重价值取向。《TRIPS协定》第7条规定了该协定的目标："知识产权的保护和实施应有助于促进技术革新及技术转让和传播，有助于技术知识的创造者和使用者的相互利益，并有助于社会和经济福利及权利与义务的平衡。"该目标反映了各国知识产权立法和执法的基本目标，是各国法律所追求的公共政策目标的体现，也反映出知识产权制度的二元价值目标。

知识产权制度通过赋予知识产品的创造者各种权利，以实现激励创新、维护公平竞争、促进生产力发展和社会进步的目标。我国三部知识产权单行法的第1条分别从立法宗旨上反映了知识产权制度的价值目标。如《专利法》第1条规定，"为了保护专利权人的合法权益，鼓励发明创造，推动发明创造的应用，提高创新能力，促进科学技术进步和经济社会发展，制定本法"。《著作权法》第1条规定，"为保护文学、艺术和科学作品作者的著作权，以及与著作权有关的权益，鼓励有益于社会主义精神文明、物质文明建设的作品的创作和传播，促进社会主义文化和科学事业的发展与繁荣，根据宪法制定本法"。《商标法》第1条规定，"为了加强商标管理，保护商标专用权，促使生产、经营者保证商品和服务质量，维护商标信誉，以保障消费者和生产、经营者的利益，促进社会主义市场经济的发展，特制定本法"。

（三）知识产权制度的功能

知识产权制度建立三百多年来，在推动科技进步、文化繁荣方面发挥了积极的作用。

1. 知识产权制度对科学技术和文化事业的激励功能

知识产权制度通过经济的、法律的手段，激励创新，保障权利人利益的实现，通过增加社会智力产品的总量，推动生产力发展和社会进步。市场经济在一定意义上是法治经济，是制度经济。知识经济社会一方面应当遵循市场经济的基本规则，使知识产品的创造、利用、分配有序进行；另一方面，知识产权法律制度赋予创造者专有使用其知识产品的权利和一定期限的垄断地位，其有权支配知识产品并获取相应利益，有权阻止他人对知识产品的非法使用，这样就能够极大地调动人们从事知识创新的积极性，"给天才之火添加利益之薪"，激励其创新能力更好地发挥，从而推动科技进步和文化繁荣。虽然人人都具有创造知识产品的可能性，但未必都能够成为知识产品的创造者，知识产权制度是对知识产品创造者个人价值的承认，也是激励投资的手段，如果没有知识产权制度做保障，知识产品的创造可能因投资不足、缺乏激励措施而受影响，知识产品也不会源源不断地产出。知识产权制度的最终价值目标是鼓励知识产品的生产与创新，促进社会科技文化的发展。从主要的知识产权制度来看，专利制度能够鼓励和推广发明创造，促进科学技术创新，提高生产力；商标制度能够维护商品和服务的正常流通，保障商标权人、消费者、生产经营者的利益，促进市场经济健康发展；著作权制度能够有效地保护著作权人的利益，鼓励优秀作品的创作与传播，促进文化、科学事业的发展。

2. 知识产权制度能够有效配置创新资源，促进公平竞争

效益与公平也是知识产权制度所追求的价值目标。从经济学角度考察一种制度的优劣，衡量标准应当是这种制度的效率与社会作用。知识产权制度使知识产权在产业上的开发和利用更有效率，为知识经济的发展创造了良好的法律环境，实现了知识资源的优化配置，是知识经济的必然选择。知识产权制度的宗旨是保护权利主体对知识产品专有使用的权利，使其在最初的市场竞争中处于有利地位，要取得这种优势地位，就要进行创新性的智力劳动，这是公平竞争理念的体现。知识产权的专有性与知识产品的社会性和共享性之间的矛盾，需要在制度设计上保护权利人利益的同时，兼顾社会公众利益，防止权利滥用。既要充分、有效地保护知识产权，发挥该制度的效率与激励作用，不致挫伤创新的积极性，又要促进生产力的进步和文化事业的发展，防止权利滥用或不正当使用而损害公众利益，维护公平的社会秩序。知识产权制度通过利益调节机制鼓励知识产品的生产与创新，建立权利人利益与公

众利益的平衡机制，既要保护权利人的合法权益，又要维护公众利益不受损害，实现社会的公平正义。利益平衡是知识产权制度的核心，以保护知识产品创造者利益为出发点，以促进社会科技发展和文学艺术的繁荣为归宿。

利益平衡也是知识产权制度的基本原则之一。该原则在知识产权中的运用，是基于权利人对知识产品的专有与知识产品的社会性、共享性及公众获取信息自由之间的矛盾。知识产权制度的专有性造成与公众权利的冲突，因为在有限的知识产品领域，如果专有的部分过多，则会给公众接近知识产品信息造成障碍；而公有的部分太多，则会形成知识产权的弱保护，难以发挥其激励创新的作用。因此，应当在知识产品创造者与公众之间寻找利益的平衡点。知识产权制度中利益平衡原则的具体体现是权利限制制度，如著作权合理使用制度和法定许可制度、专利强制许可制度等；利益平衡机制也体现了法律的效率原则和公平原则，知识产权制度的目标符合公平理念与价值，但是法律上的公平只有相对的公平，而没有绝对的公平。知识产权与公共知识资源之间存在冲突，消除这一冲突的方法是遵循利益平衡原则，其难点是在权衡各方利益的基础上找准利益的平衡点，而该平衡不是绝对的，难免会有一定的倾斜，或倾向于权利人，或倾向于社会公众，法律将根据公共利益优先的原则做出选择。

3. 知识产权制度是知识经济的法律保障

发挥知识产品在知识经济中的作用，必须具有与其相适应的规则和制度做保障，这种制度应当是有效的、激励创新的制度，知识产权制度是最典型的激励制度，它是知识经济增长与发展的必然选择。知识产权是法定的权利，其权利的实现必然需要通过国家立法或国际公约来提供制度保障。在联合国的《国际人权公约》及《世界人权宣言》中，知识产权被作为公民的一项基本人权加以规定。知识产权制度能够保障创造者合法权益的实现，维护权利人的权利不被他人非法侵犯，对侵权行为和违约行为予以制裁，从而促进知识产品的创新和发展。如果没有知识产权制度，许多发明创造将推迟甚至不会被研制出来，科技进步的步伐就会受到阻碍；优秀的文学、艺术、科学作品的产出会受到影响；工商业经营者创立品牌商业信誉的积极性就会降低，使知识产权制度的最终目标——促进社会经济发展和文化繁荣落空。经过数百年的发展，知识产权制度现在已经成为全球统一的财产权制度，世界上有两百多个国家和地区建立了该制度，较早建立知识产权制度的发达国家利用该制度实现了科技、文化、经济的蓬勃发展。在知识经济社会，知识产权备受重视。如果说工业经济时代立法的价值目标，主要在于建立与维护物质财富创造和流转的秩序，财产法的重心是物权法；那么，知识经济时代立法的价值目标，则主要是创造与维护、促进高科技发展的环境，财产法的重心转向知识产权法和其他科技成果法。知识产权制度植根于市场经济，以对知识成果的产权界定和有效保护为主要特征，为技术创新提供了一种内在的动力机制和一个公平竞争的外部法律环境，对促进技术创新具有重要的作用。

4. 知识产权制度能够促进国际合作与知识产权贸易

现代知识产权制度的特点之一是全球化、国际化趋势增强（已经订立的知识产权国际公约数量及正在签订的国际公约就是最好的证明），各国国内法与知识产权国际公约接轨，遵守国际公约的国民待遇原则、优先权原则、最低保护标准原则等，履行国际公约的义务。开展知识产品国际贸易，能够促进对外经济、技术、文化的交流，引进先进的技术和优秀的文化产品，对于提高我国的创新能力非常重要。知识产权制度为国家经济合作和文化交流创造了条件，使先进科技和优秀文化成果得以广泛传播。知识产权国际公约及各国知识产权的立法为知识产品贸易创造了良好的法律环境。

知识产权制度是有利于生产力发展和文化繁荣的制度，但是，其弊端和消极影响也是不可忽视的。在现代社会，知识产权的国际地位日益受到重视，对其保护水平逐步提高，然而知识产品具有私人物品与公共物品的双重性，过度保护、滥用知识产权，则会形成知识霸权和绝对垄断，与知识产权制度的理想目标——激励创新，促进知识产品的传播和利用，推动科技进步和文化发展相悖，成为阻碍创新、限制竞争的工具。"知识产权制度绝非无弊端。……只要其利大于弊，或通过趋利避害，其最终结果利大于弊，就不应否定它。"① 知识产权制度的弊端表现在其本身固有的垄断性在一定程度上限制了竞争；合法行使权利时，会造成对公众利用知识产品的限制；合法垄断权的不正当行使会导致竞争不足，使竞争者在利用知识产品上增加成本而限制竞争。从实证分析的角度来看，知识产权制度建立至今，确实推动了社会的进步，促进了科学技术和文学艺术的传播。实践证明，较早建立知识产权制度的发达国家利用这种制度促进和激励了社会的创造性，推动了经济的发展；建立较晚的国家，因其知识资源缺乏，影响了经济的增长。当今世界，知识产权制度已经在全球范围普及，相关资料显示，有两百多个国家和地区

---

① 郑思成. 知识产权：弱保护还是强保护？[J]. 人民论坛，2006 (11): 8-10.

加入了世界知识产权组织和 WTO。缔约方通过制定本国知识产权法，履行《建立世界知识产权组织公约》和《TRIPS 协定》的义务。这些数据也在一定意义上说明了知识产权制度是一种进步的、利大于弊的制度。

知识产权法律制度是一种促进生产力进步、推动创新的制度，其积极作用是显而易见的，对于垄断导致的限制竞争及滥用知识产权的行为，需要法律制度的健全和完善，如通过反垄断法来规制权利滥用行为，通过完善知识产权权利限制制度来达到权利人利益与社会公众利益的平衡，最终实现知识产权制度鼓励创新、促进经济社会发展的目标。

**五、知识产权法对利益冲突的平衡**

利益是法学研究的重要范畴之一，是社会化的需要，是人们通过一定的社会关系表现出来的需要，利益在本质上属于社会关系的范畴。① 法律制度的设计无不考量利益的分配，因为正是它左右着人的行为，而法律规范主要又是依靠调整人的行为来实现各种利益的获得与让渡。知识产权法作为一门新兴的法律学科，其诞生并不像其他学科那样有着深厚的历史、文化和政治渊源，而是借助经济、政治、科技等多种因素的交互影响和综合作用，专利法、商标法、著作权法等知识产权法渐次诞生，茁壮成长，进而形成今日的规模。知识经济、信息社会的时代背景，互联网络、生物技术的科技浪潮，也必将继续推动知识产权法顺应形势的需求，继续向前发展。知识产权是私权，与"利益"存在天然的联系，主要表现为权利人通过被赋予专有权而获得对知识产权在经济上的独占。现代各国的知识产权法无不对知识产权人的专有权作出详尽而周全的规定。知识产权制度的重要目的也在于保护知识所有者的知识产权。然而，随着知识产权保护水平的提高、知识产权制度的深入发展，近年来，这种具有专有权性质的知识产权呈现不断扩张的趋势，并在消极地影响着社会公众对知识产品合理需求的充分实现。而知识财产私权化在国内法领域的拓展，必然导致原来人们所共有的资源开始划归私人领域，知识财富的公有领域相对缩小，从而造成知识创造者的个人利益与知识利用者的公众利益之间的冲突。② 正因为这些复杂的利益群存在激烈的冲突，而在传统法中又没有现成的答案，为此，有必要专门探讨知识产权法中的利益冲突，以及在控制利益冲突上的特殊制度设计。

---

① 张玉堂. 利益论：关于利益冲突与协调问题的研究 [M]. 武汉：武汉大学出版社，2001：42.
② 丛雪莲. 论知识产权视域下的利益平衡原则 [J]. 改革与战略，2011（11）：35.

(一) 知识产权法中的利益冲突

在社会发展中，任何一个均衡的利益格局都是各个利益主体之间博弈的结果。而随着市场细分的深入，利益主体的分化也在进一步加快。在这样一个多元化的时代，利益主体也必然走向多元化。① 同样，这种情况也会出现在知识产权法的视野之中，因此知识产权法的立法目的、功能以及整个制度设置，应着眼于平衡知识产品所有人的专有权利与社会公众权利、相关的个人利益与社会公共利益等社会多元主体之间的关系。知识产权法中的利益冲突按照不同的利益主体主要体现在下列领域中。

1. 私人利益与公共利益的冲突

在知识产权制度中，知识产权人的私人利益是不言而喻的。知识产权是法律赋予智力成果创造者的法定的垄断性权利，是一种独占权。② 之所以这样说，是因为从知识产权合理性的相关理论来看，无论是洛克的劳动价值理论，还是黑格尔的自由意志理论，抑或从制度经济学上加以考察的激励理论，都是奠定在对权利人基本利益的尊重的基础上的。如果没有对知识产权私人利益的尊重，整个知识产权制度将失去其应有的规范起点，这恐怕就是《TRIPS协定》在其序言部分强调要求"全体成员承认知识产权为私权"的理由所在。而今天的知识产权制度所表现出来的对权利人专有权尽量而周到的保护也是对知识产权人私人利益加以有效保护的重要表现。但是，公众对这种创造性智力成果也有合法的需求，知识产权人对智力产品的垄断和社会公众的合法需求构成了矛盾的两个方面。没有垄断，就不会有足够的信息产生，但是有了合法的垄断，又不会有太多的信息被使用。社会公众作为知识产权制度下整个制度成本的最终承担者，具有在知识产权机制内通过公共利益的方式所表现出来的独立诉求。如果知识产权私人利益呈现过度膨胀趋势，则会损害公众的公共利益，使知识产权制度的公共目标无从实现。

由于权利、义务分配的差异，知识产权法在公共利益和私人利益之间的冲突就会不可避免地发生。如果让知识产权权利人过多地占有信息，过度地强化权利人对知识产品的独占，必然会使公共利益受到损害。因此，为了保障公共利益，让权利人的行为受到公共利益的相应约束，使权利人权利的"马车"行驶至公共利益处停止是极其必要的。当下，在知识产权私人利益与

---

① 李斌. 论利益主体的多元化 [J]. 六盘水师范高等专科学校学报，2003，15 (3)：12.
② 冯晓青. 知识产权法利益平衡理论 [M]. 北京：中国政法大学出版社，2006：364.

公共利益关系的问题上有两种基本呈反向的观点：一部分人认为，基于经济利益的驱动，对知识产权的保护应当不断升级，级别越高越好；而另一种观点则认为，为使信息资源被有效共享，对知识产权的保护不应盲目攀高。在调和这两种近乎对立的观点方面，注重维护创造者的权利和公共利益的平衡作为知识产权法的一个重要政策起着重要作用。以药品的专利保护为例，授予专利权人以合法的垄断利益是必要的，唯有如此，才能激励创造的最大化。然而，出于公共利益的考虑和根据人权的基本要求，知识产权制度设计在保护弱势群体、保护公共利益方面，必须对这种资源配置做良好的平衡设计。[①]

2. 创造者与传播者、使用者的利益冲突

众所周知，知识产权是知识产品在传播过程中产生的权利。因此，从完整的平衡意义上来说，仅对信息、智力创造物进行激励是远远不够的，对信息的传播、智力创造物的使用的激励同样重要。一种知识产权制度的设计可能使对智力创造的激励达到最大化，但如果没有相应的对传播的激励机制，这种知识产权制度的整体社会效用也难以称得上是"最佳"，如对知识产品的必要利用、进行后续发明和智力创作的需要等。以专利法为例，其在鼓励发明创造的同时，也通过一系列制度构建使发明创造被广泛地推广应用。这些制度构建表现为专利的公开制度、许可和转让制度、权利限制制度以及有限的保护期制度等。[②]

尽管知识产权制度对知识产权的法定垄断地位进行了保护，但同时也对其进行了限制，这会导致创造者与传播者、使用者之间的利益发生冲突。例如，现行的知识产权制度确立的合理使用、权利穷竭、侵权例外、强制许可等限制形式，确保在相当多的情况下接近信息不受限制，特别是为个人使用、以非营利性目的和教育目的使用专利或者著作权作品提供了方便。我国著作权法的一个重要特点就是保护作者等著作权人的利益与保护邻接权人的利益并举，以达到既促进优秀作品的创作，又促进作品广泛传播的目的。在以保护作者利益为核心的同时，注重协调著作权和邻接权之间的关系，特别是均衡它们之间的利益关系。著作权享有著作权法所赋予的法定专有权，作品的商业化运作机制使这种回报成为可能，著作权的这种市场交互机制既保证了

---

① 赵转. 论知识产权利益平衡机制 [J]. 河南师范大学学报（哲学社会科学版），2006, 33 (4)：104-106.

② 刘雪凤. 知识产权治理中的利益平衡机制研究：基于参与主体多元化的视角 [J]. 科技进步与对策, 2010, 27 (21)：37.

著作权人利益的实现，也促进了作品的传播与交流。另外，著作权法通过保护期限、合理使用、法定使用、权利穷竭等制度安排，为著作权保留了一个公有领域，公众可以自由地使用作品、接近和获得信息。通过市场机制和对公有领域的保留，著作权法通过制度设计实现了作者与传播者、公众利益的分享和平衡，从而保持了整个著作权市场的活力。

3. 管理者、创造者、使用者之间的利益冲突

管理者的利益在于取得管理绩效，增强国家竞争力。创造者包括高校、科研机构及其工作人员和企业，其中，高校、科研机构及其工作人员的利益都在于获得经费、提升地位、将科研成果转化为现实生产力等。而企业不管是作为技术创新者还是运用者，其利益都在于市场竞争力的增强、利润的上升以及企业品牌的打造。政府在知识产权管理中要发挥主导地位，并协调和推动政府、企业和社会的合作。管理者通常会为了保证知识产权法律制度的贯彻实施，维护知识产权人的合法权益而进行必要的行政及司法活动，以及为充分保障知识产权人的智力成果发挥最大的经济效益和社会效益而制定各项规章制度、采取相应措施和策略以便进行经营活动。但是，管理者有可能因为注重社会的整体效益，而忽略或者侵犯创造者和使用者的利益。尤其是知识产权管理不仅与知识产权创造、保护和运用一起构成了我国知识产权制度及其运作的主要内容，而且贯穿于知识产权创造、保护和运用的各个环节之中，需要在知识产权战略制定、制度设计、流程监控、运用实施、人员培训、创新整合等一系列管理行为中维护整体利益，利益冲突的产生也就成为自然而然的事情。[①] 管理者、创造者和使用者角色之间有时还会存在交叉区域，如政府有时直接提供知识产权产品或对市场与科研机构进行补贴而提供公共产品，不仅担当管理者的角色，也直接或间接地成为创造者，三者之间的利益冲突就表现得更为明显。

4. 管理者内部之间的利益冲突

知识产权组织在知识产权保护与管理过程中通过自律规则协调内部成员及其与外部组织之间的关系，起到管理与保护的作用。知识产权中介组织包括知识产权行业协会、知识产权服务组织，如商标代理律师事务所、专利代理事务所、消费者协会等。上述管理者内部之间由于职能不同有时也会发生利益冲突，如对政府来说，其想获得的利益是管理效率（从经济上来说，指较低的成本与

---

① 宋伟. 知识产权管理［M］. 北京：中国科学技术大学出版社，2010：32.

较高的收益)、民众的参与和信任、税收与支持、公信力、公平、领导人的声望、回应等；而对于知识产权中介组织，则包括政治地位的认可、自身管理效率的提高（如减少团体内耗）、市场竞争力的增强、领导人个人威望的获得等。参与知识产权管理的各方都希望实现自己利益的最大化，因此当社会团体实施有利于自己利益的行为时，政府可能会因无利可图而拒绝；而当政府倾向于有利于自己的行为时，又可能遭到社会团体因无利可图而提出反对。较为严重的情况是当政府和社会团体都感觉某项业务无利可图的时候，双方往往都会放弃自己的职责，导致侵犯知识产权的行为出现放任的局面。

（二）知识产权法对利益冲突的平衡架构

知识产权中的利益冲突主要来源于四个方面：知识产权管理者内部之间的利益冲突；创造者与传播者、使用者之间的利益冲突；管理者、创造者、使用者之间的利益冲突；私人利益与公共利益的冲突。前面三类冲突属于知识产权制度内部的冲突，而第四类冲突已经超出知识产权制度的范畴，明显突破了知识产权制度直接涉及的各方利益，将矛盾直接指向了公众福利与社会发展。在利益冲突纠纷中，如果一方的利益受到威胁并且双方难以调和，或者利益分配不能保障参与分配的利益主体都得到满足，就需要运用利益调节机制协调利益冲突。这里，利益平衡原则将发挥重要作用。

1. 通过知识产权法的原则性规定，对公益和私益进行平衡

实际上，知识产权法的每一原则和具体规则都反映了解决相互交织的私人利益与公众利益之间冲突的思路和方法，以此维持私人利益与公众利益的总体平衡。

首先，知识产权法的立法宗旨体现了利益平衡原则的精髓。我国《著作权法》开宗明义地将保护作者的著作权以及与著作权有关的权益、鼓励作品的创作和传播、促进文化和科学事业的发展与繁荣作为立法宗旨写入第 1 条。《专利法》的立法目的就是保护专利权人的合法权益、鼓励发明创造、推动发明创造的应用，提高创新能力，促进科学技术进步和经济社会发展。知识产权法关于利益平衡理论最基本的主张可以概括为，知识产权法的立法目的、功能以及整个制度设置，应着眼于平衡知识产品所有人的专有权利与社会公众权利，即相关的个人利益与社会公共利益等社会多元利益之间的关系。

其次，尤其值得关注的是，与原有的《保护工业产权巴黎公约》《保护文学艺术作品伯尔尼公约》《保护表演者、录音制品录制者与广播组织公约》

《集成电路知识产权条约》等国际公约大都强调对权利的保护形成鲜明的对照，对公众利益的维护是《TRIPS 协定》的主要内容。该协定的前言在承认知识产权为私权的同时，也承认保护知识产权的各国制度中强调的保护公众利益的目的，包括发展目的与技术目的，并承认最不发达国家成员在其域内的法律及条例的实施上享有最高灵活性，以使其能建立起健全、可行的技术基础。《TRIPS 协定》第 7 条规定：知识产权的保护和实施应有助于促进技术革新及技术转让和传播，有助于技术知识的创造者和使用者的相互利益，并有助于社会和经济福利及权利与义务的平衡；第 8 条规定：成员国可以采取必要措施保护公众利益，并防止权利人滥用知识产权破坏利益平衡原则，这一条款充分体现了知识产权法的立法宗旨。相适应的法律对权利和义务的一些具体规定，都是这一原则的规则化和制度化。非但如此，每一次法律的修改和完善都是以有效地保护私权，并在私益与公益之间建立更为合理的平衡机制为初始动因的。我国专利法、著作权法和商标法的修改莫不如是，权利内容的增加、保护客体范围的扩大、公众利益的保护、法律措施的完善，都体现了利益平衡的宗旨。①

2. 通过知识产权法的具体制度规定，对不同利益进行平衡

知识产权法在赋予知识产权人以专有权的同时，也对这种专有权的行使范围做了一定的限制。知识产权的独占性特征和有限性特征是同时具备的，这是知识产权法的一个非常重要的特点。一方面，基于知识产权客体——知识产品的公共产品特性，有必要赋予知识产权人对知识产品以独占性的专有权，以禁止或限制不劳而获的"搭便车"行为，维持对知识创造活动的激励与促进；另一方面，知识产品的生产具有社会性，离不开对人类已有知识共有物的利用。基于此，考虑到知识产权法的社会政策目标是促进社会经济、科技和文化事业的发展与进步，知识产权法授予知识产权人的专有权不是一种绝对权利，而是一种相对权利，这表现在对知识产权本身的限制上。知识产权限制尽管在不同制度中的表现形式和程度不一，但其功能和目标是相同的，即通过权利限制，平衡知识产权人和社会公众的利益关系，实现智力资源的分配正义。

另外，知识产权本身在任何时候都受到限制的同时，其发展则有不断扩张的趋势，而权利限制也有受到限制的趋向。其实，这正是知识产权法维持

---

① 任寰. 论知识产权法的利益平衡原则 [J]. 学术论坛，2005，15 (3)：14.

平衡并协调知识产权人与社会公众之间利益关系的举措。因为随着社会的发展，特别是技术的进步，原有的利益平衡状况将被打破，如果不在新的环境下对知识产权法中的权利—义务关系进行重新分配，知识产权法将由正义趋向不正义，由公平分配趋向不公平分配。于是，为应对随着社会发展，利用知识产权的形式急剧增加的局面，扩展知识产权范畴势在必行。相应地，对知识产权的权利限制也表现出日益严格的趋向，较为突出的表现是对权利限制的反限制。例如，出租权的设立就是对权利穷竭这种著作权限制的反限制。可以预料，权利扩张与反限制的存在，将在当代信息技术发展的环境下变得更加必要。不过，在这种新的环境下，一些新的权利限制可能会出现，以维持在整体上知识产权人与社会公众之间的利益平衡。①

3. 通过规范形式的拓展，共同促进知识产权走向利益均衡

知识产权法的规范范围应该得到拓展，诸如法规、战略、政策等都应该共同发挥规范和促进的作用，以实现知识产权不同参与主体的利益均衡。以我国目前的知识产权战略为例，其涉及的制度非常广泛，《知识产权强国建设纲要（2021—2035年）》明确提出，要"构建门类齐全、结构严密、内外协调的法律体系"。为了推行知识产权战略，除了构建和完善各种知识产权法，如《反不正当竞争法》《著作权法》《商标法》《专利法》《反垄断法》等之外，还应制定一系列科技政策、产业政策、教育政策、对外贸易政策等。

政府通过制定和修改各种政策并配套使用，建立有效的激励机制，达到激励创新的目的。笔者认为，可以在以下政策领域采取新的措施：针对目前的知识产权保护状况，明确相关知识产权的归属与管理方式，改变原有单一的高等学校知识产权权属模式，开展多层次、多步骤的知识产权管理与促进工作；加强高等学校自身知识产权的系统管理，同时注重科研人员配套奖励机制的建立；国家产业政策和发展规划要把发展高新技术产业摆到优先位置，在财税、信贷和采购等政策上给予重点扶持；高新技术的知识产权申请、管理与利用制度，应与财税、信贷等政策处于同等重要的地位；建立健全技术创新保障、知识产权政策与法规，调整与创新相关的知识产权管理体制；建立以鼓励自主创新为主要内容的奖励激励机制，将知识产权与科技奖励相协调，将市场激励与政府奖励相结合，构建良好的科技创新的激励环境。通过上述政策措施，使各方利益达到平衡。

---

① 冯晓青. 知识产权法的利益平衡原则：法理学考察［J］. 南都学坛（人文社会科学学报），2008，28（2）：89.

## (三) 弥补我国知识产权法在平衡各方利益方面不足的路径

我国现行知识产权法在平衡各方利益方面还有一些不足之处，因此在进行知识产权制度设计的过程中，不仅应注意知识产权保护的有效与充分的一面，还应当注意其合理与适度的一面，构建一种知识产权的利益平衡机制。

### 1. 完善公众对专有权利与信息的接近及再创造制度

知识产权是属于智力成果创造者的一项专有权利，但它却并不拒绝社会公众对智力成果的接近与再创造。正如美国版权学家在评价美国版权法时所说的那样，思想是信息，信息是知识，而知识是文化的一部分。从更广泛的意义上讲，著作权法涉及社会的、政治的、经济的、教育的和艺术的各个方面。它不能只专注于对作者权利的保护，而应顾及广大使用者的有关利益。[①] 因此，在构建知识产权利益平衡机制时，适度对权利人的专有权利进行限制成为至关重要的制度设计因素。例如，知识产权仅在法定期限内受到保护，超过了保护期限，该智力成果将进入公有领域。除此之外，知识产权制度中还规定了知识产权合理使用的范围，在此范围内，任何人无须通过任何申请程序和审批机关，就可以获得对智力成果的使用权，以此对权利人的垄断权予以限制，保证社会公众能够接触到智力成果。再以专利法为例，其中的充分公开机制也体现了知识产权法的利益平衡的一般机理，即对知识产品创造的鼓励和对社会公众接近知识与信息的平衡。专利技术的公开使公众能够接近专利发明。这种公众对发明的接近应当看成是专利制度的本质内容之一，因为它既使竞争者从被公开的发明中学习知识和了解信息，"站在巨人的肩膀上"继续进行创造活动，从而使他们能够在原有发明的基础上做出更好的发明，也使一般的社会公众，特别是技术人员通过专利信息获得知识和信息，促进自己的学习。[②]

知识的不断创新是推动知识经济发展的动力，而知识的创新不是孤立的，而是在继承社会现有知识的基础上不断衍生发展的。如果片面地强调对专有权利的保护，势必对知识的再创造形成障碍，不符合知识发展的规律。因此，只有通过对专有权利进行必要的限制，建立知识产权制度的利益平衡机制，才能有效地使知识产权权利人的专有权与社会公众对智力成果的合理需求及其再创造和谐地统一起来。

---

① 刘茂林. 知识产权法的经济分析 [M]. 北京：法律出版社，1996：45.
② 冯晓青. 专利法利益平衡机制之探讨 [J]. 郑州大学学报（哲学社会科学版），2005，38 (3)：58.

2. 完善专有权利的占有与知识的传播和扩散机制

知识的广泛传播和扩散可以提高社会的知识水平，为新的知识生产创造条件。但是，如果没有知识产权制度的保护，为了维护自身利益，知识产品的生产者势必会对自己的智力成果严加保密，这样就会妨碍知识在社会上的传播和扩散。知识产权制度确立权利人对其智力成果拥有专有权，并用法律手段保障这一权利的实现，这就消除了权利人的忧虑，使其能够通过法律途径收回其创造成本，有利于智力成果创造者将其智力成果向社会公开，从而促进知识的传播与扩散。

知识经济既要求知识的大量生产，又要求知识的快速传播与广泛应用。以著作权制度为例，该制度从设计到实施都体现了这种矛盾的此消彼长。知识产权的利益平衡机制正是对两者的协调与兼顾。从根本上说，公众利益以个体利益为基础，实质上是个体利益在社会标准下的有机组合、相互协调和融合的结晶，二者是统一的、一致的。公众利益与个体利益的同一性与同源性决定了二者的关系必然体现为一种均衡。现代著作权法的理念是著作权人的利益和社会公众利益的双重保护，平衡二者的利益关系是著作权法立法的基本宗旨和目标。[①] 知识产权法通过授予和保护知识生产者的独占权来鼓励知识的生产，这是其基本的功能和宗旨，也是其作为知识产权激励机制的表现。但是，如果对这种独占权给予过度保护，又可能妨碍知识的传播与应用。而且，即使从鼓励生产的角度来说，对知识产权的保护也应该适度。鼓励知识生产和促进知识传播之间存在一定的矛盾，知识产权法律制度的完善应当从兼顾个人利益和社会利益的要求出发，实现两者的平衡。

3. 构建知识产权利益的动态调节机制

知识产权利益的合理配置是一个动态的过程。由于社会经济、技术、文化传统等多方面的制约和影响，在知识产权权利人的个体利益和社会公共利益之间，理想的、绝对的平衡状态在现实中并不存在。在市场经济条件下，为了实现创新，不同社会或同一社会的不同发展阶段，根据各自的价值取向，法律利益的权衡有着不同的选择。一般来说，当社会处于工业化初期和中期，市场孕育、发展之时，法律保护的重点应放在权利人一边，帮助权利人尽快占据市场垄断地位，以激发潜在的个体创新能力。当社会发展到成熟阶段时，

---

① 易艳娟. 利益平衡：著作权法内在协调机制：解析著作权法利益平衡机制 [J]. 井冈山学院学报（哲学社会科学），2007, 28 (5)：98.

法律就会制止垄断权利的扩张，转向维护社会公共利益，以保持社会的整体创新能力。然而，不论如何选择，私权的过度扩张与限制都会阻断创新的源泉，扩张过度需要限制来约束，限制过度又需要扩张去激励。只有始终坚持以权利人利益保护为基础，以社会公共利益保护与知识创新为目标，二者才能在整体上达到平衡。国家作为权利配置主体，为了达到知识产权利益的动态平衡，对知识产权人的个体利益与社会公众利益进行权衡的努力从来没有停止过。尽管各国由于经济发展水平、立法思想、社会观念等不相同，使知识产权制度在个体利益和公共利益之间有所偏重，但通过限制与反限制、垄断与反垄断的利益分配机制，基本上都维持着一种动态的平衡。这种动态平衡的维持，既是知识产权制度的立法技术，也是知识产权制度在社会中得以有效运行的基础。随着市场经济的深入发展，法律的利益侧重点还将不断变化，直至最终达到一种相对平衡。①

4. 构建知识产权经济性法益和非经济性法益的平衡机制

从法经济学的角度看，知识产权的稀缺性决定了对权利人经济性法益的保护有助于降低知识产权的生产成本或增加其收益，从而在成本—收益分析中增加知识产权生产的动力学因素。然而，经济性法益并非促进知识产权生产的唯一动力学因素，大量的非经济学法益（如署名权、发表权、使用许可权、某些荣誉权等）都对智慧信息及其外化知识形态的生产具有巨大的促进作用。由于过于强调权利人的经济性法益会破坏经济法的社会整体利益最大化原则，因而应当在立法中对权利人的经济性法益进行一定的限制，同时运用非经济性法益对这种限制造成的影响进行衡平。限制的目的在于保证在能够满足知识产权人利益要求以刺激或激励其努力创造出更多、更优秀的知识产权客体的前提下，基本上满足社会对知识产权客体短期上的使用要求，为新知识、信息的产生奠定一个较好的基础。而衡平的目的则在于抵消或最大限度地减少这种限制所产生的负面影响。②

利益平衡机制是与知识产权保护制度相伴而行的产物，随着时代的发展，社会的各种因素决定了知识产权保护制度需要做出相应的调整，在这种调整中，利益平衡机制本身也应该不断追求完善，以便在知识产权制度促进经济社会发展的进程中更好地发挥协调作用。

---

① 赵转. 论知识产权利益平衡机制 [J]. 河南师范大学学报（哲学社会科学版），2006, 33 (4): 105.

② 李长健, 王璟. 论知识产权立法的法益衡平 [J]. 广西社会科学，2006 (8): 83.

# 第二章 著作权法

> **导读**　著作权是指基于文学、艺术和科学领域的作品所依法产生的权利。文学艺术和科学作品是著作权法产生的前提和基础，是著作权法律关系指向的对象。民事主体依照法律对作品这种对象的各种利用和支配关系是著作权的客体。作为一种民事法律关系，著作权是基于作品这种特定的对象而产生的权利。也就是说，没有作品，就没有著作权。

## 第一节　著作权和著作权法概述

### 一、著作权、版权和作者权

著作权是指自然人、法人或者非法人组织依法对其在文学、艺术和科学领域内具有独创性并能以一定形式表现的智力成果，即作品享有的财产权利和精神权利的总称。

著作权在英美法系中被称为版权，在大陆法系中被称为作者权。著作权在我国有时也被称为版权。英美法系中的版权和大陆法系中的作者权之间存在一定的共性。版权和作者权都能赋予作者在一定期限内转让垄断权，特别体现在作品的复制权利，而且两者能随着技术发展而变化。但是，版权和作者权之间也存在差异。版权强调其经济价值以保护作品，法人是第一权利人，而作者权强调其人身性质以保护作者，自然人是第一权利人；版权内容只包括财产权利，作者权内容不仅包括财产权利，还包括人身权利；版权客体范围较宽，既包括具有独创性的文学作品、科学作品、戏剧作品、音乐作品、艺术作品或视听作品，也包括录音制品、广播（电视）节目以及由电缆传送的节目，以及印刷版面式样，作者权客体主要是指作品，录音制品、广播（电视）节目和由电缆传送的节目和印刷版面式样则是邻接权客体；版权主体范围也较宽，除创作者以外，还包括录音制品和电影制作者、广播组织、电缆传送节目企业以及印刷作品出版者，作者权主体是创作者——自然人，法人或者其他组织是邻接权主体。

因为许多国家同时参加《伯尔尼公约》《世界版权公约》《TRIPS 协定》等国际条约，所以版权与作者权的概念在各国著作权法律中逐步趋于一致。例如，美国的版权概念已经包含作者的署名权和保护作品完整权。

## 二、著作权法概述

著作权法是指调整著作权的产生、控制、利用和支配而产生的社会关系的法律规范的总称。在我国，狭义的著作权法是指《中华人民共和国著作权法》，广义的著作权法还包括与著作权相关的行政法规、司法解释、国际条约等。

### （一）著作权法的性质

著作权是一种民事权利，著作权法同民法的关系最直接，二者是特别法和一般法的关系，因此，著作权法是民法的组成部分。但是，著作权法在一定程度上具有行政法的性质，例如，它赋予著作权行政管理部门对于侵权行为的行政处罚权。由于著作权许可贸易在国内贸易和国际贸易中的比重越来越大，有学者认为，著作权法已经演变为经济法的一部分。此外，著作权法也涉及程序法的某些问题。

### （二）立法目的

我国《著作权法》第 1 条开宗明义地指出了其立法宗旨："为保护文学、艺术和科学作品作者的著作权，以及与著作权相关的权益，鼓励有益于社会主义精神文明、物质文明建设的作品的创作和传播，促进社会主义文化和科学事业的发展与繁荣……"具体而言，我国著作权法的规定体现了下列立法目的。

1. 保护作者的正当权益，鼓励作品创作

著作权国际条约和各国著作权法都是首先或突出保护作者的正当权益。文学、艺术和科学作品的作者是人类文化的承袭者，是社会精神财富的创造者。他们的创造性智力劳动应当受到社会的尊重，他们因创作作品而产生的正当权益应当受到保护。

从作者、传播者和公众之间的关系看，只有首先保护作者的权利，才能使传播者有取之不尽的作品向公众传播，以满足人民群众日益增长的文化生活的需要。

2. 保护传播者的正当权益，鼓励作品传播

出版者、表演者、录音录像制作者、广播电台、电视台是作品的主要传播者，他们（它们）不直接创作作品，但他们（它们）是连接作品创作与作品使用的桥梁，需要进行大量的投资，付出艰辛的智力劳动。我国著作权法明确地规定了传播者的权利，即出版者、录音录像制作者、艺术表演者、广播电视组织的权利，以鼓励传播者的创造性劳动。

3. 平衡著作权人和邻接权人的个体利益与社会公共利益之间的关系，促进文化和科学事业的发展与繁荣

尽管作品凝聚着创作者的智慧，但其也是在继承和借鉴前人优秀成果的基础上发展起来的，因此作品是著作权人的财富，也是整个社会精神财富的一部分。任何人，包括作者和传播者，对作品的控制、使用和传播都不应妨碍全社会文化、艺术、科学事业的整体进步。因此，著作权法将协调作者的个体利益与公众利益之间的关系作为其立法宗旨，一方面明确规定著作权人和邻接权人的权利，另一方面又对其规定了一些必要的限制，以平衡著作权益与社会公共利益的关系。

(三) 立法根据

著作权法的立法根据是宪法。我国《著作权法》第 1 条规定："……根据宪法制定本法。"我国宪法规定："中华人民共和国公民有进行科学研究、文学艺术创作和其他文化活动的自由。国家对于从事教育、科学、技术、文学、艺术和其他文化事业的公民的有益于人民的创造性工作，给以鼓励和帮助。""国家发展为人民服务、为社会主义服务的文学艺术事业、新闻广播电视事业、出版发行事业、图书馆博物馆文化馆和其他文化事业，开展群众性的文

化活动。""国家发展自然科学和社会科学事业,普及科学和技术知识,奖励科学研究成果和技术发明创造"等,都可以看作著作权法立法的直接或者间接根据。

(四)著作权法的效力

1. 对人效力

中国公民、法人或者其他组织的作品,不论是否发表,从作品完成之日起,即可依照著作权法享有著作权。

外国人、无国籍人同时满足下列两个条件的,其作品受中国著作权法保护:外国人的所属国或者经常居住地国、无国籍人的经常居住地国同中国签订有关著作权(包括邻接权)的协议或者共同参加有关著作权的国际条约;中国依据该协议或者国际公约有义务保护该外国人或者无国籍人的著作权(包括邻接权)。

2. 地域效力

中国人对在中国领域内外发表或者出版的作品都享有受中国著作权法保护的著作权。外国人、无国籍人的作品首先在中国境内出版的,依照著作权法享有著作权。未与中国签订协议或者共同参加国际条约的国家的作者以及无国籍人的作品首次在中国参加的国际条约的成员国出版的,或者在成员国和非成员国同时出版的,受中国著作权法保护。外国人、无国籍人的作品首先在中国境外出版后,30日内在中国境内出版的,视为该作品同时在中国出版。中国台湾地区,香港、澳门特别行政区的著作权问题,分别适用中国台湾地区,香港、澳门特别行政区的著作权法。外国人、无国籍人在中国境内的表演,或者制作、发行的录音制品,受著作权法保护。

## 第二节 著作权客体和主体

一、著作权客体

著作权客体,即著作权所保护的对象,一般是指著作权主体创作并受著作权法保护的作品。我国著作权法所称的作品(works),也称为著作,是指文学、艺术和科学领域内,具有独创性并能以某种有形形式复制的智力创造成果。独创性是作品受著作权保护的基本前提条件,但有形复制并不一定是作品受著作权保护的前提条件。

(一) 作品受著作权保护的原则

1. 独创性是作品受著作权法保护的实质要件

在著作权领域,独创性也称为原创性,是指作品中作者的个性表达方式或表现形式,即使个性的分量十分微小。"个性"是指作品具有某种属于作者个人所特有的东西。个性来源于著作权人的独立创作,而非抄袭、剽窃他人的作品。即使一著作与另一在前著作完全相同,但并非抄袭前一著作,而系独立创作的结果,也因具有原创性而受著作权法的保护。由不同作者就同一题材创作的作品,其表达系独立完成并且有独创性的,作者各自享有独立著作权。

作品类型不同,如科技作品、文学作品、原作、演绎作品,作者表达的个性程度也有所不同。但是,有些作品之间存在一一对应的关系,如把汉字作品变成汉语拼音作品、将五线谱作品改写为简谱作品、对作品进行数字化等,几乎没有独创性,著作权法将其视为同一作品加以保护。

有学者认为独创性应包括创造性,即要求作品体现作者一定的创作高度。反对此说的学者认为,对创作高度的要求,是把工业产权法中创造性的条件不合理地搬进了著作权法。

独创性不同于新颖性,因为新颖性是指事物具有以往所没有的特征。具有独创性的作品可能与其他作品相同或者相似,不具有新颖性。具有新颖性的作品可以具有独创性,也可以不具有独创性。例如,某人编写某一地方从未有过的电话簿,此作品具有新颖性,但是,电话簿编写方式有限,缺乏个性,不具有独创性。

2. 著作权保护作品的表达形式

(1) 思想与表达的二分原则

著作权只保护作品的表达形式,而不保护作品所表达的思想,在理论上被称为"思想与表达二分原则"。《TRIPS 协定》第 9 条第 2 项规定"版权的保护仅延伸至表达方式,而不延伸至思想、程序、操作方法或者数学概念本身",就是此原则的法律体现。

著作权保护作品中的思想表达形式,即作品的文字、数字、符号、色彩、线条等及其组合，它们可能以复制、表演、展览、广播等方式对作品进行使用。人们可以单个地借用作品表达形式的不同成分，如个别事实、观念、主题、结构、方法、文学风格、文学形式、艺术手法、词汇等。但是，引用反映作品个性的全部表达形式成分则是非法的。

著作权不保护作品的思想内容。如果承认著作权人对有关思想本身的专有权利，那么一方面会束缚这些思想的传播并因此而阻碍智力创作自由；另一方面，一个人公开他的思想后，除可以用专利保护外，难以阻止他人使用这一思想。著作权也不保护作品的思想内容的实际应用。人们对作品思想内容的利用，不需要作者事先许可。这项原则适用于任何类型的作品，尤其适用于科学作品、技术作品等。当然，对他人的思想任意利用可能会造成某种不利后果，如阻碍技术的创新和发展。在这种情况下，可以通过专利法、反不正当竞争法等其他知识产权法律和制度予以保护。

（2）表达与思想融合原则

如果某种思想内容只有唯一或者有限的表达方式，作品中的思想内容与表达形式不可分离，那么表达形式与思想内容都不受著作权保护。在理论上，这被称为"表达与思想融合原则"。其理由在于著作权对唯一或者有限的表达方式的保护将会阻碍它们所表达的思想的传播，这与著作权的立法宗旨相悖。

3. 作品的价值、用途、表达形式等与著作权保护无关

尽管作品的价值、用途、表达形式可能存在差异，但仍然受到著作权的同等保护。

著作权对作品的保护并不以其文化或艺术价值（或质量）为条件。价值（或质量）和独创性是两个截然不同的概念，即使作品毫无价值，著作权法给予该作品的保护与给予价值极高的作品的保护是同等的，即著作权法给予作品的保护是最基本、最低层次的保护。

著作权对作品的保护并不考虑其用途。尽管有的作品是为了满足某种商业活动或工业活动的需要而创作的，但著作权还是为其提供保护，禁止任何未经许可的复制、发行、网络传播等行为。

作品的表达方式或方法的差异并不影响著作权的保护。《伯尔尼公约》第2条第1项规定："'文学艺术作品'一词包括科学和文学艺术领域内的一切作品，不论其表现方式或形式如何。"从著作权保护的角度来看，作品是采用书面表现形式或口头表现形式，是进行表演或固定在录音带或录像带上，这

些并不重要。总之，著作权法对科学和文学艺术领域内的一切作品都给予保护，不允许以表达方式为由对其进行限制。

正是基于这一原则，计算机程序不属于美感或美学范畴，它们有实用功能（同绘画作品、模型、建筑设计图等一样），并且是用编码或其他形式表达出来的，这些事实都不影响计算机程序成为著作权法的保护对象。

4. 自动保护原则

自动保护原则是指作品受著作权保护不能以履行任何手续为条件。这里的手续应理解为著作权保护要件意义上的行政义务。例如，主管机关要求登记注册、交存作品时，标上"版权所有，翻印必究"或者×字样。作者只要创作完成其作品，不履行这些义务仍然可以享有著作权。与工业产权权利方面的情况不同，著作权产生于创作行为，而不是国家认可。

目前只有少数国家还在继续实行登记制度，将登记作为著作权的确定和存在的先决条件，或将登记作为行使著作权的必要条件，或者将登记用于申报、提供证据。前两种情形与自动保护原则的精神相违背。

另外，物质形式固定是否是作品受著作权保护的条件？《伯尔尼公约》第2条第2项规定："本联盟各成员国法律有权规定仅表现于一定物质形式的文学艺术作品或其中之一种或数种。"世界上有两种立法体例，一些国家（如美国）的法律要求必须进行固定（不一定由作品的作者固定），以识别作品，避免同他人的创作成果相混淆；另一些国家（如中国）的法律认为，以某种物质形式对作品进行固定并不是取得著作权的条件。这两种体例的差别主要是影响到对口述作品、民间文学艺术作品的保护。例如，突尼斯示范法规定，不得要求以固定形式为条件保护民间文学艺术作品。这是因为民间文学艺术作品是民族文化遗产的一部分，其固有性质就是口头相传，如果以固定形式为条件，就可能使其无法获得著作权的保护，甚至可能将著作权赋予那些固定它们的人。

(二) 著作权作品的分类

著作权保护文学艺术、自然科学、社会科学、工程技术等领域的作品，具体可以分为如下类型。

1. 文字作品

文字作品是指小说、诗词、散文、论文等以文字形式表现的作品。文字作品包括以文字表现的小说、诗歌、散文、译著、工具书、期刊、专利说明等，以数字表现的科技数据等，以符号表示的盲文读物，以及综合运用文字、符号和数字表现的各种作品。

2. 口述作品

口述作品也称为口头作品，是指即兴的演说、授课、讲道、法庭辩论和其他同类性质的以口头语言形式表现的作品。这类作品与文字作品的不同之处，在于作者的思想感情不是通过文字形式来表达，而是通过口头形式来叙述。英美法系国家的著作权法对口述作品以固定在某种载体上为对其进行保护的前提。但是大陆法系国家规定口述作品不加固定也可受到著作权的保护。

3. 音乐、戏剧、曲艺、舞蹈、杂技艺术作品

音乐作品是指歌曲、交响乐等供演唱或者演奏的带词或者不带词的作品。其中，带词的音乐作品可能与文字作品重叠，但一般将其归入音乐作品。

戏剧作品是指话剧、歌剧、地方戏等供舞台演出的作品。戏剧是由文字、导演、表演、音乐、美术等多种艺术成分组成的综合艺术。我国著名版权学者郑成思先生在其所著的《版权法》中认为：戏剧作品是剧本，而不是搬到舞台上的一整台戏。《伯尔尼公约》也将戏剧作品定为剧本。因为剧本作为一种文字形式，其基本手段是语言（文字），而剧本中的语言除了环境和动作的提示以外，主要是台词，剧本虽然可以像小说那样供人阅读，但其基本价值在于可供表演，所以剧本虽然以文字形式出现，但也因此使其成为戏剧作品。

曲艺作品是指以相声、快板、大鼓、评书、弹词、评话等说唱为主要形式进行表演的作品。它是我国传统文化的历史遗产，是民间广为流传的一种表现形式，有学者把曲艺作品作为民间文艺作品。曲艺作品根据其表现形式，可以分别归到口述作品、音乐作品和戏剧作品中，如相声可归到口述作品之列；大鼓、评唱可归到带词的音乐作品中。著作权法中所说的曲艺作品，就是指以文字形式表现的说唱艺术的底本。

舞蹈作品是指通过人体连续的动作、姿势、节奏、表情等表现思想感情的作品。舞蹈是以通过提炼、组织和艺术加工的人体动作为主要表现手段，表达思想感情、反映社会生活的艺术。舞蹈作品的创作可以是书面的，也可以是口头的，还可以是通过其他形式固定下来的，如录像等。舞蹈作品的种类很多，如单人舞、群体舞、交谊舞等。

杂技艺术作品是指杂技、魔术、马戏等通过形体动作和技巧加以表现的作品。杂技艺术作品是杂技的形体动作和技巧的编排,其他人可以借用单个形体动作或技巧,但其整体编排受著作权法的保护。

4. 摄影作品

摄影作品是指借助器械,在感光材料或者其他介质上记录客观物体形象的艺术作品,如人物照片、风景照片等。根据《伯尔尼公约》的规定,以类似摄影的方法表现的作品也受著作权法保护,只要该作品在构图、选择或摄取所选对象的方法上表现出了独创性。但是,在自然科学中,能够记录微生物学、医学、地理学、考古学和天文学等极其复杂的物理现象、化学反应的各个瞬间的科学摄影作品,以及纯复制性的摄影作品(如翻拍文件、书刊等),如果是纯粹机械摄制的,没有创作,则不具备独创性,不受著作权法保护。

5. 电影作品和以类似摄制电影的方法创作的作品

电影作品和以类似摄制电影的方法创作的作品,是指摄制在一定介质上,由一系列有伴音或者无伴音的画面组成,并且借助适当装置放映或者以其他方式传播的作品,如电影片、电视片、录像带、光盘等。从创作方式上看,电视、录像作品都是用类似摄制电影的方法创作的作品。

电影作品的创作是一个十分复杂的过程,包括以电影文学剧本的创作为基础,再经创作分镜头剧本和电影音乐的创作、布景制作、服装设计等,还要经表演、配音、摄录等程序,直到剪辑与合成,最后产生影片。在电影作品中,电影文学剧本既是电影作品的基础,也是一部可供阅读的文字作品。电影音乐也可以被看作独立的音乐作品,电影作品中的每个镜头都可以被看作摄影作品。

电视作品是指利用无线电传送和接收装置传播图像与音响的作品,如电视单本剧、电视连续剧等。录像作品是指利用电子摄影技术记录各种社会活动,或对戏剧、曲艺、舞蹈、电影和电视等表演艺术作品进行复制,并通过电视播放装置使其真实再现的图像表现形式。

电视、录像作品的制作过程与电影相似,只不过其所用的载体不是电影胶片,借助的放映手段也不同,但其表达形式具有独创性。

6. 图形作品和模型作品

图形作品是指为施工、生产绘制的工程设计图、产品设计图,以及反映地理现象、说明事物原理或者结构的地图、示意图等作品。

工程设计图、产品设计图是指为施工和生产绘制的图样及其文字说明。具体地说，工程设计图作品是指利用各种线条绘制的，用以说明将要制作的工程实物的基本结构和造型的平面图案。产品设计图作品是指用各种线条绘制的，用以说明将要生产的产品造型及结构的平面图案。工程设计图、产品设计图的范围相当广泛，包括各种工程设计图、建筑设计图、电路设计图、给排水设计图等。这些作品通常与科学技术有关，并且用于满足施工或者制造的需要。凡具有独创性的工程设计图、产品设计图及其文字说明均受法律保护。

7. 计算机软件

计算机软件是指计算机程序及其相关文档。计算机软件虽然属于著作权作品范畴，但由于其特殊性，国务院专门制定了《计算机软件保护条例》对其进行保护。计算机软件与一般作品有不同之处，如前者的创作者称为开发者，后者的创作者称为作者；前者的登记实行强制原则，后者的登记实行自愿原则。在权利限制方面，二者之间也存在许多差异。

8. 民间文学艺术作品

民间文学艺术作品是指由某社会群体在长期的历史过程中创作出来并世代相传、由此社会群体或一些个体所表达、反映其文化和社会特性的表达形式。1989年联合国教科文组织第25届全体大会上通过的《保护民间创作建议案》将"民间文学艺术"解释为："来自某一文化社区的全部创作，它们以传统为依据，由某一群体或一些个体所表述，并被认为是符合社区期望的作为其文化和社会特性的表达形式，通过模仿或者其他方式口头相传。其形式包括：语言、文学、音乐、舞蹈、游戏、神话、礼仪、习惯、手工艺、建筑及其他艺术。"《伯尔尼公约》授权各成员国通过立法给予民间文学艺术作品以法律保护。我国关于民间文学艺术作品的著作权的具体保护办法由国务院另行规定，但目前还未颁布。

9. 实用艺术作品

实用艺术作品是指具有实际用途或包含在某一实用物品中的艺术作品，不论是手工艺品还是工业产品，均被视为实用艺术作品。国务院颁布的《实施国际著作权条约的规定》将实用艺术作品定义为艺术成分和实用成分不可分的艺术作品。例如，雕刻精美的花瓶属于实用艺术作品，因为花瓶的艺术造型同其实用成分无法分离；相反，印有图案的壁纸则不属于实用艺术作品，因为壁纸的图案与纸分离后并不影响壁纸的实用性。

由于实用艺术作品与纯美术作品、工业产权中的外观设计、工艺美术作品难以区分,我国著作权法未明确将其列为保护的客体。法律的含糊导致许多学者认为,法律对国内外作品采用双重保护标准,给予外国人以超国民待遇,具有歧视性。也有人认为,根据著作权法和《伯尔尼公约》的精神,在我国,可以因为实用艺术作品的艺术创造性而将其作为美术作品予以保护;申请外观设计的实用艺术作品,可以用专利权进行保护。

10. 法律、行政法规规定的其他作品

随着科技、文化事业的发展,有可能出现新的思想表达形式,也有可能将现在尚未作为著作权客体的作品作为著作权的客体。因此立法留有余地,以适应未来发展的需要。

(三) 著作权客体的排除领域

著作权法的保护对象是广泛的,但并非任何作品都受其保护,由于对著作权是采取自动取得原则,不需要办理任何手续,因此有必要在法律中尽量明确著作权法不保护的作品范围,即著作权客体的排除领域。我国著作权法规定,著作权法不予保护的作品分为两种情况:一种情况是,因违反了法律,被禁止出版、传播的作品,虽为作品,但不受著作权法的保护;另一种情况是,有些作品虽然具备作品的形式,但不具备作品受著作权保护的条件,或是出于国家和社会公众利益的需要,或是作品已进入公有领域等。

## 二、著作权主体

(一) 作者

作者也称为著作人,是创作作品的人。作者首先应该是自然人,因为创作只能由自然人完成。由法人或者其他组织主持,代表法人或者其他组织的意志创作,由法人或者其他组织承担责任的作品,将法人或者其他组织视为作者。对于自然人能成为作者的观点,大陆法系和英美法系是一致的;但对于法人或其他组织能否成为作者,两法系则存在不同观点。大陆法系奉行"创作主义"思想,认为只有自然人才能进行智力创作行为,而法律拟制人则不能,因此只有自然人才能成为作者,拟制人不能成为作者。英美法系奉行"投资主义"思想,认为只要对作品创作投资资本,就能成为作者,因此自然人和拟制人都可以是作者。实质上,造成这种差异的主要原因在于,前者认为著作权是一种精神权利,而后者认为著作权是一种商业权利。我国法律兼具这两种思想,在某些特殊的情况下,也将不具备创作能力的法人或其他组织视为作者。

创作是指直接产生文学、艺术、自然科学、社会科学和工程技术作品的智力活动。创作是事实行为,而非法律行为。即使是未成年人、精神病人,只要创作了作品,也能成为作者。没有参加创作,仅为创作提供咨询意见、物质条件、素材或其他辅助劳动的人不能成为作者。代为作者收集整理资料、代为作者口述做笔记、代为作者誊写稿件的人都不是该作品的作者。

确定作者身份,采用法律推定的方法,如果无相反证明,在作品上以通常方式标出的姓名或名称的自然人或拟制人则为作者。即使使用的是假名,只要根据假名可以确定作者的身份,也能推定具假名人为作者。但是,如果在作品上既不具真名也不具假名的不具名作品,则不能采用推定的方法确定作者的身份。单纯不署名只能视为作者以一种特殊的方式行使署名权,而不表示其抛弃作者资格和著作权,可以依据著作权法的其他规定方式证明作者的身份。

### (二) 特殊作品的著作权人

#### 1. 演绎作品的著作权人

演绎作品又称为"派生作品""二次性作品",与"原始作品"相对,是指通过改编、翻译、注释、整理已有作品而产生的作品。"演绎作品的独创性可体现在内容安排和表现形式两个方面(如改编),或只体现在内容安排上(如选集和文选),或表现形式上(如译作)。"① 演绎作品的著作权人是改编者、翻译者、注释者、整理者,称为演绎人。演绎人在原作者的智力成果中融入自己独立的智力创作成果,演绎人对原始作品的改编、翻译、注释、整理的演绎行为本身是一种智力创作行为,而不是对原始作品的实质性模仿。

#### 2. 合作作品的著作权人

合作作品是指两个或者两个以上的自然人或者拟制人共同创作的作品。合作作品的作者是各合作人。合作作者必须具备两个条件:共同创作的约定和共同的智力创作行为。两人以上合作创作的作品,著作权人可以依据合同约定而定;没有约定或者约定不明的,著作权人为合作作者,合作作品的著

---

① 利普希克. 著作权与邻接权 [M]. 联合国, 译. 北京:中国对外翻译出版公司, 2000:80.

作权归全体合作人共有，行使著作权时要征得全体合作人的同意。

合作作品分为可以分割使用的合作作品和不可以分割使用的合作作品。对于可以分割的合作作品，作者对各自创作的部分可以单独享有著作权，但行使著作权时不得侵犯合作作品整体的著作权。对于不可以分割使用的合作作品，其著作权由各合作作者共同享有，通过协商一致行使；不能协商一致，又无正当理由的，任何一方不得阻止他方行使除转让权以外的其他权利，但是所得收益应当合理分配给所有合作作者。

如果合作作者之一抛弃其著作财产权或者死亡后无人继承又无人接受遗赠，则其著作财产权依法转移给其他合作作者。

3. 汇编作品的著作权人

汇编作品是指汇编若干作品、作品片段或者不构成作品的数据或其他材料，对其内容的选择或者编排体现独创性的作品，如将新闻、杂文、小说、故事、评论等加以汇编的期刊、报刊，又如文集、歌集、法规汇编、百科全书、数据库等。

汇编人对资料的选择或者编排具有独创性，因此，汇编人是汇编作品的作者。汇编人可以是自然人，也可以是法人或者其他组织。如果汇编人对资料的选择或者编排不具有独创性，则汇编人不是著作权法意义上的作者。

汇编人的汇编行为必须合法。汇编人行使著作权时，不得侵犯原作品的著作权。如果其他人对被汇编的资料拥有著作汇编权，还需著作权人的同意或授权，并向其支付报酬。但为实施九年制义务教育和国家教育规划而编写出版教科书，除作者事先声明不许使用之外，可以不经著作权人许可，在教科书中汇编已经发表的作品片段或者短小的文字作品、音乐作品或者单幅的美术作品、摄影作品。如果被汇编的资料是汇编权已经消灭或者已经进入公有领域的作品，或者非著作权客体，如法律、法规，国家机关的决议、决定、命令和其他具有立法、行政、司法性质的文件及其官方正式译文，时事新闻，历法、通用数表、通用表格和公式，则汇编人可自由汇编。

汇编作品的著作权具有二重性，汇编作品作为一个整体，其著作权归汇编人享有，汇编作品中可以单独使用的各部分作品的作者有权独立地行使其著作权。非法单独侵犯各部分作品的著作权，不侵害汇编作品的著作权。但是，非法侵犯汇编作品的著作权，既可能侵犯汇编人的著作权，也可能侵犯汇编作品中各部分作品的作者的著作权。

汇编作品与合作作品的主要区别：汇编作品的各作者之间不必具备合意，而合作作品要求各作者有共同创作的愿望；汇编作品中各作者的成果是可区分的，而合作作品中各作者的成果有时是可分的，有时是不可分的；汇编作品以编辑人的名义发表，而合作作品以合作者的共同名义发表。

4. 影视作品的著作权人

影视作品是指摄制在一定物体上，由一系列有伴音或无伴音的画面组成，并且借助适当装置放映、播放的作品，包括电影、电视和录像作品等。影视作品既具有演绎作品的某些特点，也具有合作作品的某些特点。电影作品和以类似摄制电影的方法创作的作品的著作权由制片者享有，但编剧、导演、摄影、作词、作曲等作者享有署名权，并有权按照与制片者签订的合同获得报酬。电影作品和以类似摄制电影的方法创作的作品中的剧本、音乐等可以单独使用的作品的作者有权单独行使著作权。因此，影视作品的著作权人是制片、编剧、导演、摄影、作词、作曲等人。

5. 职务作品的著作权人

职务作品是指公民为了完成法人或者其他组织分配的工作任务所创作的作品。职务作品包括普通职务作品和特殊职务作品。

普通职务作品是指公民为了完成所在单位的工作任务所创作的作品，但在创作过程中，没用或者基本没有利用单位的物质技术条件，或者不由单位承担责任，如报社的记者，其每月的任务是完成一定数量的稿件，记者完成的稿件就属于普通职务作品。普通职务作品的著作权人是作者，其享有完整的著作权，其所属单位在业务范围内有优先使用权，优先使用期为自作品交付之日起 2 年内。在优先使用期内，未经所属单位同意，作者不得许可第三人以与其单位使用作品的相同方式使用作品，如果经单位同意，作者以相同的使用方式许可他人使用，则所获得的报酬应由单位与作者按约定分配。同时，在优先使用期内，作者也可以不同的使用方式许可他人使用作品。

特殊职务作品是指公民主要利用所属单位的物质技术条件进行创作，并由所属单位承担责任，如工程设计图、产品设计图、地图、计算机软件等职务作品，或者由法律法规、合同约定著作权由单位享有的职务作品。对于这类职务作品，作者和所属单位均是著作权人，作者仅享有署名权，所属单位享有著作权的其他权利。

6. 委托作品的著作权人

对于受委托创作的作品，著作权人由委托人和受托人通过合同约定。合同中未明确约定或者没有订立合同的，著作权人是受托人，但委托人在约定的使用范围内享有使用作品的权利。双方没有约定使用作品范围的，委托人可以在委托创作的特定目的范围内免费使用该作品。

7. 美术等作品原件展览权的著作权人

为了避免美术等作品原件中行使物权和著作权的冲突，我国著作权法规定，美术等作品原件所有权的转移，不视为作品著作权的转移，但美术作品原件的展览权由原件所有人享有。因此，美术等作品原件的物权主体也是享有原件展览权的著作权人。

8. 匿名作品的著作权人

匿名作品也称为作者身份不明的作品，是指作者隐去姓名，其中包括不具名或不写明其真实姓名的作品。匿名行为并不改变著作权人，匿名作品的著作权属于作者。根据《著作权法实施条例》第13条的规定，该类作品由作品原件的所有人行使除署名权以外的著作权。作者身份确定后，由作者或者其继承人行使著作权。

9. 报告、讲话等作品的著作权人

除报告、讲话等作品属于职务作品的情形外，由他人执笔、本人审阅定稿并以本人名义发表的报告、讲话等作品，报告人或者讲话人是著作权人，但著作权人可以支付执笔人适当的报酬。

10. 自传体作品的著作权人

当事人合意以特定人物经历为题材完成的自传体作品，当事人对著作权权属有约定的，依其约定；没有约定的，著作权归该特定人物享有，执笔人或整理人对作品完成付出劳动的，著作权人可以向其支付适当的报酬。

(三) 其他著作权人

所谓其他著作权人，是指除作者之外，基于原始著作权，其他依法享有著作权的公民、法人、其他组织或国家。他们主要为继受著作权人。依据著作权法，继受主体包括以下几种情况。

1. 因继承、遗赠、遗赠扶养协议成为著作权人

我国相关法律规定，公民所享有的著作权中的财产权利可作为遗产，在

公民死亡后可由其继承人继承，因此继承人成为著作财产权人；国家、集体或法定继承人以外的其他公民接受作者遗赠，取得著作财产权，即成为著作财产权人；公民或集体所有制组织根据遗赠扶养协议而成为死者著作权中财产权利的受赠人时，也成为著作权人。

2. 因转让合同成为著作权人

著作权人可以通过转让合同将其享有的著作权中的财产权利全部或部分转让给他人，受让人对受让的著作财产权部分享有独占权。

3. 国家

国家可成为法律关系的特殊权利主体。国家作为著作权人，一般有下列情况：①受让著作权；②接受赠送；③依法律规定，在某些情况下某一作品在受保护的有效期限内，国家成为著作权人。例如，著作权属于法人或者其他组织的，法人或者其他组织变更、终止后，没有继承其著作财产权利、义务的法人或者其他组织时，国家自动成为著作权人。

## 第三节　著作权的内容

### 一、著作人身权

（一）著作人身权的定义

著作人身权又称为精神权利，是指作者对其作品所享有的以精神利益为内容的权利。人身权是著作权人最基本的权利，应受到普遍、严格的保护。在国际上，即使缺乏相互间的著作权保护协定，通常也会制止侵犯对方国家作者人身权的行为。

各国法律中，关于著作人身权的具体内容不尽相同。例如，德国著作权法除了保护作者的发表权、署名权和保护作品完整权外，还明文规定保护作者接触作品原件或者复制件的权利，因作品使用者不行使利用权或者因作者观点改变而产生的收回权等。我国著作权法规定，著作人身权具体包括发表权、署名权、修改权和保护作品完整权四项权能。

著作权中的人身权和民法中的普通人身权有密切的联系，普通人身权的法律规定对作者人身权的保护起着补充作用。它们有许多共同之处：①不可被替代，不能被扣押、被执行或被剥夺；②不得转让，也不能放弃；③不能被继承、遗赠；④具有非经济属性。即使产生了间接的经济效果，如因为作品及其创作者姓名的传播而使作者的名望及其作品的声誉得以提高，作者有可能在合同方面和在其权利受到损害的情况下确定赔偿款额时获得更多的收入，但仍然无法用金钱估量人身权。

（二）著作人身权的特征

尽管著作权中的人身权和民法中的普通人身权有密切的联系，但著作权中的人身权是因作者创作作品而产生的，它同作者的财产利益密不可分，在作者死后仍然存续下去。

著作权中的人身权有不同于民法中的普通人身权的特征：①著作人身权是作者身份所固有的和后天的。它是作者的身份所固有的，专属于创作者本人。与普通人身权不同，它产生于创作行为，不是天生就有的，因而不属于所有民事主体，只属于著作权人。②除发表权外，著作人身权具有永久性。我国《著作权法》第22条规定："作者的署名权、修改权、保护作品完整权的保护期不受限制。"在作者死后，其继承人、指定的人或国家行使或保护其著作人身权。但是，德国著作权法规定著作人身权是有期限的，与财产权的保护期相同。我国著作权法规定，著作人身权中的发表权是有期限的，与财产权的保护期相同。

（三）著作人身权的内容

1. 发表权

发表权是作者依法决定是否将其作品公之于众的权利。它是著作权中的首要权利。发表是实现著作权最重要的途径，因为只有将作品发表，作者才能得到其所享有的各种利益。有人认为，尽管著作权法将发表权置于人身权之列，但该权利还是兼具人身权和财产权的双重性质。正因为如此，立法将发表权与其他著作人身权区别对待。

发表的成立应具备两个特征：第一，著作权人要有将其作品公开的意思表示；第二，要以某种方式将其作品向不特定的人公开，但不以公众知晓为构成条件。但发表并不一定要求将作品以某种物质形式固定下来。

通常著作权人对一件作品只有一项发表权，但可以分多次行使（例如，他可将作品分成不同的部分逐次发表）。原则上作品一经全部公之于众，这项权利也就耗尽了。但是，如果作品的发表是他人违反著作权人的意志进行的，则著作权人仍享有发表权，因为法律规定，已经发表的作品，是指著作权人自行或者许可他人公之于众的作品。作品发表之后，演绎者对其演绎作品仍有独立的发表权，不过要获得原作著作权人的许可，故原作著作权人实际上对演绎作品的发表有间接的影响。

著作权人既可以自己行使发表权，也可以许可他人行使发表权。在下列情况下，发表权由作者以外的人行使：作者生前未发表的作品，如果作者未明确表示不发表，则在作者死亡后50年内，发表权可由其继承人或者受遗赠人行使；没有继承人又无受遗赠人的，由作品原件的所有人行使。50年以后，任何人都可以发表其作品。

2. 署名权

署名权是作者为表明其作者身份，在作品上注明其姓名或名称的权利。我国《著作权法》第12条第1款规定，"在作品上署名的自然人、法人或者非法人组织为作者，且该作品存在相应权利，但有相反证明的除外。"署名权包括：作者有权要求确认其作者身份；作品完成后，作者有权主张自己为作品的作者，有权决定在自己的作品上署真名、笔名、艺名、别名、化名或不署名，并有权禁止其他任何未直接参加创作的人在作品上署名；作者有权禁止自己的名字被署在他人的作品上。署名权不得转让、继承，也不存在放弃问题。在作者为多人的情况下，当作者的署名作品发表后，其他任何人以出版、广播、表演、翻译、改编等形式对作品进行使用时，必须注明作品作者的姓名、作品名称。但是，当事人另有约定或者由于作品使用方式的特性无法指明的除外。例如，建筑师为确立建筑物设计者的身份，有权在其设计的建筑物上署名，但有些建筑物的业主为避免破坏整个建筑物的美观性，不希望在建筑物显眼的地方出现"某某设计"之类的字样。根据"署名权只能善意行使"原则，业主可以要求建筑师的名字出现在可以看得到又不致影响建筑物外观的地方。

在著作人身权中，署名权的人身专属性最强，受到法律的特别保护，这表现在职务作品的著作权归单位的情况下仍保留自然人作者的署名权。另外，对于作者身份不明的作品，虽然著作权由作品原件的所有人行使，但署名权除外。

作者可否允许他人在自己的作品上署名？对此学术界有不同的见解。一些人认为，作者以外的人不得在作品上署名；另一些人则认为，在无损于社

### 3. 修改权与保护作品完整权

修改权即作者修改或者授权他人修改其作品的权利。"作品反映了作者的思想和观点，当作者的思想和观点发生变化时，应当允许作者自行或授权他人对其作品进行改动，以维持作品与作者思想、观点的一致性。"① 赋予作者修改权，体现了对作者创作自由的尊重。未经授权而擅自修改他人作品，构成对修改权的侵犯。但依著作权法规定，报社、杂志社可以对投稿作品作文字性修改、删节，无须征得作者同意，但不能改变作品的基本内容和形式。"如果对修改权作极端的理解，便可认为作者享有收回作品的权利，即制止自己的作品继续扩散的权利。"② 作者行使修改权时，在一定条件下还会受到某些限制。例如，美术作品原件出售后，著作权人如果想修改作品，就应当征得美术作品原件所有人的同意。

保护作品完整权是保护作品不被歪曲、篡改的权利。作品的完整性不仅包括其表现形式的完整性，也包括其内容、情节和主题思想的完整性，还包括作品的标题和作品之间的联系以及作品中的一部分和另一部分的联系。此外，该权利还及于作品的外包装，甚至还及于作品的使用环境，它也可以反映在一种再现方式上。

保护作品完整权使作者不仅可以禁止他人对其作品进行修改，而且可以禁止他人在以改编、注释、翻译、制片、表演等方式使用其作品时对其作品进行歪曲性的改变。作品在出版发表的过程中，出版人、编辑者对出版作品所作的技术性处理，如引证的确认、文字和语法错误的更改，不能视为对保护作品完整权的侵犯。但是，著作权人许可他人将其作品摄制成电影作品和以类似摄制电影的方法创作的作品，视为已同意对其作品进行必要的改动，然而这种改动不得歪曲篡改原作品。

作者死后，保护作品完整权由其继承人或者受遗赠人行使；无人继承又无人受遗赠的，则由著作权行政管理部门保护。

一般都认为保护作品完整权与修改权实际上同属一种权利的积极与消极的两方面。如果作者拥有决定其作品最终面貌的权利，他可以主动地自己修改或者授权他人修改其作品，或者被动地制止修改或者歪曲和毁损其作品。

---

① 刘有东. 论作品修改权 [J]. 现代法学，2010，32（3）：179.
② 韦之. 著作权法原理 [M]. 北京：北京大学出版社，1998：62.

因此，将两个方面的权利（修改权和保护作品完整权）合并为一条权利是足够的。

## 二、著作财产权

### （一）著作财产权的定义

著作财产权又称为经济权利，是指著作权人为了保障其经济利益而控制、使用、处分其作品的权利。我国著作权法列举了复制权、发行权、出租权、展览权、表演权、放映权、广播权、信息网络传播权、摄制权、改编权、翻译权、汇编权共12项权能。著作财产权与民法上的普通财产权有密切的联系，具有普通财产权的一些性质：①经济性，即权利所体现的利益能用经济价值衡量，使用作品意味着作者有获得报酬的权利；②能与人身相分离的非专属性，可转让、继承、设定质权或因实施法律而移转，可受没收、扣押和强制执行的影响，本身可成为强制执行的标的（未发表的作品除外）。

### （二）著作财产权的特征

著作财产权与民法上的普通财产权的不同之处如下。

1. 著作财产权的各项权能互不包容

我国《著作权法》第29条规定："许可使用合同和转让合同中著作权人未明确许可、转让的权利，未经著作权人同意，另一方当事人不得行使。"由此可见，著作财产权的各项权能互不包容、各自独立。

2. 除法律规定的限制情况外，使用权中的使用形式不受任何限制

对作品有多少种可能的使用形式，作者就有多少种使用权。法国《著作权法》第21条规定，作者享有以任何形式利用其作品的专有权利，并从中获得经济利益。即使法律没有列举或者没有提到使用作品的任何权利或形式，作者仍然拥有所有的这些权利或形式。这是因为各种著作财产权是一种绝对的、对抗其他任何人的专有权利。

我国原著作权法规定著作财产权包括使用权和获得报酬权，现行《著作权法》对作品的使用形式采用单项列举的方式，但第10条第1款最后一项规定著作财产权包括"应当由著作权人享有的其他权利"。随着技术的进步，作品的使用方式也可能增多，故现在不能以某种方式使用某类作品，并不等于

将来不会出现这种可能性。只要法律没有明确限制，作者的专有权利就包括法律通过时已有的或者未来由于技术的进步或作品的新销售方式而出现的一切可能的作品使用形式。对作品使用方式的限制是有限度的。我国著作权法对著作财产权的限制非常明确，包括期限、合理使用、法定许可等。

3. 著作权人可分割自己或授权他人使用其作品的时空范围

著作权的客体是作品，可以不受时空的限制而存在。同一件作品可能在同一时间被不特定的人在不同的空间以相同或者不同的方式使用。而一般财产权的客体是物质，受时空范围的限制。物质在某一时间存在于特定的空间中，使用的人和使用的方式是唯一的或者有限的。

4. 著作财产权受期限的限制

作品可以永存，但世界各国著作权法对著作财产权的法律保护都是有期限的，并不具有永久性。而普通财产权具有永久性，其法律保护不受期限的限制，只要物质财产不灭失，即受法律保护。

5. 著作财产权不随作品载体物权转移而转移

作品原件或者复制件的物权转移，不视为作品著作权的转移。美国《版权法》第202条（有别于物体所有权的版权所有权）规定："版权或者版权中任何专有权利的所有权有别于任何体现作品物体的所有权。任何物体（包括首次录制的复制品或录音制品）的所有权的转移本身并不等于转让由该物体体现出来的有版权作品的任何权利；在没有协议的情况下，版权或者版权中任何专有权利的转移也不等于转让任何物体的财产权。"

作品载体的物权与作品的著作权相对分离。取得作品原件或者复制件的物权，不等于就取得了作品的著作权。享有作品的著作权，也不一定对作品原件或者复制件享有物权。作品载体的物权转移不等于著作权转移，这是著作权法处理物权与著作权关系的原则，其适用的范围并不限于美术、摄影等作品。

（三）著作财产权的内容

1. 有形方式使用权

复制权是指以印刷、复印、拓印、录音、录像、翻录、翻拍、数字化等方式将作品制作一份或多份的权利。它是著作财产权中最基本的权能之一。复制的方式，从我国著作权法中列举的印刷、复印、拓印、录音、录像、翻录、翻拍、数字化等方式来看，是把作品整体或者其部分制作一份或多份固定在任何物质载体上。印刷、复印、拓印、翻拍等制作方式，是从平面载体到平面载体，是传统复制；录音、录像、翻录等制作方式虽然不是从平面载体到平面载体，但是需要通过机械操作完成，也认为其是复制。

发行权是指以出售或者赠与的方式向公众提供作品原件或者复制件的权利。发行权意味着著作权人有权确定作品发行的方式、范围，并有权选择发行者。发行须具备两个条件：其一，发行的对象只能是社会公众，即不特定的多数人；其二，发行的目的是实现一定的经济利益或者公共利益。发行的方式是灵活多样的，如散发、出售、出口等。尽管发行过程中出售或者赠与的是作品原件或者复制件，但发行权的客体仍然是作品，发行权是著作权，而非物权。

出租权也称为租赁权，是指有偿许可他人临时使用视听作品、计算机软件的原件或者复制件的权利，计算机软件不是出租的主要标的的除外。一些国家、地区的著作权法对出租权采用两种立法体例：一种是单独设立；另一种是混合设立，如西班牙《著作权法》第 19 条将出租权规定在发行权之中：发行是指作品的原件或复制品通过销售、出借、出租或其他方式向公众提供。

著作权人的出租权的客体是视听作品和计算机软件，对其余类型的作品，著作权法并没有赋予著作权人出租权。租赁经营者出租视听作品或者计算机程序的物质载体，既是行使其物权，也是行使著作权人的出租权。出租载有视听作品或者计算机程序的光盘的租赁经营者要经过著作权人的授权。未经著作权人同意，出租视听作品或者计算机程序的物质载体的行为是非法的，但是，在合理的条件下，著作权人无正当理由不得拒绝许可其著作出租权。

如果计算机程序不是出租的主要标的，则不存在出租权问题，但是，如果计算机程序是单独出租的，如单独出租装有计算机程序的光盘，则出租人应当获得著作权人的授权。

展览权是指公开陈列美术作品、摄影作品的原件或者复制件的权利。展览权的客体是美术作品和摄影作品。有的国家，规定得笼统一些，如西班牙规定艺术作品拥有展览权。有的国家，如法国、意大利规定展览权的客体是一般作品，并不特指美术作品与摄影作品。但是，《伯尔尼公约》仅规定"美术作品的展出"。

我国著作权法直接规定美术作品原件的展览权由原件所有人享有。著作权人转让原件后，并未丧失美术作品的展览权，但是丧失了对原件的展览权。这种处理方式使复制件或者原件所有权人能独立地决定美术作品原件的展览问题。

2. 无形方式使用权

表演权是指公开表演作品，以及用各种手段公开播送作品的表演的权利。从大多数国家的法律以及《伯尔尼公约》的规定来看，著作权法意义上的表演包括两种情况：其一是"公开表演作品"，指自然人的现场表演，也称为活人表演，指的是演员直接或者借助技术设备，以动作、声音、表情公开再现作品或者演奏作品，以演唱、朗诵、舞蹈、戏剧、口技、哑剧、演奏等各种形式进行的演出都是现场表演；其二是"用各种手段公开播送作品的表演"，也称为"机械表演"，指借助录音机、录像机等技术设备将表演公开传播，即以机械的方式传播作品的表演。表演必须以公开的方式进行，面向不特定的多数人。如果以非公开的方式进行表演，如在家庭晚会上演唱歌曲、朗诵诗歌等，就不构成著作权法所称的表演。但是，著作权法意义上的表演不包括广播电台、电视台的无线播放，也不包括电影作品等的放映，前者是作品的广播权，后者是作品的放映权。表演权的客体主要是戏剧作品、音乐作品及文学作品。

放映权是指通过放映机、幻灯机等技术设备公开再现美术、摄影、视听作品等的权利。但是，英国、美国、法国、意大利等国家将放映权纳入表演权之中。放映权的客体包括美术、摄影、视听作品。但是，日本、英国、美国、意大利、西班牙等国家和地区的著作权法规定，放映权仅适用于电影类作品。

信息网络传播权，即以有线或者无线方式向公众提供，使公众可以在其选定的时间和地点获得作品的权利。作为一种向公众传播作品的行为，必须使作品处于能够被公众获得的状态，从而导致公众能够获得作品。因此，如果将作品上传至尚未向公众开放的网络服务器，则只构成复制行为，并不构成信息网络传播行为。[①] 例如，某人将作品上传至其拥有账号的网盘空间中存储，尽管其也将作品传到了网络服务器中，但由于该网盘空间并不向公众开放，该行为只是复制而非向公众传播，即使未经许可，也没有构成对信息网

---

① 王迁. 复制权与信息网络传播权的关系 [J]. 湖南师范大学社会科学学报，2022，51（2）：2.

络传播权的侵权。

3. 演绎方式使用权

演绎方式使用权是指通过对原始作品的加工，赋予其新的形态而加以利用的著作财产权。演绎方式使用权包括摄制权、改编权、翻译权、汇编权等。

摄制权是指以摄制视听作品的方法将作品固定在载体上的权利。摄制方式包括将作品拍成电影故事片、电视剧等作品，也包括将作品制作成讲课录像等录像制品。

改编权是指改变作品，创作出具有独创性的新作品的权利。改编权和修改权不同。作为人身权利的修改权主要涉及对作品思想内容的修改；而改编权则是在不改变原作品思想内容的前提下，以另一种表现形式来表达原作品，如将小说改编成电影。

翻译权是指将作品从一种语言文字转换成另一种语言文字的权利。《伯尔尼公约》第8条规定："受本公约保护的文学艺术作品的作者，在对原作享有权利的整个保护期内，享有翻译和授权翻译其作品的权利。"翻译权的客体包括文字作品、口述作品、视听作品以及一切以文字为表现形式的作品。在英国、新加坡等少数国家，翻译权还适用于计算机软件，将原计算机程序的源代码改变为目标代码，将一种计算机语言写成的程序改变为另一种计算机语言写成的程序等也视为翻译。

翻译与改编不同，翻译改变作品的文字，但不改变其内容；改编不改变作品的文字，而改变作品的内容及结构。"编译"既包括翻译，又包括改编。各种方言之间的转换不视为翻译。例如，上海、福建、广东等省的广播电台分别都有方言广播，这些口头作品相互之间不存在翻译权的问题，因为它们在书面上都用汉字，虽然发音上有区别。

汇编权是指将作品或者作品的片段通过选择或者编排，汇集成新作品的权利。汇编权的汇编行为并不改变作品本身，只是出于一定目的将作品汇集成新作品。汇编权的客体是有著作财产权的作品，而非无著作财产权的作品或资料。行使汇编权可编成汇编作品，但不是所有汇编作品都是行使汇编权的结果，因为有些汇编作品是由一些不享有著作权的作品或材料组成的，如法律、列车时刻表等。

## 第四节 著作权和邻接权的法律救济

### 一、侵犯著作权和邻接权行为

侵犯著作权和邻接权行为,是指未经著作权人和邻接权人的同意,又无法律根据,擅自对著作权和邻接权的客体进行使用以及其他擅自行使著作权和邻接权的行为。根据我国著作权法,可以将侵犯著作权和邻接权行为分为一般侵犯著作权和邻接权行为、严重侵犯著作权和邻接权行为。

(一) 一般侵犯著作权和邻接权行为

①未经著作权人许可,发表其作品。这种行为侵犯了著作权人的发表权,应承担相应的民事责任。

②未经合作作者许可,将与他人合作创作的作品作为自己单独创作的作品发表。合作作品是由两个或两个以上的人创作的,著作权应当由合作作者共同享有。合作作品的作者中每一个人都无权单独行使合作作品的著作权,包括对作品的发表权。把合作作品当作自己单独创作的作品发表,不但侵犯了其他合作作者的发表权,而且等于窃取了他人的创作成果,侵犯了其他作者的署名权和使用权。

③没有参加创作,为谋取个人名利,在他人作品上署名。署名权应当属于创作作品的人。未参加创作的人为谋取个人名利,在他人作品上署名,主要是侵犯了作者的署名权。例如,有的人利用职权以胁迫的方式或者秘密的方式在他人作品上署名。上述行为如果获利,则侵犯了作者的财产权,还应当对著作权人负赔偿责任。

④歪曲、篡改他人作品。歪曲、篡改他人作品,改变作品要表达的思想内容,破坏作品的表达形式和艺术风格,侵犯了作者对自己的作品享有的保护作品完整权。即使修改作品都要经过作者的许可,更何况歪曲、篡改作品。

⑤剽窃他人作品。剽窃是把别人的作品据为己有的行为,没有付出创造性的劳动,目的是用于出版等,或者非法谋取名利。剽窃包括"全抄",即抹掉作者姓名,署上自己的名;还包括"抄精华",即将别人作品中的精华部分抄进自己的作品并予以发表。剽窃他人作品,侵害了著作权人的人身权,也

可能侵害著作权人的财产权。剽窃与适当引用他人作品不同，在自己的作品中适当引用他人已发表的作品是为了介绍、评论该作品或者说明某一问题，并且指明作者姓名、作品名称，而剽窃与现实生活中偷盗物品的行为无异。剽窃与演绎不同，演绎是经过原作品著作权人许可，对原作品进行再创作，付出了创造性劳动，创作出了新作品。

⑥未经著作权人许可，以展览、摄制电影和以类似摄制电影的方法使用作品，或者以改编、翻译等方式使用作品，著作权法另有规定的除外。按著作权法的规定，上述行为侵犯了著作权人的展览权、摄制权、改编权、翻译权等。但是，如果上述行为属于合理使用、法定许可等著作权限制的情形，则不构成侵权。"著作权法另有规定的除外"，一般是指使用作品的行为属于著作权限制的情形，因而不是侵权行为。

⑦使用他人作品，应当支付报酬而未支付。发表、复制、发行、出租、展览、表演、放映、广播、通过信息网络传播、摄制、改编、翻译、汇编他人作品的，包括法定许可使用的情况，原则上应按照约定或者法律有关规定向著作权人支付报酬。但是，如果以合同约定报酬，而未按合同支付，则属于违约行为。

⑧未经视听作品、计算机软件、录音录像制品的著作权人或者与著作权有关的权利人的许可，出租其作品或者录音录像制品，著作权法另有规定的除外。著作权人可以许可他人有偿临时使用其视听作品、计算机软件并获取报酬。如果未经著作权人许可而出租其作品，则应当对著作权人承担民事责任。录音录像制作者（邻接权人）对其制作的录音录像制品享有出租权，如果有人未经录音录像制作者的许可，出租其制作的录音录像制品，应当对录音录像制作者承担民事责任。

⑨另外，《计算机软件保护条例》第 23 条所规定的侵权行为也属于"其他侵害著作权行为"：未经软件著作权人许可，发表或者登记其软件的；将他人软件作为自己的软件发表或者登记的；未经合作者许可，将与他人合作开发的软件作为自己单独完成的软件发表或者登记的；在他人软件上署名或者更改他人软件上的署名的；未经软件著作权人许可，修改、翻译其软件的；其他侵犯软件著作权的行为。

(二) 严重侵犯著作权和邻接权行为

①未经著作权人许可，复制、发行、表演、放映、广播、汇编、通过信

息网络向公众传播其作品，著作权法另有规定的除外。上述行为都是以营利为目的，侵犯了著作权人对作品的使用权和获得报酬权。

②出版他人享有专有出版权的图书。专有出版权是出版社通过与著作权人的出版合同获得的专有权利，出版他人享有专有出版权的图书即侵权行为，会使享有专有出版权的出版社蒙受经济损失，也扰乱了文化市场秩序。侵权人应当赔偿被侵权人的损失，著作权行政管理部门可以根据情况给予行政处罚。出版他人享有专有出版权的图书的行为并不是盗版行为。盗版行为属于《著作权法》第53条第1项"未经著作权人许可，复制、发行……其作品的"行为。盗版行为既侵害了著作权人的利益，又侵害了出版社的利益，破坏了市场秩序，目前在我国属于严厉打击的对象。

③未经表演者许可，复制、发行、出租录有其表演的录音录像制品，或者通过信息网络向公众传播其表演，著作权法另有规定的除外。许可他人复制、发行、出租录有其表演的录音录像制品并获得报酬，许可他人通过信息网络向公众传播其表演并获得报酬，是表演者的两项重要的财产权。如果未经许可实施了上述行为，则应当对表演者承担民事责任。按《著作权法》第39条第2款的规定，实施上述行为不但要取得表演者的许可，而且要取得著作权人的许可并支付报酬。如果也未取得作品原著作权人的许可并支付报酬，则还要对原著作权人承担民事责任。

④未经录音录像制作者许可，复制、发行、出租、通过信息网络向公众传播其制作的录音录像制品，著作权法另有规定的除外。依照《著作权法》第44条的规定，录音录像制作者对其制作的录音录像制品，享有许可他人复制、发行、出租、通过信息网络向公众传播并获得报酬的权利。如果有人未经许可实施了上述行为，则既侵犯了录音录像制作者的财产权，也扰乱了文化市场秩序，侵权人应当承担民事责任，著作权行政管理部门可以给予其行政处罚。

⑤未经许可，转播或者录制、复制或者通过信息网络向公众传播广播、电视，著作权法另有规定的除外。《著作权法》第47条规定，广播电台、电视台有权禁止他人未经其许可将其播放的广播、电视以有线或者无线方式转播，还有权禁止他人未经其许可将其播放的广播、电视录制以及复制，同时有权禁止他人未经其许可将其播放的广播、电视通过信息网络向公众传播。如果他人未经其许可转播或者录制、复制或者通过信息网络向公众传播广播电台、电视台播放的图像、声音，即侵犯了广播电台、电视台的播放权，应

当承担相应的法律责任。

⑥未经著作权人或者与著作权有关的权利人许可，故意避开或者破坏权利人为其作品、录音录像制品等采取的保护著作权或者与著作权有关的权利的技术措施，法律、行政法规另有规定的除外。

⑦未经著作权人或者与著作权有关的权利人许可，故意删除或者改变作品、录音录像制品等的权利管理电子信息，法律、行政法规另有规定的除外。

⑧制作、出售假冒他人署名的作品。制作、出售假冒他人署名的作品，包括美术作品，也包括其他作品，最常见的是假冒他人署名的美术作品、雕塑作品。主要有以下几种表现手法：第一，临摹名家的绘画，署名家的名；第二，自己绘画而署名家的名；第三，将其他不出名的作者的作品署名家的名，等等。这种行为的目的就是"借"名家的声望来抬高自己作品的身价，通过出售等途径以获取非法利益。制作、出售假冒他人署名的作品的行为，首先侵犯了他人的姓名权，同时损害了被署名人的声誉，而且扰乱了文化市场秩序，欺骗了社会公众。因此，不但要承担民事责任，还要承担相应的行政责任和刑事责任。

另外，《信息网络传播权保护条例》第18条所规定的侵权行为也属于"严重侵犯著作权和邻接权行为"：通过信息网络向公众提供明知或者应知未经权利人许可而被删除或者改变权利管理电子信息的作品、表演、录音录像制品的；为扶助贫困通过信息网络向农村地区提供作品、表演、录音录像制品超过规定范围，或者未按照公告的标准支付报酬，或者在权利人不同意提供其作品、表演、录音录像制品后未立即删除的；通过信息网络提供他人的作品、表演、录音录像制品，未指明作品、表演、录音录像制品的名称或者作者、表演者、录音录像制作者的姓名（名称），或者未支付报酬，或者未依照本条例规定采取技术措施防止服务对象以外的其他人获得他人的作品、表演、录音录像制品，或者未防止服务对象的复制行为对权利人利益造成实质性损害的。

## 二、侵犯著作权和邻接权的法律责任

侵犯著作权和邻接权的法律责任，是指侵权行为人违反著作权法的规定，对他人著作权和邻接权造成侵害时，依法应承担的法律后果。依照我国著作权法的规定，侵犯著作权和邻接权行为应承担的法律责任主要有民事责任、行政责任、刑事责任，不同程度的侵犯著作权和邻接权行为，承担的法律责任不同。一般侵犯著作权和邻接权行为只承担民事责任；严重侵犯著作权和邻接权行为既要承担民事责任，也有可能承担行政责任或者刑事责任。

（一）侵犯著作权和邻接权行为的民事责任

知识产权法是民法的一个组成部分，著作权是民事权利的一种。因此，对于侵权行为人，法律要求行为人对受害人承担主要以补偿损失为目的的民事责任。有一般侵犯著作权和邻接权行为和严重侵犯著作权和邻接权行为，即我国《著作权法》第52条、第53条规定的侵权行为之一的，承担下列民事责任。

1. 停止侵害

法院可以责令正在实施侵害他人著作权的行为人立即停止其侵权行为。无论侵权行为人主观上有无过错，只要在客观上构成了侵权行为，都应立即停止。不管是侵犯著作人身权，还是侵犯著作财产权，都可以适用停止侵害的民事责任。

2. 消除影响

法院可以责令侵权行为人在一定范围内澄清事实，以消除人们对权利受害人或其作品的不良印象。侵权行为人在多大范围内给著作权人造成不利影响和损害，就应在多大范围内消除影响。消除影响的民事责任主要适用于侵犯著作人身权的行为。

3. 赔礼道歉

法院可以责令侵权行为人在一定的范围内，向受害人公开承认错误，表示歉意。公开赔礼道歉的具体方式有登报道歉、在公开场所声明或借助其他媒体表示歉意等。侵权行为人拒绝道歉的，人民法院可以强制执行，由侵权人承担相应的费用。公开赔礼道歉的民事责任主要适用于侵犯著作人身权的行为。

4. 赔偿损失

法院可以责令侵权行为人以自己的财产弥补受害人因其侵权行为而造成的损失。赔偿损失是最常见的民事责任方式，也是侵害著作财产权的主要法律救济形式。

（二）侵犯著作权和邻接权行为的行政责任

行政责任是指主管著作权的部门依照法律规定，依法对侵犯著作权和邻接权的违法行为人给予的行政处罚。对著作权侵权行为给予行政处罚的机关只能是主管著作权的部门,其他任何机关都无权行使这种权利。

主管著作权的部门可以对下列行为给予行政处罚。

1. 《著作权法》第53条规定的,侵犯著作权同时损害公共利益的行为

有这种侵权行为的,在承担民事责任的同时,由主管著作权的部门责令其停止侵权行为,予以警告,没收违法所得,没收、无害化销毁侵权复制品,以及主要用于制作侵权复制品的材料、工具、设备等并可处以罚款。

2. 《计算机软件保护条例》第24条规定的,同时损害公共利益的侵权行为

①复制或者部分复制著作权人的软件的;②向公众发行、出租、通过信息网络传播著作权人的软件的;③故意避开或者破坏著作权人为保护其软件著作权而采取的技术措施的;④故意删除或者改变软件权利管理电子信息的;⑤转让或者许可他人行使著作权人的软件著作权的。

3. 《信息网络传播权保护条例》第18条、第19条规定的,同时损害公共利益的侵权行为

①通过信息网络擅自向公众提供他人的作品、表演、录音录像制品的;②故意避开或者破坏技术措施的;③故意删除或者改变通过信息网络向公众提供的作品、表演、录音录像制品的权利管理电子信息,或者通过信息网络向公众提供明知或者应知未经权利人许可而被删除或者改变权利管理电子信息的作品、表演、录音录像制品的;④为扶助贫困通过信息网络向农村地区提供作品、表演、录音录像制品超过规定范围,或者未按照公告的标准支付报酬,或者在权利人不同意提供其作品、表演、录音录像制品后未立即删除的;⑤通过信息网络提供他人的作品、表演、录音录像制品,未指明作品、表演、录音录像制品的名称或者作者、表演者、录音录像制作者的姓名(名称),或者未支付报酬,或者未依照本条例规定采取技术措施防止服务对象以外的其他人获得他人的作品、表演、录音录像制品,或者未防止服务对象的复制行为对权利人利益造成实质性损害的;⑥故意制造、进口或者向他人提供主要用于避开、破坏技术措施的装置或者部件,或者故意为他人避开或者破坏技术措施提供技术服务的;⑦通过信息网络提供他人的作品、表演、录音录像制品,获得经济利益的;⑧为扶助贫困通过信息网络向农村地区提供作品、表演、录音录像制品,未在提供前公告作品、表演、录音录像制品的名称和作者、表演者、录音录像制作者的姓名(名称)以及报酬标准的。

4. 其他法律、法规、规章规定的应予行政处罚的著作权违法行为

如现行《著作权法实施条例》第 36 条规定:"有著作权法第四十八条所列侵权行为,同时损害社会公共利益,非法经营额 5 万元以上的,著作权行政管理部门可处非法经营额 1 倍以上 5 倍以下的罚款;没有非法经营额或者非法经营额 5 万元以下的,著作权行政管理部门根据情节轻重,可处 25 万元以下的罚款。"

# 第三章 著作权实务分析

> **导读** 著作权法鼓励文学、艺术和科学等合法作品的创作与传播。为了保护著作权人的权利,著作权法对相关著作权作了相应的规定,本章介绍侵犯著作权的行为、法律责任,侵权纠纷的处理,以及著作权的管理(包括行政管理和集体管理)。

## 第一节 著作权的法律保护

### 一、侵犯著作权的行为

#### (一) 侵犯著作权行为的含义与判定

1. 侵犯著作权行为的含义

侵犯著作权的行为是指在未经著作权人同意,又无法律依据的情况下,擅自利用受著作权法保护的作品的行为。在科学技术迅猛发展的今天,作品的传播方式越来越多,为作品的传播和社会公众欣赏作品提供了便利条件。但是,这也对作品的著作权构成了相当大的威胁,著作权人的成果随时有可能被非法利用。为了对著作权人的劳动成果给予充分的保护,更好地调动著作权人的创作积极性,必须对侵犯著作权人合法权利的行为进行严厉的制裁。

对于侵犯作品著作权的行为，我国著作权法规定了必须承担的三种责任方式，即民事责任、行政责任和刑事责任，除法律所规定的合理使用、法定许可、强制许可等对著作权人权利进行了限制，他人可以不征得著作权人的许可或者不支付报酬而使用作品的情况以外，在作品的保护期内，任何人使用受著作权法保护的作品都应该征得许可并支付报酬，否则就是侵犯他人著作权的行为，任何人都要因此承担相应的法律责任。

2. 对侵犯著作权行为的判定

（1）侵害的对象应是处于著作权保护期内的享有合法著作权的作品

侵犯著作权的行为侵犯的必须是受著作权法保护的作品，如果该作品不受著作权法的保护，或者其发表权与财产性权利已经超过了保护期限，则不能认定为侵权。我国著作权法规定了一些作品不受法律保护，如依法禁止出版、传播的作品以及法律、法规，国家机关的决议、决定、命令和其他具有立法、行政、司法性质的文件及其官方译文等。对这些作品的使用不算作侵犯著作权的行为，当然这种使用行为有可能违反其他法律、法规的相关规定。虽然对于发表权和著作财产权已经超过保护期，他人使用作品的情况不应认定为侵权，但需要注意的是，著作权人的署名权、修改权、保护作品完整权的保护不受时间的限制，因此他人在使用著作权人的过期作品时，不得侵犯著作权人的上述合法权利。

（2）有侵害行为

著作权人对其作品享有专有性权利，包括著作人身权和著作财产权，他人未经权利人许可而擅自使用其作品，且没有法律上的依据时，就应该承担侵犯著作权的责任。例如，他人未经著作权人的许可实施发行、复制等行为。如果他人没有实施侵害行为，或者所实施的侵害行为不是针对著作权的，则不构成侵犯著作权的行为。例如，偷盗他人美术作品原件的行为是侵害物权的行为，而不是侵犯著作权的行为。

（3）侵害行为具有违法性

行为具有违法性，也就是说，行为人的行为必须被法律所明文禁止，如果在法律中并没有规定这种行为属于违法，则不能认定为侵犯著作权的行为。任何人的行为如果按照法律的规定属于侵犯了著作权人作品的著作财产权或者著作人身权的行为，都应当承担相应的法律责任。当然，在这里对于"法律的规定"不能仅理解为狭义的《著作权法》中所规定的条款，随着社会的发展、科技的进步，各种新的违法行为将不断出现，而一部法律却具有相对的稳定性，不可能经常修改。因此，有时会出现一些危害性很大的侵犯著作权的行为并没有规定在《著作权法》中的情况，所以违反所有与著作权法相关的实施条例、细则、规定、办法以及我国参加的一些条约、公约中规定的行为都应认定为具有违法性。

(二) 侵犯著作权行为的种类

1. 未经著作权人许可，发表其作品的

这种行为侵犯了著作权人的发表权。按照著作权法的规定，著作权人享有发表权，也就是决定是否将作品公之于众，以及以何种方式将作品公之于众的权利。他人未经许可不得擅自发表著作权人的作品，否则属于侵犯著作权的行为，要依法承担相应的责任。

2. 未经合作作者许可，将与他人合作作品当作自己独创的作品发表的

合作作品的著作权应该由合作作者共同享有，合作作品的作者中的每一个人都无权独自行使对合作作品的著作权，如果未经合作作者许可，将与他人合作创作的作品当作自己单独创作的作品发表，则不仅侵犯了其他合作人的发表权，还侵犯了其署名权。

3. 没有参加创作，为谋取个人名利，在他人作品上署名的

作者有在其发表的作品上表明自己身份的权利，如何在作品上署名也是作者的合法权利。作者与其创作的作品有着紧密的联系，而作者以外的任何人与作品都不具有这种联系，所以如果他人利用权势、地位或者职务之便在他人创作的作品上署名，则属于侵犯著作权人署名权的行为。

4. 歪曲、篡改他人作品的

作品是作者思想、情感的反映，是作者通过独立构思，以自己特有的表现方式所创作出来的，作品中往往有作者的精神、人格等方面的体现。因此，著作权法规定作者享有修改权和保护作品完整权。歪曲、篡改他人的作品，就是对他人著作权中修改权和保护作品完整权的侵犯。

5. 剽窃他人作品的

剽窃他人作品是指将他人创作完成的作品当作自己创作的作品进行发表或者利用的行为。剽窃包括原封不动的剽窃和稍加改动的剽窃两种。所谓原封不动的剽窃，是指将作品上作者的姓名去掉，署上自己的名字，而不对作品的内容进行变动的剽窃行为。这种剽窃行为在发生侵权的认定上较为容易。

所谓稍加改动的剽窃，是指将作品稍加改动，改头换面之后署上自己的名字的剽窃行为。对于稍加改动的剽窃行为在认定上有一定的困难，而且要注意稍加改动的剽窃与演绎创作的不同：稍加改动的剽窃并没有获得作者的同意，也没有加入任何独创性的表现形式，如只对小说作品中的时间、人物名字、地点等稍做修改；而演绎作品首先应当取得原作品作者的许可，然后才能进行演绎创作，而且演绎创作付出了独创性的脑力劳动，对作品的内容和表现形式做了较大的改动，演绎作品属于通过再创作的方式而完成的新作品，它享有完整的著作权。此外，剽窃与利用他人的思想和观点的行为也不同，思想和观点不属于著作权法的保护对象，著作权法所保护的是作品的表达形式，所以利用他人的思想和观点的行为不能算作剽窃。一般认为巧合也不能认定为剽窃。所谓巧合，就是在双方独立完成、没有剽窃行为的情况下，一部作品包含了另一部作品的独创性成果。在这种情况中由于双方均无过错，所以不宜认定为剽窃。剽窃行为严重地侵犯了著作权人的人身权和财产权，同时也欺骗了社会公众。具体而言，剽窃侵犯了作者的署名权，以及作者利用其作品获得收益的权利，因此应当承担相应的法律责任。

6. 使用他人作品，应当支付报酬而未支付的

我国《著作权法》规定，著作权人的作品被他人使用的，除有特殊规定的以外，著作权人有权获得报酬。著作权人的报酬可以通过合同中的约定取得，也可以按照法律中的规定取得。在法定许可的情况下，如果使用人不按规定支付报酬，则属于侵犯著作权的行为，应当承担相应的法律责任。

7. 未经出版者许可，使用其出版的图书、期刊的版式设计的

出版者拥有对其所出版的图书、期刊的版式设计权。出版者在出版的过程中为了便于读者的阅读，付出了很多创造性劳动，其中最重要的就是版式设计。因此，在出版社出版图书后，即使其他出版社经著作权人的许可而再次出版该书，或者期刊社在转载其他期刊社的作品时，都不能使用出版者的版式设计，否则就应算作侵犯出版者邻接权的行为。

8. 出版他人享有专有出版权的图书的

我国《著作权法》规定，图书出版者对著作权人交付出版的作品，按照合同约定享有的专有出版权受法律保护，他人不得出版该作品。未经许可出版他人享有专有出版权的图书，必然会对出版者的专有出版权造成侵犯，使出版社的经济利益受到损失，所以未经许可出版他人享有专有出版权的图书的行为理应承担相应的法律责任。

9. 未经表演者许可，复制、发行录有其表演的录音录像制品，或者通过信息网络向公众传播其表演的，《著作权法》另有规定的除外

我国《著作权法》规定，表演者享有许可他人复制、发行、出租录有其表演的录音录像制品并获得报酬，以及许可他人通过信息网络向公众传播其表演并获得报酬的权利。这是表演者两项重要的财产权，如果未经表演者许可，复制、发行、出租录有其表演的录音录像制品，或者通过信息网络向公众传播其表演的，则应该承担相应的法律责任。

10. 未经录音录像制作者许可，复制、发行、通过信息网络向公众传播其制作的录音录像制品的，《著作权法》另有规定的除外

按照我国《著作权法》的规定，录音录像制作者对其制作的录音录像制品享有许可他人复制、发行、出租、通过信息网络向公众传播，并获得报酬的权利，如果有人未经录音录像制作者许可，复制、发行、出租、通过信息网络向公众传播其制作的录音录像制品，就是侵犯了录音录像制作者的财产权，也扰乱了文化市场的秩序，应当承担相应的法律责任。《著作权法》另有规定的除外，主要是指符合《著作权法》中所规定的合理使用等条件的，不应被认定为侵权。

11. 未经许可，播放、复制或者通过信息网络向公众传播广播、电视的，《著作权法》另有规定的除外

我国《著作权法》规定，广播电台、电视台有权禁止他人未经其许可将其播放的广播、电视转播，还有权禁止他人未经其许可将其播放的广播、电视录制在音像载体上以及复制音像载体。如果他人未经许可播放或者复制广播、电视，除依照《著作权法》的规定不属于侵权的情况以外，都是对广播电台、电视台权利的侵犯，应当承担相应的法律责任。

12. 未经著作权人或者与著作权有关的权利人许可，故意避开或者破坏技术措施的，故意制造、进口或者向他人提供主要用于避开、破坏技术措施的装置或者部件的，或者故意为他人避开或者破坏技术措施提供技术服务的，法律、行政法规另有规定的除外

随着作品的数字化以及信息网络等传播作品方式的出现，人们可以利用数字处理技术对作品进行复制、传送、修改等。而利用数字处理技术也很容易对作品实施侵权，因此著作权人为了保护自己的著作权，经常会在数字化后的作品中增加技术保护措施，如计算机软件的著作权人对其开发的计算机软件进行加密等。但是，有些人却专门针对这些技术措施进行破坏，甚至将

破坏技术措施的方法制成产品非法出售，这就严重地威胁到对著作权人合法权利的保护，因此必须对反技术措施的行为加以制止。

因此，我国《著作权法》规定，未经著作权人或者与著作权有关的权利人许可，故意避开或者破坏权利人为其作品、录音录像制品等采取的保护著作权或者与著作权有关的权利的技术措施的，属于侵犯著作权的行为，要承担相应的法律责任。为上述技术措施提供装置或者部件和技术服务的，也属于侵犯著作权的行为。但我国《著作权法》也规定，法律、行政法规另有规定的，不算作侵权行为。例如，公安机关、国家安全机关在侦查案件的过程中，不可避免地需要避开或者破坏著作权人或者与著作权有关的权利人所采取的保护其权利的技术措施的，不应视为侵权行为。

13. 未经著作权人或者与著作权有关的权利人许可，故意删除或者改变作品、版式设计、表演、录音录像制品或者广播、电视上的权利管理信息的，知道或者应当知道作品、版式设计、表演、录音录像制品或者广播、电视上的权利管理信息未经许可被删除或者改变，仍然向公众提供的，法律、法规另有规定的除外

随着计算机网络的发展，作品越来越多地被转换成数字形式通过网络传播，录音录像制品也在网络上被广泛地利用。著作权人或者与著作权有关的权利人为了维护自己的合法权益，防止他人对自己的作品进行非法复制，以及便于对其著作权和与著作权有关的权利的管理，同时有利于使用者寻求合法使用，帮助社会公众避免无意侵权，往往在其作品、复制品或者制品上注明著作权管理信息。所谓的著作权管理信息，是指识别作品、作品的作者、对作品拥有任何权利的所有人的信息，或有关作品使用的条款和条件的信息，以及代表此种信息的任何数字或代码。这些信息均应附于作品的每件复制品上或者在作品向公众进行传播时出现。著作权管理信息在保护著作权中发挥着越来越重要的作用。但是，由于数字处理技术的普及，对作品管理信息进行更改、删除甚至伪造都变得非常容易，如果不加强对著作权管理信息的保护，就会使著作权的管理和作品的使用失去秩序，社会公众将无法了解网络上传播作品的真伪，也无法找到相关的权利人，使著作权人和与著作权有关的权利人的利益受到很大的损害。

因此，任何人删除、改变他人作品版式设计、表演、录音录像制品或者广播、电视上的权利管理信息的行为，以及知道或者应当知道权利管理信息未经许可被删除或者改变的行为都属于侵权行为，应该依法承担相应的责任。

14. 制作、出售假冒他人署名的作品的

这是一种借助他人的声望抬高自己作品的身价，获取非法利益的严重侵权行为。最常见的情况是假冒他人署名的美术作品，也包括在其他作品上署他人名字的情况。例如，一位不知名作者所写的书，在未经知名学者同意的情况下，署上知名学者的名字，以使作品有更高的销量等。这种侵权行为包括将自己创作的作品署上他人的名字，以及在第三人的作品中署上他人的名字等情况。这种行为所侵犯的客体是多重的，首先侵犯了他人的姓名权和名誉权，其次侵犯了购买作品者的利益，而且也欺骗了社会公众，扰乱了文化市场秩序。关于这种行为是否侵犯了著作权，现在还有一些争论，因为被侵权人并未创作所涉作品，也就谈不上所涉作品的著作权，所以有些人认为这是一种侵犯他人姓名权的行为，而不构成著作权侵权。但是，按照我国《著作权法》的规定，制作、出售假冒他人署名的作品的情况也属于侵犯著作权的行为，应当承担相应的法律责任。

15. 其他侵犯著作权以及与著作权有关的权益的行为

著作权的权项较多，比较复杂，因此侵犯著作权的种类很多，上述所列举的只是一些常见的侵权行为。对于不属于上述明确规定的侵权情况，但又确实对著作权人以及与著作权有关的权利人造成了侵犯的行为，《著作权法》以"其他侵犯著作权以及与著作权有关的权益的行为"进行规定。作为一种兜底性的规定，它能够更好地保护权利人的合法权益，有利于应对随着科技的发展、社会的进步而可能出现的各种侵权行为。

## 二、侵犯著作权的法律责任

（一）民事责任

按照我国《著作权法》的规定，对于前述侵权行为，侵权人应当根据情况承担停止侵害、消除影响、赔礼道歉、赔偿损失等民事责任。

1. 停止侵害

停止侵害是指责令侵权人停止正在实施的侵犯著作权或者邻接权的行为。责令停止侵害，对于及时制止侵权行为的继续进行，防止损害的进一步扩大有着重要的意义，而且无论侵权人主观上是否故意，只要其在客观上构成了侵权行为，权利人就可以责令其停止侵害。停止侵害的方式有停止出版、发行以及中止侵权作品的传播等。

## 2. 消除影响

消除影响是指当作品的著作权和邻接权被侵犯后，权利人有权请求行为人在一定范围内澄清事实，消除侵权带来的不良影响。消除影响是恢复名誉的一种方式，属于非财产性的民事责任承担方式，主要适用于侵害著作人身权的情况。例如，剽窃了他人作品的，应该公开声明，让公众知道真正的作者，消除侵权带来的不良影响。

## 3. 赔礼道歉

赔礼道歉是指当作品的著作权和邻接权被侵犯后，权利人有权请求侵权人在一定范围内向权利人公开承认错误，表示歉意。赔礼道歉的方式有在报刊上刊登致歉书、在公共场所当面向权利人表明歉意等。侵权行为人应该道歉而拒绝道歉的，人民法院可以强制执行，赔礼道歉也属于非财产性的民事责任承担方式。

## 4. 赔偿损失

赔偿损失是指在著作权人和邻接权人的财产权遭受侵犯时，权利人可以要求侵权人以自己的财产赔偿因其侵权行为给权利人造成的经济损失。赔偿损失这种民事责任承担方式主要适用于对著作财产权的侵害，我国《著作权法》规定，侵犯著作权或者与著作权有关的权利的，侵权人应当按照权利人的实际损失给予赔偿，赔偿额以权利人因侵权所遭受的实际损失为准，实际损失理应包括直接损失和间接损失。

著作财产权是一种无形财产权，其损失数额往往难以计算。我国《著作权法》规定，著作权被侵害时所遭受的实际损失难以计算的，可以按照侵权人的违法所得给予赔偿。赔偿数额还应当包括权利人为制止侵权行为所支付的合理开支。权利人的实际损失、侵权人的违法所得、权利使用费难以计算的，由人民法院根据侵权行为的情节，判决给予500元以上500万元以下的赔偿。应当注意的是，《著作权法》所规定的赔偿，仅仅是指权利人的实际损失或者侵权人的违法所得不能确定的情况，如果实际损失或者违法所得可以确定，则按照所确定的数额进行赔偿，不受数额的限制。

### （二）行政责任

#### 1. 可以处以行政处罚的侵权行为

我国《著作权法》规定，对于下列侵权行为，除了应当根据情况，承担停止侵害、消除影响、赔礼道歉、赔偿损失等民事责任以外，同时损害公共利益的可以由著作权行政管理部门对其进行行政处罚：①未经著作权人许可，复制、发行、表演、放映、广播、汇编、通过信息网络向公众传播其作品的，《著作权法》另有规定的除外；②出版他人享有专有出版权的图书的；③未经表演者许可，复制、发行录有其表演的录音录像制品，或者通过信息网络向公众传播其表演的，《著作权法》另有规定的除外；④未经录音录像制作者许可，复制、发行、通过信息网络向公众传播其制作的录音录像制品的，《著作权法》另有规定的除外；⑤未经许可，播放、复制或者通过信息网络向公众传播广播、电视的，《著作权法》另有规定的除外；⑥未经著作权人或者与著作权有关的权利人许可，故意避开或者破坏技术措施的，故意制造、进口或者向他人提供主要用于避开、破坏技术措施的装置或者部件的，或者故意为他人避开或者破坏技术措施提供技术服务的，法律、行政法规另有规定的除外；⑦未经著作权人或者与著作权有关的权利人许可，故意删除或者改变作品、版式设计、表演、录音录像制品或者广播、电视上的权利管理信息的，知道或者应当知道作品、版式设计、表演、录音录像制品或者广播、电视上的权利管理信息未经许可被删除或者改变，仍然向公众提供的，法律、法规另有规定的除外；⑧制作、出售假冒他人署名的作品的。

2. 行政处罚的方式

对于侵权人的行为损害公共利益的，可以由主管著作权的部门责令其停止侵权行为，没收非法所得，没收、销毁侵权复制品，并可处以罚款。情节严重的，主管著作权的部门还可以没收主要用于制作侵权复制品的材料、工具、设备等。以上行政处罚方式可以单独适用，也可以合并适用。当事人对行政处罚不服的，可以在收到行政处罚决定书 3 个月内向人民法院起诉，期满不起诉又不履行的，著作权行政管理部门可以申请人民法院执行。

(三) 刑事责任

1. 侵犯著作权的犯罪行为的构成要件

侵犯著作权的犯罪是一种严重的侵权行为，这种行为首先应该符合侵犯著作权行为的基本要件，除了这些要件之外，还应该具备以下条件。

(1) 客观上以营利为目的

我国《刑法》第 217 条规定："以营利为目的，有下列侵犯著作权或者与著作权有关的权利的情形之一，违法所得数额较大或者有其他严重情节的，处

3年以下有期徒刑，并处或者单处罚金；违法所得数额巨大或者有其他特别严重情节的，处3年以上10年以下有期徒刑，并处罚金……"因此，侵犯著作权的犯罪行为必须以营利为目的，否则无论其行为的情节如何，都不构成犯罪。

（2）客观上违法数额较大或者有其他严重情节

同样，依照我国《刑法》第217条的规定，只有违法所得数额较大或者有其他严重情节的，才能构成犯罪。

2. 侵犯著作权犯罪的种类

（1）非法复制发行作品罪

《刑法》第217条规定，未经著作权人许可，复制发行、通过信息网络向公众传播其文字作品、音乐、美术、视听作品、计算机软件及法律、行政法规规定的其他作品，且以营利为目的，违法所得数额较大或者巨大或者有其他严重情节的，便构成了非法复制发行作品罪。对于非法复制发行作品罪，违法所得数额较大或者有其他严重情节的，处3年以下有期徒刑，并处或者单处罚金；违法所得数额巨大或者有其他特别严重情节的，处3年以上10年以下有期徒刑，并处罚金。

（2）非法出版图书罪

《刑法》第217条规定，出版他人享有专有出版权的图书，且以营利为目的，违法所得数额较大或巨大或有其他严重情节的，构成此罪。对于非法出版图书罪，违法所得数额较大或者有其他严重情节的，处3年以下有期徒刑，并处或者单处罚金；违法所得数额巨大或者有其他特别严重情节的，处3年以上10年以下有期徒刑，并处罚金。

（3）非法复制发行录音录像制品罪

《刑法》第217条规定，未经录音录像制作者许可，复制发行、通过信息网络向公众传播其制作的录音录像制品，且以营利为目的，违法所得数额较大或者巨大或者有其他严重情节的，便构成了非法复制发行录音录像制品罪。对于非法复制发行录音录像制品罪，违法所得数额较大或者有其他严重情节的，处3年以下有期徒刑，并处或者单处罚金；违法所得数额巨大或者有其他特别严重情节的，处3年以上10年以下有期徒刑，并处罚金。

（4）假冒美术作品罪

《刑法》第217条规定，制作、出售假冒他人署名的美术作品，且以营利为目的，违法所得数额较大或者巨大或者有其他严重情节的，便构成了假冒美术作品罪。对于假冒美术作品罪，违法所得数额较大或者有其他严重情节的，处 3 年以下有期徒刑，并处或者单处罚金；违法所得数额巨大或者有其他特别严重情节的，处 3 年以上 10 年以下有期徒刑，并处罚金。

（5）销售侵权复制品罪

《刑法》第 218 条规定，以营利为目的，销售明知是上述第 217 条规定的侵权复制品，违法所得数额巨大或者有其他严重情节的，处 5 年以下有期徒刑，并处或者单处罚金。

### 三、著作权侵权纠纷的处理

著作权人和邻接权人发现自己的权利遭受不法侵害时，可通过调解、仲裁、诉讼的方式解决侵权纠纷。

（一）调解

调解是指发生纠纷时，在调解组织的主持下，当事人达成和解协议的纠纷解决方式。调解组织既可以是主管著作权的部门和其他部门，也可以是其他社会团体和群众组织。著作权侵权纠纷和合同纠纷都可以通过调解来解决。调解协议不具有法律上的强制性，不能予以强制执行。达成协议后，一方反悔，不同意按调解协议执行的，调解协议即失去效力，当事人可通过诉讼来解决纠纷。

（二）仲裁

仲裁是指仲裁机构依照一定的仲裁程序，对当事人的纠纷进行裁决的纠纷解决方式。著作权的仲裁由著作权仲裁机构负责，主要适用于对著作权合同纠纷的解决，而且在著作权合同中必须订有仲裁条款或者事后达成书面仲裁协议，如果没有仲裁条款或者事后未达成书面仲裁协议，则不能进行仲裁。著作权仲裁机关所作出的仲裁具有法律上的强制力，一方不履行仲裁裁决的，另一方可以申请人民法院强制执行。

（三）诉讼

著作权的诉讼是指通过向人民法院起诉，利用诉讼程序解决著作权纠纷的一种方式。诉讼是我国《著作权法》所规定的解决著作权纠纷的主要方式。当事人可以直接向人民法院起诉；当事人之间调解不成以及调解达成协议后一方反悔的，也可向人民法院起诉。此外，执行仲裁申请的人民法院发现仲裁裁决违法的，有权不予执行，当事人也可以就合同纠纷向人民法院起诉。当事人向人民法院请求保护著作权的诉讼时效期间为 2 年，时效期间的起算日为著作权人知道或者应当知道权利被侵犯时。人民法院在审理案件过程中，对于侵犯著作权或者与著作权有关的权利的，可以没收违法所得、侵权复制品以及进行违法活动的财物。

我国《著作权法》中还规定了当事人在诉讼过程中的证据保全措施。为制止侵权行为，在证据可能灭失或者以后难以取得的情况下，著作权人或者与著作权有关的权利人可以在起诉前向人民法院申请保全证据。人民法院接受申请后，必须在 48 小时内作出裁定，裁定采取保全措施的，应当立即开始执行。当事人申请证据保全的，人民法院可以责令申请人提供担保，申请人不提供担保的，驳回申请。申请人在人民法院采取保全措施后 15 日内不起诉的，人民法院应当解除保全措施。保全措施的规定，有利于被侵权人权利的保护，也有利于法院对案件的审理。

我国《著作权法》还规定，著作权人或者与著作权有关的权利人有证据证明他人正在实施或者即将实施侵犯其权利的行为，如果不及时制止将使其合法权益受到难以弥补的损害的，可以在起诉前向人民法院申请采取责令停止有关行为和财产保全的措施。这样的规定有利于更好地保护著作权人的利益，使著作权人责令停止侵害的措施更加有效。

## 第二节　著作权的管理

### 一、著作权的行政管理

#### （一）著作权行政管理的含义

著作权的行政管理是指主管著作权的部门通过行政行为，代表国家对著作权工作进行管理的活动。《著作权法》第 7 条规定："国家著作权主管部门负责全国的著作权管理工作；县级以上地方主管著作权的部门负责本行政区域的著作权管理工作。"我国在著作权制度中十分重视对著作权的行政管理，实践证明这符合我国的国情。但是，著作权本身是一种民事权利，因此国家的行政管理应该保持在一定的限度之内，著作权的行政管理应该依法进行。

### （二）著作权行政管理部门的职责

**1. 国家著作权管理部门的职责**

①贯彻实施著作权法律、法规，制定与著作权管理有关的办法。国家著作权管理部门负责监督和检查《著作权法》实施的情况，对《著作权法》实施中出现的问题及时向有关部门反应，并且提出合理的意见和建议，制定与著作权管理有关的办法。

②查处在全国有重大影响的著作权侵权案件。根据《著作权法实施条例》的规定，由国家著作权管理部门负责查处的著作权侵权案件主要有在全国有重大影响的侵权案件、涉外侵权案件、认为应当由国家著作权管理部门查处的侵权案件。由国家著作权管理部门负责查处的侵权行为，必须是《著作权法》中所规定的可以给予行政处罚的侵权行为。

③批准设立著作权集体管理机构、涉外代理机构和合同纠纷仲裁机构，并监督、指导其工作。著作权的集体管理机构、涉外代理机构和合同纠纷仲裁机构的设立者在设立上述机构时，应该向国家著作权管理部门申请，由国家著作权管理部门审查之后，符合条件的可以批准设立。而且上述机构在设立之后，由国家著作权管理部门对其进行监督和指导工作。

④负责著作权涉外管理工作。国家著作权管理部门代表国家同外国政府、国际组织进行著作权保护方面的合作；管理涉外作品的自愿登记；参加著作权保护的国际活动，管理涉外版权贸易等。

⑤负责国家享有的著作权的管理工作。根据《著作权法》的规定，在一些情况下，国家可以成为著作权的主体。在国家享有著作权时，由国家著作权管理部门负责管理和行使国家享有的著作权，保护无人继承又无人受遗赠的作品的完整性，保护其作者的署名权和修改权。

⑥指导地方著作权管理部门的工作。地方著作权管理部门应当接受国家著作权管理部门的监督和指导，向国家著作权管理部门汇报工作。国家著作权管理部门制定有关的规定，帮助地方著作权管理部门开展工作。

⑦承担国务院交办的其他著作权管理工作。国家著作权管理部门可以根据著作权管理中的实际情况，承担国务院交办的其他著作权管理工作。

**2. 地方著作权管理部门的职责**

《著作权法》第7条规定："县级以上地方主管著作权的部门负责本行政区域的著作权管理工作。"县级以上地方主管著作权管理部门负责本行政区域的著作权管理工作，其职责由同级人民政府确定。一般而言，其职责主要是配合起草地方性著作权法规；监督检查本地区内著作权法实施情况，了解本地区《著作权法》执行过程中存在的问题，及时提出解决问题的方案、建议，并向上级著作权管理部门和当地政府反映；查处本行政区域内发生的侵权行为；代为执行上级著作权管理部门作出的行政处罚决定，行使行政处罚权；调解本行政区域发生的著作权合同纠纷和一般著作权侵权纠纷；在本地区内从事著作权法律知识宣传教育、提供咨询服务等。

### 二、著作权的集体管理

#### （一）著作权集体管理的含义和作用

1. 著作权集体管理的含义

著作权的集体管理是指著作权人和与著作权有关的权利人，授权著作权集体管理组织行使其权利，并为其收取报酬的行为。著作权集体管理组织只有在取得权利人的授权之后，才能对其权利进行管理，著作权集体管理组织所管理的可以是著作权，也可以是邻接权。

随着社会的进步，作品的传播方式越来越多，著作权人很难全面地了解、控制和支配其作品的使用情况。在这种情况下，著作权人需要一个组织机构，代表自己处理相关的事务。对于邻接权人而言也是一样，表演者、录音录像制作者、广播电视组织权利的行使也变得越来越困难。因此，为了保护著作权人和与著作权有关的权利人的合法权益，也为了方便他人对作品以及复制品等进行使用，出现了专门从事著作权和与著作权有关的权利的集体管理组织，这一组织不是政府机构，而是代表著作权人和与著作权有关的权利人行使权利的专门的社会组织。

2. 著作权集体管理的作用

（1）有利于维护著作权人和与著作权有关的权利人的利益

著作权的集体管理是现代社会环境中著作权人和与著作权有关的权利人实现其权利所不可缺少的手段。在现代社会，著作权的行使方式越来越多，著作权人在行使其权利的过程中，会出现对其中的一些权利不能实施有效控制的情形。例如，一首歌曲的录音录像制品被复制、发行之后，按法律规定，著作权人享有机械表演权，对所有场所的营业性播放都可以取得报酬，但是机械表演的行为可能发生在很多地方，作者很难在这种情况下一一地收取报酬。著作权人出租权的行使也是这样，作者很难对众多的出租者收取报酬。在这种情况下，由著作权的集体管理组织出面，代表众多的著作权人向使用者征得许可、收取报酬，这无疑是方便著作权人行使权利、维护著作权人利益的有效措施。

(2) 有利于方便作品使用者对作品的使用

在著作权人为了收取作品的使用费而苦恼的同时，一些守法的使用者却为了寻找大量的著作权人，逐一取得使用其作品的许可，并对其支付报酬而忧虑。在现实生活中，作品的使用者往往会长期使用众多的著作权人的作品，快速、有效地征得著作权人的许可并向其支付报酬，是作品的使用者提高其经营效率、降低成本的重要手段。而著作权集体管理组织正是向其提供了这样的帮助，因此著作权的集体管理有利于方便作品使用者对作品的使用。对于与著作权有关的权利人而言情况也是一样的，有了著作权集体管理组织，其对作品的使用将更加方便。

(3) 有利于减少著作权纠纷和侵权行为

一方面，对著作权实施了集体管理之后，著作权人实现了自己的权利，使用者也免去了寻找著作权人的麻烦，著作权集体管理组织成为著作权人、与著作权有关的权利人以及使用者之间的桥梁。这样就简化了中间环节，使侵犯著作权的情况大大减少。另一方面，著作权集体管理组织在其管理的著作权人或者与著作权有关的权利人的作品、制品等被他人侵权之后，可以代替权利人进行交涉或者诉讼，实施有力的管理和保护手段，有效地维护了著作权人和与著作权有关的权利人的合法权益，这样有利于遏制各种侵权活动的发生。由于著作权人和与著作权有关的权利人往往势单力孤，难以对其合法权利进行有效的保护，使得侵犯其著作权的行为更加猖獗，所以著作权的集体管理有利于减少著作权纠纷和侵权行为。

(二) 著作权集体管理组织的性质、设立及职能

1. 著作权集体管理组织的性质和设立

我国目前已成立的著作权集体管理组织有中国音乐著作权协会、中华版权代理总公司等。著作权集体管理组织与其所代表的著作权人之间的关系，一般通过转让著作财产权或者独占许可、信托等途径加以明确。著作权集体管理组织在取得授权之后，就可以代替著作权人行使著作财产权。著作权集体管理与著作权的行政管理完全不同，著作权的行政管理是带有行政性质的，其管理机关是代表国家对所有的作品进行管理。而著作权的集体管理组织一

一般情况下是民间团体或者半官方机构，不是行政机关。著作权的集体管理组织只有在取得了著作权人授权的情况下，才能管理和行使其著作权。目前，世界上的著作权集体管理组织有两种类型：一种是民间团体，另一种是官方或半官方的机构。在我国，著作权集体管理组织是非营利性的组织，如中国音乐著作权协会就是民间团体，在民政部获得了社团登记，其协会章程中规定，协会从向使用者收取的使用费中扣除一定比例的管理费，用于工作的开支、改善为音乐著作权人提供的服务和建立音乐文化发展基金，剩余所有收取的使用费都交付给著作权人。

设立著作权集体管理组织，可以按作品或者作者的类别分别设立协会，例如，中国音乐著作权协会就是主要管理词曲作者和录音录像制作者的著作权集体管理组织。一般情况下，对同一类作品设立的集体管理组织只有一个，这样便于统一协调、统一管理，能够避免力量分散和重复管理。当然，也可以根据实际情况建立一些包括各种作品或者作者的统一协会。我国著作权集体管理组织的设立方式由国务院规定。

2. 著作权集体管理组织的职能

（1）签订著作权集体许可使用合同

著作权集体许可使用合同是指著作权集体管理组织通过集体许可的方式，将由著作权人授权其管理的作品许可给他人使用的合同。这是为了便于著作权人行使著作权，简化许可使用的手续而产生的一种许可使用合同。著作权集体管理组织被授权后，可以自己的名义为著作权人主张权利，主要是许可作品的使用，向使用者收取许可使用费，并分配给著作权人。

（2）定期收取作品的使用费，并分配给著作权人

在签订著作权许可使用合同之后，著作权集体管理组织应该负责定期向使用者收取约定的使用费，并分配给著作权人。作品的使用费在很多情况下是根据作品使用的具体情况分期、分批地进行支付的，著作权集体管理组织有责任帮助著作权人定期收取使用费。此外，在法定许可的情况下，作品的使用者并不需要征得著作权人的许可就可以使用其作品，但是应当向著作权人支付报酬，在这种情况下，著作权集体管理组织也应该负责定期收取作品的使用费，并分配给著作权人。

（3）著作权集体管理组织可以作为当事人追究侵犯著作权的行为，代替著作权人参与诉讼或者仲裁活动

当著作权人将其作品的著作财产权授权给著作权集体管理组织进行管理

后，如果该作品的著作权被他人侵犯，那么该著作权集体管理组织就可以以原告的身份对侵权者进行起诉，由于著作权人的精力有限，每一个著作权人单独对侵权者进行起诉在操作上有一定的困难，而由代表众多著作权人的著作权集体管理组织进行起诉，更有利于对著作权人权益的保护。发生著作权合同纠纷时，如果合同中约定了仲裁条款，则著作权集体管理组织也可以参与仲裁活动。

（4）建立国际集体管理网络，维护本国著作权人在国外依法应当享有的权利

随着现代社会各国之间的文化交流日益频繁，作品被跨国使用的情况越来越多，而单个著作权人要在国外主张自己的权利，追索其作品的使用费或者追究他人的侵权行为，往往是非常困难的。不但其维护著作权的成本将非常高，而且由于文化、法律等方面的差异，其维权目的也往往难以实现。因此，各国著作权集体管理组织之间可以建立国际著作权集体管理网络，互相代理对方在本国的著作权事务，这样可以有效地保护著作权人在国外依法应当享有的各项权利。

# 第四章 网络著作权

> **导读**
>
> 当网络以惊人的发展速度和广泛的影响力渗透到我们的工作、学习和生活的方方面面中时，人类现有的法律制度也受到了挑战。由于网络上传播的大量信息是《著作权法》保护的客体，所以著作权法律制度受到的网络冲击也最为强烈。如何保障作品的完整性、可用性、保密性，防止其被非法使用、更改、窃取、破坏、遗失、泄露等，已成为著作权人难以处理的问题。作品是非物质形态的特殊财产，同时又具有公开性、社会性的特点，其所有人无法凭借传统民法上的占有方法对其进行控制。这种特点在公用、共享的网络环境下表现得更为突出。这就引发了著作权的"专有性"和在网络上应受《著作权法》保护的信息难以被权利人控制的矛盾。
>
> 就《著作权法》而言，网络的出现和发展既开辟了作品新的传播和使用方式，又反过来影响到知识的创造与传播，因而有必要对这种新出现的信息传播和通信媒体进行规范。

## 第一节 网络著作权概述

### 一、网络著作权的概念与法律特征

著作权也称为版权，是基于文学、艺术和科学作品而产生的，法律赋予公民、法人和其他组织等民事主体的一种特殊民事权利。著作权的主体是作者和其他著作权人（包括网络管理者），客体是文学艺术作品（包括以数字信号为形式、以网络为载体进行传播的作品）。从作者方面看，它是指作者依法对其创作的作品享有的专有权；从使用方面看，它是指抄录、复制以及以其他方式使用作品的权利。

网络著作权是指著作权人对其受著作权法保护的作品在网络环境下所享有的著作权。网络著作权相对于传统著作权而言，在专有性、时间性和地域性等方面有其鲜明的特征。

著作权的专有性是指他人未经权利人同意或者法律许可，不得使用和享有该项著作权。由于著作权不排斥他人创作类似或雷同的作品，所以相对于专利权和商标权而言，其专有性较弱，而网络作品又是著作权专有性最弱的一类作品。由于网络作品不仅具有无形性，而且具有高效性、方便性和普及性等特点，其专有性受到"不排斥他人创作雷同作品"和以"公告版"上网形式将作品"交给"使用者，让其可以不受技术限制地予以使用的双重消极影响，但并不等于著作权没有专有性。

著作权的时间性是指著作权的发表权和获得报酬权只在法律规定的时间内有效，超过法定有效期则不再受法律保护。著作权的时间性具有两段式和不定式的特点。两段式是指著作权的有效期由作者有生之年和作者死后若干年两段时间组成；不定式是指著作权的有效期因作者的寿命不同而不同，在法律上是一个不确定的值。由此产生了著作权与专利权、商标权的一个重要区别，即不同作品的著作权的有效期是不相同的。在时间性上，网络作品与其他作品没有区别，只是其有效期的确定要比其他作品更为困难。这表现在两个方面：其一，由于新技术开发的周期越来越短，过长时间的保护不利于新技术的推广，有损于社会公众利益，因此对于网络环境下著作权的保护周期应该适当缩短的呼声也有所出现；其二，由于作者可以给自己的作品施加技术保护措施，而使得一部分本应进入公有领域的作品依然因为技术保护措施的存在而无法为公众自由使用，在事实上造成了作品保护周期的无限延长。

著作权的地域性是指著作权仅在依某国法律获得保护的那个国家地域内有效。由于互联网本身的跨国性特点，无法判断一件网络作品的著作权应当依从哪国法律，以及在哪个国家地域内有效，所以网络作品著作权的地域性实际上已不复存在。由此而带来的问题是，在一定条件下，网络作品的发表地为全世界，而非一个国家，无法确定其发表国，如我国著作权法中"外国人的作品首先在中国境内发表的，依照本法享有著作权"的规定，对网络作品而言形同虚设。此外，在网络作品著作权的侵权诉讼中，"侵权行为地"也同样无法认定，反映了著作权保护与国际私法的冲突。一些专家认为，网络作品著作权地域性的消失是计算机网络的全球性与传统知识产权的地域性之间的总冲突。

**二、网络著作权的客体——网络作品**

网络的发展给传统的著作权制度带来的巨大冲击首先体现在著作权保护的客体上，即作品发生了巨大的变化。当然，这并不意味着传统的作品不受著作权法保护，而是指在网络环境下，作品的存在形式发生了变化，或者传统的作品数字化，或者直接创作新的数字化作品，典型的表现形式有网络数据库、多媒体作品、数字图书馆、电子期刊等，这些统称为网络作品。这种变化减少了存在于传统印刷、录音录像环境下的某些技术障碍，使作品能准确无误地再现原貌，同时节省了排版、印刷、录制等的费用和时间，使信息的检索和传播变得简捷。但随之而来的是，侵权的机会也大大增加，公众利益和著作权人利益之间的矛盾激化，导致网络作品是否享有著作权的争论难以平息。

广义上讲，在计算机网络上发表的作品都是网络作品。具体地说，网络作品是指借助数字化技术产生并在网络上运行，拥有二进制数字编码形式、具有独创性，并能以某种有形形式加以复制的文学、艺术和科学智力创作成果。各国著作权法一般认为，一项作品能够享有著作权的必要条件是其具有独创性并已经固定于某种有形载体上，至于究竟什么是作品的独创性，包括我国在内的很多国家的有关法律都没有对其作出明文规定。因此，为了确定一项传统作品的数字形式是否能够获得著作权，需要考察一项传统作品的原有形式同其数字形式之间的关系。第一种观点认为，一项传统作品的数字形式是该作品原有形式的复制品；第二种观点认为，一项传统作品的数字形式和该作品原有形式是表达同一作品内容的两种不同形式；第三种观点认为，一项传统作品的数字形式是该作品原有形式的改编作品。尽管如此，三种观点都认为，一项传统作品的数字形式并不是完全独立于该作品原有形式的一项新作品。只要一项作品具有独创性，无论是该作品的原有形式还是数字形式，都应该享有著作权。如果有人擅自复制一项作品的数字形式，就像擅自复制其原有形式一样，应视其为侵害该作品著作权的行为，应当承担一定的法律责任。

可见，"网络作品"的概念是随着网络的发展，因网络中传播的各种作品具有区别于传统作品的方便使用等特征而形成的约定俗成的概念，并不存在一个区别于著作权法规定的作品种类而单独存在的"网络作品"。

**三、网络作品的著作权内容**

一部作品经过数字化转换，改变的只是作品的存在形式，数字化本身并不具有独创性，没有产生新的作品。因此，该数字化作品的著作权仍由原作品的著作权人享有。我国《著作权法》第10条所规定的著作权的各项权利内容同样也适用于网络作品。然而，网络作品毕竟不同于传统作品，在网络环境下出现了新的传输方式，网络作品的使用方式也有了新内容。网络传输给著作权内容带来的问题，在发表权、署名权、修改权和保护作品完整权等方面均有体现。此外，有关知识产权保护的国际公约也对其作出了新规定。

（一）发表权

发表权对于作者来说是非常重要的一项权利，虽然许多国家的著作权法并未规定发表权，但我国《著作权法》却将发表权作为作者的一项人身权利加以规定。我国《著作权法》第10条第1款第1项规定："发表权，即决定作品是否公之于众的权利。"更明确地说，发表权指的是作者有权决定其作品是否发表、何时发表、以何种形式发表。在发表权理论中，比较流行的是发表权"一次用尽"理论，即一旦作者做出愿意发表其作品的决定后，他人的发表行为便与该发表权不发生关系。也就是说，对于同一作品，作者只有一次机会来决定是否将其公之于众或以何种形式公之于众，而作品一旦公之于众，作者的发表权即已实现。按此理论，对于那些在计算机上创作而直接上网的网络作品而言，其上网就是发表。对于作为二手信息的那些网络作品，则更是早已发表。由于发表权"一次用尽"，因此可以说，网络作品实际上已再无发表权可言。所以在网络环境下，著作权法应该更多地关注如何防止网络用户非法地将他人作品上传至网络进行传播。我国著作权法规定的"信息网络传播权"就是把作者所享有的著作权延伸到了网络上。

（二）署名权

作者的署名权是作为一项人身权来规定的，即作者有权决定是否在其作品上署名，以表明自己的作者身份，既可以署名，也可以不署名或署笔名。

对此，各国著作权法均有规定。我国《著作权法》第 10 条第 1 款第 2 项规定："署名权，即表明作者身份，在作品上署名的权利。"在传统技术条件下，只有通过重印一本书，才能改变这本书的署名，因此要花费的成本非常大。但网络和数字化技术的应用与发展，使得对作品署名的修改轻而易举，作品与特定的人身的联系变得松散，著作权的实现也异常艰难。因此，如何在网络作品上署名以实现作者的署名权成为各国普遍关注的问题。

各国关于电子商务中数字签名的立法规定，对于网络作品署名权的实现有一定的借鉴意义，可以将数字签名的立法经验引入网络著作权领域，保障作者署名权的实现。

（三）修改权和保护作品完整权

修改权和保护作品完整权应该是一个问题的两个方面，但也不止于此。一方面，作者有权修改或授权他人修改自己的作品；另一方面，作者有权禁止他人修改、增删或歪曲自己的作品。

修改权和保护作品完整权在网络时代具有极大的意义。由于数字化作品的修改轻而易举，侵犯著作权的事件频繁发生，而传统著作权法中关于保护作品完整性的规定对此束手无策，所以各国关于赋予著作权人设置技术保护措施权利的立法，对于保护作品完整权而言是一种有力的补充。

（四）使用权和获得报酬权

使用权和获得报酬权是作者的财产权，即作者通过自己使用其作品或许可他人使用其作品而获得报酬的权利。有关使用的方式，法律有详尽的列举式规定。我国《著作权法》第 10 条规定，使用权和获得报酬权，即以复制、表演、播放、展览、发行、摄制电影和电视、录像或者改编等方式使用作品的权利，以及许可他人行使前款规定的权利，并依照约定或者本法有关规定获得报酬的权利。

由于网络作品的方便性、修改的灵活性和随意性，其在计算机上被他人擅自修改、删除、更换、破坏、歪曲、截取、篡改均易如反掌。由于这种侵犯网络作品著作权的署名权、修改权和保护作品完整权的行为在网络上转瞬即逝，不留痕迹，权利人难以查证，侵权人难以被追究责任，导致作者财产权的实现趋于名存实亡，将来有赖于科技发展而使技术保护措施得以推广应用来改善。

## (五) 数字化作品传播权

作品被转换成数字化信息后，就可以在网络上传输，数字形式的作品通过信息高速公路能够直接传送到拥有联网计算机的千家万户。在这种情况下，为了保障著作权人的利益，把数字形式的作品搭载到网络上传输，应该被视为属于著作权人的一项专有权利。对此，世界知识产权组织制定的《世界知识产权组织版权条约》和《世界知识产权组织表演和录音制品条约》增加了对公众传播权的相关规定。

信息网络传播权即以有线或者无线方式向公众提供作品，使公众可以在其选定的时间和地点获得作品的权利。信息网络传播权是作者在网络上享有著作权的专门描述，主要包括著作权人在互联网等信息网络上自行传播作品、许可他人传播作品、禁止他人未经许可传播作品等。

## (六) 数字化作品权利标示权

由于网络作品著作权内容具有薄弱、保护难的特点，《世界知识产权组织版权条约》主要针对计算机网络传输提出了权利标示权的著作权新概念。这里所说的权利标示权是指著作权人有禁止他人删除或更换由著作权人合法施加于其作品之上的有关作品、作者、"著作权保留"等事项的标示的权利。这项著作权的新内容对网络作品来说尤为重要，因为它可以有效地弥补网络作品著作人身权保护脆弱的不足，促进计算机网络传输技术的健康发展。

## 第二节 网络著作权的侵权形式

网络的发展使作品的传播速度越来越快，传播范围越来越广，时间和空间的概念在网络世界里也变得越来越模糊。虽然网络为侵犯著作人身权的行为提供了便利条件，每个人都可以便捷地修改他人的作品并在网上传播，网络也因此被称为著作人身权的终结者，但是网络环境下的著作人身权依然需要得到保护。因而，各国著作权法为适应网络发展的需求，都对著作人身权的规定作了些许调整。

同时，网络技术的发展也使复制变得越来越简单和快速，并且复制件和原件几乎毫无区别。网络给作品提供了一个广阔的、前所未有的市场，也给侵权提供了便利。

在我国的司法实践中，网络侵权行为时常出现。可以说，网络侵权手段和途径花样百出、不胜枚举。归纳起来，司法实践中的网络著作权侵权行为主要有以下三种类型。

### 一、以网络形式侵犯传统形式作品的著作权

随着网络技术的迅猛发展，大量的作品正在越来越多和越来越快地从传统形式（主要是纸介的形式，还包括录音、录像等形式）转换为数字形式，并上网传播。这个过程就是作品的数字化，也就是将传统形式作品的文字、数值、图形、图像、声音等信息输入计算机系统并转换成数字信号，即由0和1组成的二进制编码。但这种转换不具有著作权法意义上的创造性，因为其并没有产生新的作品，而只是改变了作品存在的载体，因此不能脱离原作品而单独享有著作权。作品的数字化是作者的专有权利，应由作者自己行使或授权他人行使，否则就会不可避免地出现作品的著作权人以及传统形式的与著作权有关的权利人同网络传播者之间的权利冲突乃至纠纷。

网站内容属于网站管理者的编辑作品，网站管理者对其整体享有著作权，同时也应当对其承担相应责任。尽管在此类案例中，网上刊载的原告作品多为网友提供，网站管理者也应该对其合法性予以审核。这样做在客观上具有较大的难度，但权利和义务应该是统一的，不能因为客观条件的限制，就允许对著作权人的合法权利予以侵犯。上述状况说明，互联网的发展呼唤着法律规范，而法律在著作权保护方面也面临网络侵权带来的严峻挑战。

### 二、以传统形式侵犯网络形式作品的著作权

由于网络上的各类信息资源极为丰富，因而成为很多传统媒体，尤其是报纸的信息来源。网络形式的作品在被"传统化"的过程中，同样不可避免地会出现作品的作者、网络传播者与传统形式的与著作权有关的权利人之间的权利冲突和纠纷。

### 三、网络形式作品之间的著作权纠纷

网络形式的作品在技术和表现形式上都与传统形式的作品有很大的差别：传统作品往往是"平面"的，网络形式的作品则往往是"立体"的，表现出很强的层次性和连接性；传统作品往往表现为整体一致性的特点，网络形式

的作品在保留这一特点的同时，还突出表现出构成要素具有相对独立性的特点。因而，网络形式作品之间的版权纠纷与侵权也不同于传统作品，主要表现为网页抄袭、超文本链接和网络转载等。

(一) 网页抄袭

网页是上网浏览时的屏幕显示，它包括四个部分：版式（即网页内容的布局安排）、网页信息的具体内容、设计（指具体的美术设计，如栏目名称前的小图标、分割各部分内容的几何图案等）、更新（指网页更新的方法和速度）。网页的信息和设计部分应受著作权保护，这是毫无疑问的。但其版式部分，即网页的整体设计效果，如内容的布局安排、标志广告和旗帜广告在网页上的位置、搜索引擎和链接的位置、栏目标题的布局、颜色的搭配等是否应受著作权保护？应该说，只要版式具有独创性，就应受到著作权保护。

(二) 超文本链接

超文本链接是指通过使用超文本标记语言 HTML 编辑包含标记指令的文本文件，通过通用资源定位符 URL 指向其他内容，在两个不同的文档或同一文档的不同部分之间建立联系，使访问者可以通过一个网站访问不同网站的文件或通过一个特定的栏目访问同一站点上的其他栏目。链接的技术特征是，设链者的服务器中存储了包含链接对象网址的 HTML 指令组成的文档，当用户的浏览器读到这些指令时，就能在链接的指引下访问被链材料所载的网站，把链接对象显现在用户计算机屏幕上。在链接对象被传输的过程中，即使有复制件形成，这些复制件并不来源于也不经过设链者的服务器，而只是在用户计算机内存中形成暂时的复制件，链接本身并不复制任何材料。一般来说，在同一文档中设置的链接不会导致侵权，但在属于不同主体所有的网站间的链接则可能引起法律问题。

值得注意的是，链接技术是互联网的基础，如果因为链接可能导致侵权问题而禁止应用链接技术，那么互联网也将不再具有生命力。可以说，设链者、被链者和访问者都愿意使用链接，设链者可以通过链接使自己的网站内容更加丰富多彩，从而吸引更多的用户；被链者也愿意自己的网站内容被他人链接，因为上网的内容本来就是为了传播，而链接可以将被链网站的内容向更多的用户传播；用户钟爱链接，是因为链接使上网的过程变得前所未有的简单和方便。既然人们都需要链接，就应探讨如何规范链接的运用，以便在设链者与被链者之间寻找一个平衡点，这才是避免与链接有关的纠纷产生的有效途径。例如，采用直接链接方式，防止产生纠纷；尽量避免采用深层链接或隐含链接，以防止可能产生的不正当竞争行为；使用深层链接或隐含链接之前应取得被链者的同意；使用网站名、书名或文章名作为链接标志；一旦被链者明确告知不愿意被链接时，设链者应立即停止这种链接行为；等等。总之，设链者与被链者都应该本着诚实信用的市场交易原则和公认的商业道德行为来运营自己的网站，共同维护互联网的健康发展。

(三) 网络转载

根据《最高人民法院关于审理涉及计算机网络著作权纠纷案件适用法律若干问题的解释》的规定，除非著作权人或其授权的网站声明不准转载、摘编的，网上作品应视为"默许"可以转载，但应指明出处并支付稿酬。尽管这种法定许可制度已经是对著作权人权利的很大限制，但有的网站还是越轨行事。

总之，网络著作权侵权行为的本质特征是违法性，即行为人的行为侵害了他人受保护的著作权，其行为应被法律所禁止。至于其行为是否造成损害后果、行为人是否具有主观过错，以及行为与损害后果之间是否具有因果关系等均与侵犯著作权行为的认定无关。网络著作权侵权行为的构成很简单，只要具备违法性，就足以认定其构成侵权。因此，构成网络著作权侵权只需具备以下条件：①他人擅自使用了受著作权或与著作权有关的权利保护的客体；②使用者使用受著作权或与著作权有关的权利保护客体的行为既未经著作权人和与著作权有关的权利人许可，也无法律上的依据。只要侵权成立，著作权人就有权要求侵权人停止侵权行为，侵权人应当立即停止侵权行为。

## 第三节 网络著作权的法律限制

网络的出现以及独特的"数字化"信息形式，完全打破了著作权体系的地域空间概念，大量的音乐、电影、文字、图案均可通过网络链接的方式，实现在全世界范围内的自由流动。对于社会效益而言，信息充分流动是一个莫大的福音，但对于著作权人来说，失去了对知识的控制则意味着失去了经济利益，这对其创新精神是毁灭性的打击。显然，法律应当在"促进共享"

和"保护权利"之间寻找新的平衡点，以凸显网络服务社会的功能。可以说，在著作权保护过程中所确立的权利限制制度是反映著作权利益平衡的晴雨表，只不过在面对网络的发展时，其传统规则应作出相应的调整。因而，在界定网络作品著作权侵权行为时，以下情况应予以排除：一是网络作品的合理使用，二是网络作品权利人对其作品使用的默示许可。

**一、网络作品的合理使用**

**（一）传统著作权合理使用制度概述**

著作权法中的"合理使用"是各国著作权制度中对著作权进行限制的一种主要制度，它起始于英国判例法，成就于美国判例法。著作权法保障著作权人的著作权，但著作权法不是专门为了保护著作权人的利益而制定的，还有促进科学、文化和艺术事业的发展、进步与繁荣，促进、鼓励优秀科学、文化和艺术等作品不断涌现、传播，借助著作权人的高品位精神产品来提高全社会文化水平的目的。因此，合理使用制度的建立是为了解决后续的作者为创作新作品如何利用先前作者的作品的问题。到目前为止，合理使用制度已成为各国著作权法中通行的制度，其设定在于"合理地消除作品创作者、作品传播者、作品使用者之间的冲突，力图实现在维护作者权益基础上的三者制益的均衡，从而推动整个社会繁荣与文化进步"①。正如有学者指出："合理使用制度是著作权理论的黄油和面包。整部著作权法体现的就是一种平衡，合理使用制度恰恰是这种平衡的精髓所在。"②

尽管合理使用制度是各国著作权法的通行制度，却也是著作权实务与理论研究中的一个最易引起争议而又难以被人理解的规则。全部著作权法的内容被认为是追求一种平衡，即作品的著作权人的利益与作品的使用人的需要之间的平衡。科学、文化和艺术作品作为人类的智力劳动成果，一方面，它是不可侵犯的人身权和财产权产生的根源；另一方面，它又是人类共同的精神财富，作者有义务使自己的作品产生推动人类和社会进步、满足和丰富人们精神生活的作用。合理使用制度正是实现这一平衡的有效机制，它是著作权法体现公平、平等等正义性价值的精髓所在。公平正义观在著作权法中具体表现为一种均衡思想。一方面，要维护创作者的利益，激发其创作热情；

---

① 郑坤山. 网络著作权合理使用制度研究 [EB/OL]. (2005-06-15). www.law-lib.com/lw/lw_view.asp?no=5492&page=2.

② 冯晓青，谢蓉. 著作权法中"合理使用"与公共利益研究 [J]. 河北法学, 2009, 27 (3): 67.

另一方面，又要对该权利予以必要的限制，以保护社会利益。这是因为权利受法律的限制是其必须付出的代价，从而确保能建构一种和平共处的权利秩序，化解多种利益之间的冲突和确保社会责任的承担。合理使用制度在独占权利与公共利益之间的平衡、协调功能，主要表现在以下几个方面。

1. 独占权利与创作自由

作者的独占权利不应成为社会公众进行创作活动的障碍。创作活动是一个绵绵不断的历史过程，人的创作动机受惠于前人作品的启示，现实的创作素材来源于前人作品的奉献，而这些使用得益于合理使用制度。从著作权法的发展历史来看，对权利范围的限制较之对保护对象的限制更加严格。著作权作品的种类，已从安娜法令时期的图书扩大为今天的各类文学、艺术和科学作品。

2. 垄断权利与言论自由

作者的权利垄断不应危及公民言论自由的宪法权利。言论自由是一项政治性权利。从广义上讲，言论自由也是创作者的自由，它包括创作自由、学术自由、艺术自由以及出版自由等各项宪法权利。著作权利授予创作者以专有权利，使作品得以广泛传播，保障了这种自由的实现，同时言论自由也意味着广大使用者交流思想、传播信息资料的自由。

3. 个人权利与公共教育政策

发展教育事业，为公民受教育提供必要的设施、途径和条件，是各国普遍推行的公共政策。受教育权也是公民的宪法权利。关于为教育目的而自由使用著作权作品的问题，各国立法多有分歧，但一般允许为课堂教学而合理使用。在这里，是否具有商业目的或营利目的，是判断使用是否合理的标准。任何商业性使用，包括教育机构此类性质的使用都超出了合理使用的界限，不能以公共教育政策为由使用他人的著作权。

（二）网络著作权合理使用的发展趋向

传统方式上阻止公众广泛接近作品的权利限制和例外，在信息网络空间仍然具有极强的生命力。网络环境下，著作权限制的主要问题仍然是合理使用。网络环境一方面扩大了著作权人控制作品的市场范围；另一方面也可能因作品在网络空间中的失控而使著作权人的利益受到影响。例如，公共服务查阅著作权资料的便捷性将造成著作权人作品销量的锐减，这也是数字图书馆将他人图书作品数字化前需要获得著作权人同意的重要原因。在网络环境中，适用著作权合理使用等限制著作权的形式，能够使著作权法在新的环境下更好地服务于公共利益。对著作权法中公共利益的考虑，也能有力地支持将著作权法中合理使用原则适用到信息网络环境中。

实际上，在网络环境中，对作品的合理使用依然广泛存在。例如，偶尔在软盘中复制电子出版物的部分或全部；出于浏览目的偶尔复制，而不是出于永久性储存目的的复制；个人打印电子出版物；图书馆应个人的要求，打印电子出版物部分内容的一个复制品；个人为永久性储存的需要，把电子出版物的一部分复制到磁盘中；应个人的要求，出于永久性电子储存的目的，图书馆工作人员通过计算机网络传输电子出版物等，均为合理使用。

(三) 网络著作权合理使用的成本考量

在网络环境中，著作权作品可以通过互联网的形式被自由地传输、复制、下载，只要具备基础的计算机知识的人都可以通过单击鼠标获得数字化作品的电子版本，并进行远距离电子发送，而著作权人很难控制网络空间中大量未授权使用作品的行为。网络空间的失控给著作权人的利益带来了巨大的威胁。为此，人们开始探究网络空间著作权的保护问题。在实践中，著作权人为了在网络空间保护其著作权不受损害，往往会采用一定的技术手段来防止他人随意接近和使用其著作权作品，技术措施、权利管理电子信息等技术手段还得到了国际公约和国内立法的支持。技术措施对网络作品的限制比在硬件环境中要强，这又相应地产生了新的问题，如技术上人为割断产生了著作权人单方面控制的合理性的疑问。在网络空间中，如何既做到保障著作权人的利益，又使合理使用原则继续发挥效用，是一个值得研究的重要问题。一些学者认为，由于著作权人可以通过一定的技术手段便捷地与作品使用人进行作品使用许可，网络空间著作权授权使用的交易成本将大大减少。还有学者认为，在数字环境中的交易可以达到几乎没有成本的地步。由于计算机技术在一定程度上减少了交易成本，合理使用在网络空间中的适用在很大程度上被缩小了。

当然，也不能简单地说，在网络空间使用作品，交易成本必然会降低，对合理使用的限制也必然会发生。从理论上讲，对著作权作品的市场影响程度对合理使用是否成立具有关键性意义。不能为了保护网络空间这一部分市场而限制合理使用，也不能使一个小范围使用作品的行为威胁到整个作品的使用市场，只有小范围的使用对于大的市场具有较少的影响才是公正的。

## 二、网络作品的默示许可

《著作权法》中并未规定对作品使用的所谓默示许可。但我国《民法典》第 135 条在规定民事法律行为的形式时,指出除书面、口头形式外,还允许有"其他形式"。第 140 条更是直接规定:"行为人可以明示或者默示作出意思表示。沉默只有在有法律规定、当事人约定或者符合当事人之间的交易习惯时,才可以视为意思表示。"著作权法领域对作品使用的默示许可,实际上就是民法上一种民事法律行为的表示方式,其法律依据和法理根据就在于此。只不过对作品使用的默示,在著作权法领域意义更为重要。有的学者认为,我国著作权法律制度一直未给予默示许可正式的法律地位,却主张网络作品使用默示许可,恐怕不会得到我国法律的认可。其实,这种观点与我国法律和司法实践的情况不符,也不适应信息技术和网络产业的发展,以及著作权保护的实际需要。在著作权保护过程中,不能忘记著作权是民事主体的一项民事权利,民事权利实现的方式同样应当适用于著作权。

默示许可是随着数字技术的迅速发展而出现的新名词。默示许可又可称为推定许可,是指著作权人没有明确表示许可某人使用其作品,但从著作权人的行为可以推定其对他人使用其作品不会表示反对的制度。由于网络是一个极为开放的环境和载体,作者将自己的作品上载、传输,应当被认为其对网络的这些特性以及网络中的某些使用行为是明知的或应推定为默示同意的。对于网络作品权利人的行为、举动或其他事实,有充足的理由表明权利人意思表示的应当推定对其作品的默示许可。例如,经常在电子布告栏之间相互交换、传递彼此布告栏内的信息,或者使用者自行将电子布告栏内的信息粘贴在其他布告栏上。这些行为一般为电子布告栏使用者所默许、认同。因此,在电子布告栏上发表作品,应当推定为著作权人愿意通过网络传播其作品。在默示许可的情形下,在复制使用等方面,不能认为作品的著作权受到了侵犯。

## 三、网络著作权保护与限制的利益平衡机制

著作权法的基本精神是通过赋予作者或其他著作权人对作品的专有权利而鼓励作品的创作与传播,从而促进科学、文化和艺术的进步与繁荣。维护著作权人与传播者和社会公众利益之间的平衡是著作权法制度设计的基本出发点。在网络环境下,著作权法的这一精神并没有发生变化,利益平衡仍然

是处理网络环境下著作权保护与信息传播关系的基本原则。然而，在网络环境下，围绕作品的权利义务配置并没有进行相应的调整。以信息网络传播权为例，根据我国《著作权法》第53条第1项、第4项的规定，除本法另有规定的除外，未经著作权人许可，复制、发行、表演、放映、广播、汇编、通过信息网络向公众传播其作品的；或未经录音录像制作者许可，复制、发行、通过信息网络向公众传播其制作的录音录像制品的，是著作权侵权行为，应承担侵犯著作权的法律责任。但是，著作权法却没有对这种权利规定任何限制性措施。

实践中，著作权人可能会通过合同或者其他技术来限制他人使用其数字作品，或者以他人难以接受的条件来阻止他人使用。正如世界知识产权组织在《互联网上的知识产权：对一些问题的调查》报告中所指出的那样："由于数字技术和数字技术使用方式的出现改变了我们获取和使用信息的方式，这种平衡出现了问题。我们获取版权作品越来越多地受到合同的制约，这将影响版权限制和例外的实施，也将影响旨在维护消费者权利和公共利益的版权体系传统的调节机制。"如何在网络环境下重构利益平衡机制，确实是信息社会著作权法研究中值得重视的问题。

## 第四节　网络著作权的法律保护

侵犯网络著作权的行为因性质不同，其危害程度和范围也有区别。有些侵权行为只损害了著作权人的合法权益，而有些侵权行为不仅侵害了著作权人的权益，同时还欺骗了广大公众，损害了社会利益，破坏了国家的正常经济秩序。因此，从法律保护手段来看，单纯用民事制裁手段不足以制止侵犯网络著作权的行为，有必要动用行政手段对其加以制裁。各国的司法实践证明，针对不同性质的网络侵权行为采取不同的法律手段，是实现网络著作权保护的行之有效的措施。

### 一、网络著作权的民事法保护

（一）网络著作权纠纷的民事管辖

在网络日益将全球连为一体之后，传统的司法管辖权确定根据也面临着来自网络的挑战。由于网络使当事人之间的距离越来越遥远，甚至位于不同的国家,这就不可避免地产生了一个基本的法律问题:究竟哪个国家的法院有权审理其间的争议?如果有两个以上国家的法院主张管辖权,应该由哪个国家的法院审理?可见,管辖权问题已成为各国法院审理与网络有关的争议案件时首先需要面对的问题,各国正在积极探寻解决这一问题的办法。有观点主张抛弃传统管辖权理论,并提出了网络管辖新理论;也有观点主张对传统管辖权的规则进行扬弃,使之继续适用于网络环境。究竟应采取哪种立场?我们必须对传统管辖权规则在网络环境中的适用进行探讨,从而得出结论。

1. 传统国际民事管辖权的确定根据

国际民事管辖权是指一国法院或具有审判权的其他司法机关受理、审判具有国际因素的民商事案件的权限。管辖权的确定根据是一国法院主张对涉外民事案件行使管辖权的理由,因此只有存在管辖根据,一国对涉外民事案件行使管辖权才是合理的。对于国际民事案件管辖权的确定根据,英美法系和大陆法系有不同的做法。大陆法系认为,涉外民事法律关系总是与一国的管辖权具有某种空间上的联系,这种空间上的联系就是地域基础,具体表现为当事人的住所、居所或临时所在地、物之所在地、诉讼原因发生地等。此外,大陆法系也认可以当事人的国籍和当事人的合意作为管辖权的根据。与之不同的是,英美法系将案件分为对人诉讼和对物诉讼,并将"有效控制"原则作为确定管辖权的出发点。在对人诉讼中,只要被告于诉讼开始时在内国境内且能有效地将传票送达该被告,内国法院就有权对该案行使管辖权,而不管该被告具有何国国籍、其住所或惯常居所在何国境内,也不管有关案件的诉因在哪一国境内发生;在对物诉讼中,只要有关财产位于内国境内或有关被告的住所是在内国境内,内国法院就对该有关争议具有直辖权。

2. 网络环境下传统管辖权根据的动摇

在传统的国际民事诉讼中,与当事人有关的任何因素之所以能成为法院行使管辖权的根据,是因为该因素满足了两个条件:一是该因素具有相对稳定性,至少是可以确定的;二是该因素与管辖区域之间存在一定的关联度。网络空间的全球性、虚拟性、交互性和实时性及管理的非中心化等特性,对传统的管辖权理论造成了极大的冲击。

而在我国网络侵权案件的审判实践中,属地原则仍是管辖权的确定根据。由于新规则的缺乏,最高人民法院通过司法解释的方法将原有的规则适用于网络案件,法院实际上也正在通过扩大解释"侵权行为地"与"侵权结果地",使"侵权之诉由被告住所地或侵权行为地法院管辖"这条传统管辖规则得以适用。

**(二) 网络著作权案件中的证据问题**

1. 网络著作权案件中的证据特点

网络案件中的证据多为计算机数据，属于数据电文一类，与传统的证据相比较，具有精密性、脆弱性、抽象性和多媒体性。

(1) 精密性

因为计算机数据以技术为依托，不受人为主观因素的影响，相对比较准确，能够避免误传、误记等弊端。

(2) 脆弱性

由于计算机信息以数字信号的方式存在，而数字信号是非连续性的，所以如果有人故意或者过失对计算机数据进行截收、截听、窃听、删节、剪接，则从技术上较难查清。操作员差错或者供电系统、通信网络故障等因素都会使计算机数据无法反映客观真实情况。网络案件中的证据大多数是以光电信号的形式存储的，使得变更、毁灭证据较为便利。这种脆弱性使网络证据的内容真实性和来源合法性受到了一定程度的质疑。

(3) 抽象性

网络证据是无纸型的，一切文件和信息都是以电子数据的形式存储于磁性介质中，与传统的证据相比，具有较强的非直观性。这种抽象性使网络案件的证据与特定主体之间的关联性按常规手段难以确定。

(4) 多媒体性

计算机数据的表现形式是多种多样的，尤其是多媒体技术的出现，使计算机证据综合了文本、图形、图像、动画、音频、视频等多种媒体信息。

2. 取得网络证据的应对办法

我国《民事诉讼法》第 73 条规定："书证应当提交原件。物证应当提交原物。提交原件或者原物确有困难的，可以提交复制品、照片、副本、节录本。"但计算机数据实际上很难提供原件，因为复制件和原件由同样的数字表达，没有任何差别，且数字化的证据还可以随时被修改。网络作品的下载通过单击鼠标在短时间内就可以完成，不受时间、地域的限制，也不受作品数量的限制，更不会给权利人留下任何记录。在这种情形下，权利人要想证明被告侵权成立，就必须也只能依靠网络服务商或公证机关来取得相关证据。

### 3. 网络著作权案件的举证和认证程序

原告主张权利的证据，主要涉及证明原告是网上发表文章的作者或者合法著作权人、作品的完成时间或首次发表时间等问题。实践中，作者在网上大多是署笔名或不署名，因此原告在提起侵权诉讼时，首先就要举证证明自己是该文章的作者。为此，原告可以提交其文章搭载的网络的服务者或管理者的有关证明，以证明原告是文章的合法作者。法院只有在确认原告是该文章合法著作权主体后，才能对被告的侵权行为进行审查。

原告对被告侵权事实的证明多采用公证取证的方式，及时将被告的侵权行为及其状态进行客观的实时收集，法院在认定上是较为容易的。但由于网络证据的脆弱性，无论是网站还是网民，都有可能更改下载信息，这样就会出现当事人双方提交的证据内容互相矛盾的情形，此时需要由法院组织网络专家对证据进行技术鉴定。

### (三) 网络著作权的损害赔偿

#### 1. 网络著作权损害赔偿的原则

著作权作为民事权利的一种，其享有的保护应适用一般民事权利的保护方式。在我国的民法体系中，对民事权利的损害赔偿确认的是"全部赔偿原则"，即赔偿应以侵权行为所造成的损失为限。由于著作权（其他知识产权也是如此）的产生、运用都与科学技术、文化艺术的积累，以及社会各产业的发展密不可分，使著作权人对其权利的价值及其权利对社会财富的创造力充满了信心，由此引发了在该原则下对损害补偿主义赔偿与惩罚主义赔偿的争论。

所谓补偿性赔偿，是指依据权利受害人的实际损失，由侵权人予以按实赔偿。持补偿性赔偿观点的学者认为，知识产权侵权损害赔偿的性质首先是对受害人财产损失和精神损害的一种补偿，是一种利益的"弥补"和"填平"。同时，侵权人承担赔偿责任也是对其不法行为的一种法律制裁。补偿应当是赔偿损失的基本功能，制裁是其辅助功能；补偿与制裁相辅相成，共同起着规范和调整民事主体行为和知识产权关系的作用。

纵观我国的司法实践，之所以会产生补偿主义和惩罚主义的争论，主要是因为实践中受害人的全部损失不易计算，特别是对未来可得利益的估算更加困难。少于或多于受害人因侵权行为所受到的实际损失，或是受害人的权利不能得到充分保护，或是使受害人获得不当收入，都是不公正的。为了使著作权人真正适当地得到其全部损失的赔偿,笔者认为,还可以以法定赔偿和法官酌情赔偿作为补偿主义赔偿原则的补充与发展。

2. 损害赔偿的计算方法

在著作权损害赔偿中,由于著作权本身与特定的人、特定的作品之间关系密切,权利本身具有特异性,在某些情况下,著作权的价值也会随着侵权行为诉讼有所提高。因此,如何正确判断和计算著作权的价值及其权利人所失利益、预期应得利益,对于合理运用司法手段保护著作权,遏制侵权行为是至关重要的。

## 二、网络著作权的行政法保护

自 20 世纪 90 年代中期互联网产业实现商业化以来,人类真正进入了网络和信息时代,人们在惊喜于互联网的创新性和便利性之余,又深受其带来的诸多问题的困扰,尤其是随着互联网产业的不断发展壮大,网上侵犯著作权的情况越来越多,加之其行为特征与传统的侵权方式有很大的区别,传统的著作权保护机制在网络环境下受到了严峻的挑战。因此,网络著作权保护始终是一个棘手的问题,也是当今著作权法研究的前沿课题。越来越多的著作权人为了保护自己的权利,向版权管理部门提起行政诉讼,请求对侵权人进行行政处罚,但我国以前对网络著作权的保护没有相应的行政办法,导致版权管理部门在处理这些诉讼的时候,没有具体的依据来规范行政处罚措施和保证行政处罚效果。在此背景下,国家版权局和原信息产业部依据《著作权法》的授权,制定了《互联网著作权行政保护办法》,首开网络著作权行政保护的先河。通过行政手段保护网络著作权,可以说是在法律缺失状态下的一种临时性过渡措施。

### (一) 网络著作权行政法保护之必要性

著作权是指权利人对其文学、艺术和科学作品享有的专有权,作品一经完成即享有著作权,无须经过申请。著作权的内容包括发表权、署名权、修改权、保护作品完整权、复制权、发行权、展览权、表演权、信息网络传播权、改编权、翻译权、汇编权等。其中,网络信息传播权是随着互联网的发展而产生的,从其产生之日起就不可避免地与互联网的特点相结合,具有与其他权利不同的特性。为了保护著作权人的信息网络传播权,《著作权法》第 64 条作出了授权性规定:"计算机软件、信息网络传播权的保护办法由国务院另行规定。"因此，我国在《互联网著作权行政保护办法》颁布之前，对于侵犯网络著作权的行为，只能采取诉讼方式进行救济，这种利用单一的司法手段对整个网络著作权进行保护的机制存在一定的缺陷，不利于网络著作权的保障。

1. 受理原则导致保护的局限性

一直以来，对于网络著作权纠纷案件的诉讼适用的是"不告不理"原则，其原因在于，网络著作权在本质上属于私法领域，因而对该类案件的诉讼也应适用民事诉讼中的基本原则。这就意味着即使网络著作权人受到了严重的侵害，除非侵权人构成刑事犯罪，国家公权力不能主动追究侵权人的责任；即使著作权人受到了恶劣的侵害，除非著作权人自己主动诉讼，其他主体无权诉讼。而由于网络的开放性、分散性和易操作性，侵权人可以在无限广阔的网络空间中随时随地地侵害著作权人的权利，而众多著作权人在其权利受到侵害时通常还浑然不知，更不用说对侵权人提起诉讼，公权力又无法介入私生活，由此形成了网络著作权法律保护的真空地带，无形中为网络著作权的侵权人撑开了一把"保护伞"。

2. 维权成本过高

网络著作权的特殊性决定了目前对网络著作权一般不支付报酬，因而侵权案件中更多的是侵犯了著作权人的人格权利，权利人所主张的多是"停止侵害、消除影响、赔礼道歉"，很少要求经济赔偿，即使要求经济赔偿，计算的依据也难以确定。单纯以民事责任的承担作为救济方式，适用单一的诉讼救济程序，对于著作权人实现非金钱民事权利的保护目的可谓无能为力。例如，有的著作权人只需要网络服务提供者删除相关网络内容即可，然而为了这样简单的一个删除操作，却要耗费大量的时间、精力去打官司，过高的诉讼成本使大多数著作权人望而却步。

（二）网络著作权行政法保护之不足

在过去的一段时间里，我国行政部门对网络著作权的保护落后于客观现实的需求。当时的行政规章制度主要侧重于政策政治事务的管理，对网络上的知识产权尤其是网络著作权的保护条款较少，内容也不充分。直至2005年《互联网著作权行政保护办法》正式实施，我国才真正确立了网络著作权的行政保护机制。

《互联网著作权行政保护办法》共19条，规定了如何通过行政手段对著作权人的信息网络传播权进行保护。其明确了适用范围，指定了由各级著作权行政管理部门负责实施行政保护，信息产业主管部门及各级电信管理机构配合其工作，界定了著作权人、互联网信息服务提供者、互联网内容提供者在保护网络著作权方面的权利和义务，并规定了相应的处罚措施。该办法首次在我国网络著作权领域推行了通知与反通知制度，规定互联网信息服务提供者根据著作权人的通知移除相关内容的，互联网内容提供者可以向互联网信息服务提供者和著作权人一并发出说明被移除内容不侵犯著作权的反通知；反通知发出后，互联网信息服务提供者即可恢复被移除的内容，且对该恢复行为不承担行政法律责任。这一制度可谓是此次立法技术上的亮点，它恰当地平衡了著作权人和互联网内容提供者之间的权利和利益，明确了中间人（互联网信息服务提供者）的行为准则，并充分体现了私法自治的精神，是我国知识产权法上的一个创举。该办法的出台不仅使我国著作权法律体系得到完善，而且使我国的网络著作权保护达到国际领先水平，对其他国家将起到积极的示范作用。同时，该办法的颁布反映了我国政府加强知识产权保护的一贯立场，体现了我国著作权行政执法机关确权、维权的务实作风，有利于建立我国的制度优势，提升我国的国际竞争力。

# 第五章 专利法

> **导读**　本章阐述了专利法的基础，专利、专利权的含义，专利制度的产生和发展；展望了专利制度的未来发展趋势；介绍了专利制度的理论基础在理论界形成的各种学说，包括自然权利理论、工业产权理论、非物质理论和专利契约理论等；期待能从多个角度展示专利权和专利制度的本质。专利制度既有积极作用，也存在一定的弊端，应以辩证的角度对该制度予以正确评价。

## 第一节　专利法概述

### 一、专利的含义

在中世纪的英国，国王经常通过一种被称为"Litterae Patents"的文件，对臣民加封官禄、颁布大赦及赐予各种特权。Letters 意为"文件"，Patent 意为"打开"，合起来的意义就是"可以打开的文件"。这种文件上盖有国王的印章，不封口，人人可以阅读。后来，这个词简化为 Patent，并逐渐演变为专指授予专利权的法律文书。汉语中的"专利"一词即由 Patent 翻译而来。

现代意义上的"专利"具有多种含义：一是指专利权，即指权利人对其发明创造依法享有的一种垄断性权利，这是其最基本的含义；二是指获得专利权的发明创造，即专利技术，如某企业拥有多少项"专利"；三是指记载着授予专利权的发明创造内容的公开文献，如专利说明书、权利要求书及其摘要等。由于专利有多种含义，在判别它的具体含义时，应考虑具体场合。

**二、专利权的概念与法律特征**

专利权是指公民、法人或其他单位依法对发明创造在一定时间范围内所享有的独占使用权。专利权是知识产权的一种，除了具备知识产权的一般性法律特征外，还具有不同于著作权、商标权等其他知识产权的特征。

（一）保护对象为发明创造

我国专利法中的发明创造包括发明、实用新型和外观设计。其中，发明和实用新型均是指新的技术方案，要求具备新颖性、创造性和实用性；外观设计则是要求具备新颖性、实用性和富有美感特征的新设计。在保护对象方面，专利权也和其他知识产权有所不同，如著作权的保护对象是作品，要求具备独创性；商标权的保护对象是注册商标，要求具备显著性。

（二）公开性

专利权的实质是"以公开换取垄断"，有别于商业秘密权。专利权人以公开发明创造技术内容的方式，获得国家授予其在一定期限内的排他实施许可权。公开的具体方式是将发明和实用新型的技术方案，在专利申请文件如专利说明书和附图中进行清楚、完整的说明。向社会公开申请专利，有利于避免社会公众重复研究和浪费资源，也有利于他人及时利用公开的技术方案作出更先进的技术发明，从而推动技术进步。

（三）依法定程序授予

专利权依法定程序获得，不同于著作权和商业秘密权的取得方式。尽管不同国家规定的专利授权条件和审查授权程序有所不同，不同类型的专利权审查授权程序可能也有所差别，但世界各国专利法在专利权必须经过申请并经审查才能产生这点上的规定是一致的。发明创造的完成不能当然地产生专利权，申请并经审查的法定程序才是专利权原始取得或直接取得的唯一途径。

## (四) 时间性

专利权的时间性是指专利权人对其发明创造仅在法律规定的时间内享有国家授予的专有权，超过法律规定的期限，其发明创造即进入社会公有领域，任何市场主体都可无偿使用。专利权具有时间限制的原因有二：一是发明创造相关技术本身有一定的淘汰周期，到了一定的期限会自然丧失价值，法律没有必要对其进行长期保护。二是发明创造的利用与科技的进步、社会经济的发展息息相关，只授予专利权人一定期限内对发明创造的专有权，能较好地平衡专利权人和社会公众之间的利益；反之，如果由专利权人无期限地垄断利用其发明创造，则会阻碍科技进步，危害社会公共利益。根据我国现行专利法的规定，发明、实用新型以及外观设计专利权的期限自申请日起分别为 20 年、10 年和 15 年。

## (五) 垄断性

专利权和其他知识产权都是支配权和对世权，都具有垄断性；但专利权和其他知识产权的垄断性又表现出一些差异。首先，从权利主体看，专利权的垄断性比著作权和商业秘密权的垄断性更强。专利法规定，同样的发明创造只能授予一项专利权，两个以上的申请人分别就同样的发明创造申请专利的，专利权授予最先申请的人。但对于自动产生权利的著作权、商业秘密权而言，如果不同主体分别独立创作完成了相同的作品或开发出了相同的技术，则有可能出现这些主体分别拥有著作权或商业秘密权的情况。其次，从权利的权能限制来看，专利权的垄断性又比商标权等知识产权的垄断性要弱。这主要表现为专利权人对发明创造的垄断使用权受到较多的限制，如指定许可制度、强制许可制度以及许多不被视为侵犯专利权行为的规定。尽管商标权也受到一定程度的限制，如对注册商标的合理使用，但与专利权相比，商标权的限制更少、专有性更强。

### 三、专利法的概念和调整对象

#### (一) 专利法的概念

专利法是调整因确认发明创造的归属、因授予发明创造专利权、因发明创造的利用及保护等而产生的各种社会关系的法律规范的总和。

广义上的专利法包括全国立法机关制定的宪法和法律、国务院制定的行政法规、地方性法规、行政规章、司法机关做出的司法解释等；狭义上的专利法仅指国家立法机关制定的法律，即《中华人民共和国专利法》。

随着知识经济的快速发展和人们对科学技术的日益重视，专利法越来越受到国家和社会的重视，其在国际社会和世界贸易中的地位及作用也越来越突出。由于社会历史背景、经济、政治、文化等方面的差别，世界各国专利法的具体规定有所不同，但是一般都包括以下内容：专利权的主体、客体、内容；专利权的取得和专利权的归属；授予专利权的条件；专利申请和审批程序；专利权的期限、终止和无效；对专利权的保护和对专利权的限制等。

### (二) 专利法的调整对象

专利法的调整对象是受法律保护的特定社会关系。专利法所调整的社会关系包括因确认专利权的归属、审批授予发明创造专利权、专利权的保护及利用等而产生的各种社会关系。

#### 1. 因确认专利权的归属而产生的社会关系

在授予专利权之前，民事主体依法享有的将特定发明创造申请为专利技术的权利称为专利申请权。只有专利申请权人及其合法受让人才能将发明创造向相应的国家专利主管部门提出申请，并获得专利权。因此，专利申请权的归属非常重要，为解决实践中可能出现的权属纷争，专利法必须对此进行明确规定。按照现行法律的规定，专利申请权通常归属于发明人或者设计人，但是职务发明创造的专利申请权归属于发明人或者设计人所属单位。在委托完成发明创造的情况下，专利申请权属于实际完成的单位或个人或者由双方约定；在共同完成发明创造的情况下，专利申请权属于共同完成的单位或个人。

#### 2. 因审批授予发明创造专利权而产生的社会关系

是否授予发明创造专利权，必然影响到发明人或者设计人与专利申请人之间、专利申请人与管理专利事务的政府主管部门之间、专利申请人与在先使用者及其他社会公众之间的关系等。面对诸多民事主体、行政主体之间的利益纠纷，专利法必须对因审批授予发明创造专利权而产生的各种社会关系做出调整。

#### 3. 因专利权的保护及利用等而产生的社会关系

在发明创造被授予专利权后，专利权人总是会想方设法地将专利转化应用到社会实践中以谋取收益。对于专利权人具体拥有哪些权利、应当如何行使权利、权利被侵犯后应当如何保护以及如何防止专利权人滥用权利等，都需要专利法作出具体规定。

## 第二节 专利权的保护对象

### 一、可以申请专利的发明创造

对于哪些发明创造可以申请专利，世界各国的专利法都有各自的规定。有的国家通过概括的方式规定一个概念或原则，有的国家则通过明确列举的方式来确定可以取得专利权的发明创造范围。因为不是所有的智力创造成果都可以申请专利，有的国家从反面规定了哪些发明创造不能获得专利权保护。就我国专利法的规定而言，能够申请专利的发明创造包括两类：一类是技术方案，另一类是外观设计。

（一）技术方案

所谓技术方案，是指对要解决的技术问题所采取的利用自然规律进行改造自然的技术特征的组合。面对社会生活中发生在生产、生活等诸多领域的各种具体问题，人们通过科学思维和脑力劳动，提出了相应的技术解决方案。

首先，它是运用自然规律来解决生产、生活中的某一特定问题，如利用磁能可以转化成电能的科学原理制造出发电机。但是，自然规律本身不是"技术方案"，例如，对电磁转化原理这一自然规律本身不能申请专利，但发电机或电动机技术可以构成技术方案。反之，如果没有利用自然规律，则不能构成技术方案，如为了提高立法机关进行立法时的工作效率与立法质量而提出了某种新的立法"技术"，尽管其具有很高的创造性，也不能获得专利权。

其次，作为技术"方案"，可以是一种技术构思，这意味着并不要求它达到直接应用于工业的程度，即还没有在工业生产中被付诸实践。但是，作为能解决特定技术问题的技术方案，其至少要具备能够实现的可能性，否则就是一种空想，不能构成专利法上的"技术方案"，不能获得专利法的保护。这就要求技术方案本身就是一项具体构思，其技术实现方案已经相当具体，如果被付诸实践，就应当能够实现。因此，仅是提出了一个课题或者某种设想、愿望，而没有提出实现该设想的具体手段，是不能就此取得专利权的。例如，希望根据闭合导体在磁场中做切割磁力线运动可以产生电流的原理而制造出发电机的设想本身是不能获得专利法保护的。

这种具体的技术方案通常是由若干技术特征组成的，如产品技术方案中的结构、形状、成分、含量、参数、零部件、零部件之间的相互配置关系等，方法技术方案中的步骤或步骤的总和、完成各个步骤处理的时间顺序、完成步骤所需的条件，如温度、频率等。各个技术特征之间的相互关系也是技术特征。

按照最终表现形式的不同，技术方案可以分成产品和方法两种类型。产品是指人工制造的各种新制品，包括各种制成品、用品等物品，也包括药品、合金等物质或材料。方法是指达到某个特定目的的一系列步骤，包括生产药品的方法等制造产品的方法及其他方法，如计量方法、驱散烟雾的方法、能量转换方法等。方法技术方案既包括制造已知产品的新方法，也包括对某种已知的方法、产品的新应用。

在取得专利权的情况下，产品专利权的效力范围通常比方法专利权的效力范围要宽。这是因为产品专利权的效力及于对该产品的实施行为，而不管该产品是采用什么方法制造出来的，也不管该制造方法是否是专利权人可以预见的；不管专利产品的用途是什么，也不管该产品的用途是否是专利权人可以预见的。方法专利权的效力及于对该方法的使用，以及使用、许诺销售、销售、进口依照该专利方法直接获得的产品，如果利用其他方法制造出了同样的产品，就没有落入专利权的保护范围。

应当注意的是，专利法所给予保护的技术方案是一种技术构思，尽管该技术构思最终要以一定的物质形式表现出来。如产品技术方案，最终需要制造出该产品，对于产品或方法的改进当然也属于改进的技术方案之列。但专利法所保护的并不是这一具体物品本身，而是设计这种物品的技术构思。

（二）外观设计

我国专利法还对产品的外观设计方案提供保护。所谓产品的外观设计，是指对产品整体或者局部的形状、图案或者其结合以及色彩与形状、图案的结合所作出的富有美感的设计构思。这种设计方案应当以产品为载体。"产品"是指任何用工业（包括能批量生产的手工业）方法生产出来的物品。而不能重复生产的手工艺品、农产品、畜产品、自然物等不能作为设计方案的载体。

外观设计的构成要素包括产品的形状、图案及色彩。形状，是指对产品造型的设计，也就是由于产品外部的点、线、面的移动、变化、组合而呈现出的外表轮廓，即对产品的结构、外形等同时进行设计、制造的结果。图案，是指由任何线条、文字、符号、色块的排列或组合而在产品的表面构成的图形。图案可以通过绘图或其他能够体现设计者的图案设计构思的手段制作。产品的图案应当是固定的、可见的，而不应是时有时无的或者需要在特定的条件下才能看见的，如手机通电后才能显示的图案不在外观设计保护之列。色彩，是指用于产品上的颜色或者颜色的组合，但不能采用制造该产品所用材料的本色。产品的形状与图案可以单独构成设计方案，但产品的色彩通常不能单独构成设计的内容，除非产品色彩变化的本身已经形成一种图案。产品的外观设计当然也可以由以上要素的组合构成，如产品的形状和图案、产品的形状和色彩、产品的图案和色彩，以及产品的形状、图案和色彩等。

与技术方案不同，产品的外观设计并不是为了解决技术问题，而是为了满足消费者对产品外观的审美需要，它所追求的并不是技术效果，而是审美效果。

因此，以产品的外观设计为保护对象的专利权与以技术方案为保护对象的专利权在权利内容、保护范围、保护方式等方面存在很大的不同。

一项发明创造如果属于技术方案或外观设计，则可以申请专利。但应当注意的是，满足了以上的条件，只是在取得专利保护的道路上迈过了第一道"门槛"，存在获得专利权的可能性，要想取得专利权，还必须满足其他一系列条件。

## 二、专利权保护对象的种类

根据专利法的规定，就以上技术方案和设计方案可以申请发明、实用新型和外观设计三种专利。但这三种类型的专利所针对的技术方案和设计方案的具体类型是不同的。

### （一）发明

"发明，是指对产品、方法或者其改进所提出的新的技术方案。"这一定义是我国《专利法》第2条第1款的立法解释。各国专利法都无一例外地把发明作为专利保护的对象。有的还在专利法中明确规定发明的定义,如日本《专利法》规定:发明是指"利用自然规律所作出的高水平的技术创造"。各国专利法、专利学者对发明的定义的表述有很多种,但对发明的实质理解都大同小异。发明属于可以申请专利的技术方案的一种类型,并且其所包含的技术创造的范围最为广泛,既包括产品发明又包括方法发明,对于现有产品或方法的改进也可以申请发明专利。

(二)实用新型

我国《专利法》第2条第3款给实用新型下的定义是:"实用新型,是指对产品的形状、构造或者其结合所提出的适于实用的新的技术方案。"

实用新型同样也是技术方案,这是实用新型与发明最大的共同点。既然两者同属于技术方案,也就意味着某项属于技术方案的发明创造可能既可以申请发明专利,也可以申请实用新型专利。

但是,实用新型与发明存在一定的区别,并不是所有属于技术方案的发明创造都既能申请发明专利,也能申请实用新型专利。

首先,实用新型仅包含对产品的形状、构造或者其结合所提出的技术方案。所谓"形状",是指产品所具有的、可以从外部观察到的确定的空间形状,它既包括产品的三维形态(如汽车的外形),也包括产品的二维形态(如型材的断面形状)。无确定形状的产品,如气态、液态、粉末状、颗粒状的物质或材料,其形状不能作为实用新型产品的形状特征。

"构造"是指产品的宏观组织结构的各个组成部分的安排、组织和相互关系。至于微观上的诸如物质的分子结构、组分等不属于实用新型产品的"构造"。

因此,实用新型专利只可能包括产品技术方案,并且是针对有确定的形状及构造的产品,而不能是一种方法,也不能是没有确定形状的产品。其范围显然要比发明窄许多。

其次,实用新型的创造性要求比发明要低,取得专利权的程序、专利权的保护期限等都与发明有异。

世界上对实用新型的法律保护始于19世纪的英国,但将其作为一种单独的工业产权加以保护,最早还是法国于1891年通过立法确立的。1911年,实用新型保护制度得到《保护工业产权巴黎公约》的正式承认。目前,施行实用新型专门保护制度的国家有中国、德国、日本、法国、巴西、西班牙、意大利、墨西哥、波兰、葡萄牙、澳大利亚、菲律宾等。

(三) 外观设计

我国《专利法》第2条第4款规定："外观设计,是指对产品的整体或者局部的形状、图案或者其结合以及色彩与形状、图案的结合所作出的富有美感并适于工业应用的新设计。"能够取得外观设计专利权的是产品的设计方案。同时,根据《专利法》的规定,产品的设计方案还应当具备两个条件:一是富有美感,二是适于工业应用。

"富有美感",是基于外观设计的目的而提出的条件,但该标准的主观色彩很浓,对美的评价常常因人而异,很难有一个客观的标准。因此,实际上该标准的要求很低,只要不违反社会公德,能为大家所接受即被认为达到了这一要求。

"适于工业应用",是指该外观设计能应用于工业上并形成批量生产,也就是能以工业方法再现。这就排除了对仅可以单件生产的艺术品的保护。

因此,外观设计是对产品的形状、图案、色彩等要素的设计的结合,离开"产品"与"设计"的任何一方,都不能构成外观设计专利。这一点是理解外观设计专利权保护范围的基础。外观设计在国外多被称为工业品外观设计,与发明、实用新型不同,外观设计涉及的是美学思想,通常与技术思想无关。发明与实用新型都是利用自然规律来达到技术的效果,而外观设计则是利用人们的审美心理来达到美感的效果,其作用是满足人们对产品在精神上的要求。

虽然都可能涉及产品的形状等要素,但发明、实用新型与外观设计的区别是很明显的。实用新型属于技术方案,是在技术思想方面的创造,追求技术效果;而外观设计属于产品的设计方案,是在审美思想方面的创造,追求审美效果。同时,外观设计不包括从外观无法看到的产品内部构造的设计,实用新型也不包括在产品图案、色彩方面的创造。

但是,如果发明、实用新型和外观设计都以产品的形状或外部结构为创造对象,那么当该形状或外部结构的创造既达到了技术效果,也达到了审美效果时,就出现了交叉的情况。对这种情况如何申请专利,各国的规定不尽相同,有的规定可以同时申请几种专利,有的规定只限于申请某种专利,有的则规定它们之间可以相互转换。我国专利法对此并没有明确的规定,不过目前多数人士倾向于可以同时申请几种专利。

## 第三节　授予专利权的实质条件

### 一、发明或者实用新型专利的授予条件

《专利法》第22条规定:"授予专利权的发明和实用新型,应当具备新颖性、创造性和实用性。新颖性,是指该发明或者实用新型不属于现有技术;也没有任何单位或者个人就同样的发明或者实用新型在申请日以前向国务院专利行政部门提出过申请,并记载在申请日以后公布的专利申请文件或者公告的专利文件中。创造性,是指与现有技术相比,该发明具有突出的实质性特点和显著的进步,该实用新型具有实质性特点和进步。实用性,是指该发明或者实用新型能够制造或者使用,并且能够产生积极效果。"

(一) 新颖性

新颖性是决定发明和实用新型能否获得专利的首要条件。只有对前所未有的新的发明创造成果给予专利保护,才切合专利法保护和促进发明创造的宗旨。如果对不具备客观新颖性的发明创造也依专利法授予排他性的独占权,不仅起不到推动技术进步的作用,反而会妨碍已有技术成果的广泛利用。

新颖性是指相关发明或实用新型在申请专利之前是现有技术中所没有的、未被公知公用的。通俗地讲,新颖性就是前所未有。申请专利的发明或者实用新型满足新颖性的标准,必须不同于现有技术,而且不得出现抵触申请。

1. 不属于现有技术

在专利审查中,现有技术是判断新颖性的参照系。专利法所称现有技术,是指申请日以前在国内外为公众所知的技术。如果申请专利的发明或实用新型属于现有技术范畴,则该发明或实用新型不具备新颖性;反之,则有可能具备新颖性。可见,公开与否是确定发明、实用新型是否具有新颖性的重要依据。确定申请发明或实用新型专利的技术方案有无新颖性,实际上就是判断该技术在某一特定时间之前是否已经被公开。

2. 不具备抵触申请的情形

现有技术包括申请日以前向公众公开了的所有技术。但也有一种情形会导致所申请专利缺乏新颖性:前申请对后申请的抵触,使后者丧失新颖性。

在判断一件专利申请的新颖性时，任何单位或者个人在申请日以前向国务院专利行政部门提出过申请，并记载在申请日以后公布的专利申请文件或者公告的专利文件中的同样的发明或者实用新型专利申请，损害该申请日提出的专利申请的新颖性。为描述简便，在判断新颖性时，将这种损害新颖性的专利申请，称为抵触申请。理解抵触申请时需要注意两点：①申请在前，公开在后。即在先专利申请的申请日早于在后申请的申请日，但其公开日却在在后专利申请的申请日之后。如果在先申请的公开日早于在后申请的申请日，则构成了现有技术。如果在先申请因为中途撤回没有公开，不能构成抵触申请；如果两件申请在同一天提出，也不构成抵触申请。②构成抵触申请的在先申请可以由任何人提出，包括在后申请的申请人本人，也就是说对于同一申请人，其本人的在先申请可能构成其在后申请的抵触申请。设立抵触申请的目的是避免重复授权，也有利于保护在先申请人的合法权益。

3. 不视为丧失新颖性的公开

我国《专利法》第24条对申请专利的发明创造在申请日以前6个月内，不丧失新颖性的各种情况作了规定。

①首次公开：在国家出现紧急状况或非常情况时，为公共利益目的首次公开的发明创造。

②首次展出：在中国政府主办或者承认的国际展览会上首次展出的发明创造。在这种情况下提出申请时，申请人应当声明，并自申请日起2个月内提交组织单位出具的有关该发明创造已经展出及展出日期的证明文件。

③首次发表：在规定的学术会议或者技术会议上首次发表的发明创造。学术会议包括国内学术会议或国际学术会议。技术会议是指国务院部委直接组织和主持的技术会议。申请人应自申请日起2个月内提交证明文件。

④他人未经申请人同意而泄露其内容的情况，是指发生非法滥用权力和剽窃他人发明创造的行为，这两种情况的公开都是违反申请人本意的。例如，某人未经所在单位或者共同完成单位的许可，将职务发明创造或者共同完成的发明创造公开。出现这些情况时，实际权利人要在发明创造公开的6个月内提出申请，并提供证据。

这里的"6个月"是一个宽限期，也称为优惠期。

(二) 创造性

新颖性解决技术方案的新与旧的问题，创造性解决技术方案水平的高与低的问题，它们都是授予专利权的必备条件。

1. 发明的创造性

与申请日以前的现有技术相比，发明应该具有突出的实质性特点和显著的进步。这里所谓的现有技术，是指现有技术的整体，所以判断创造性时可以将几份文件的内容组合在一起与发明进行评比。这与判断新颖性时的做法不同。我国专利法在规定发明的创造性定义时，在"实质性特点"和"进步"之前分别加上了"突出的"和"显著的"两个修饰语，立法者的用意主要是为了说明发明的创造性通常高于实用新型的创造性。突出的实质性特点是指发明具有一个或几个技术特征，与现有技术有本质上的区别，即比现有技术"高出一筹"；这里的特点主要是指技术特征，其内涵是名词而不是形容词；对所属技术领域的技术人员来说，是非显而易见的。至于发明的显著进步，是指发明与最接近的现有技术相比，具有很大的提高，能够产生有益的技术效果，而不能是一种倒退。为了减少审查员主观因素对认定创造性的影响，通常采用一些客观标志予以补充。如果发明具有开拓性，或者解决了长期以来未能解决的技术难题，或者克服了技术偏见，或者取得了预料不到的技术效果等，则可认定该发明具有创造性。

2. 实用新型的创造性

对实用新型一般也要求具备创造性，才能授予专利权。因而在适用时应注意，不能把普通技术人员都能想出来的等同替换技术也送去申请专利。有的国家对实用新型创造性的要求甚至与对发明创造性的要求相同，没有区别。在我国，与申请日以前的现有技术相比，实用新型应该具有实质性特点和进步。可见，尽管这种要求比对于发明的要求要低一些，但却不能没有。按照我国专利法的规定，虽然对实用新型专利申请不进行实质审查，但授予专利权之后，在专利权的无效宣告程序中，仍有可能对专利实质条件进行审查。

## 二、外观设计专利的授权条件

### （一）新颖性

外观设计的新颖性，是指申请专利的外观设计应当不属于现有设计；也没有任何单位或者个人就同样的外观设计在申请日以前向国务院专利行政部门提出过申请，并记载在申请日以后公告的专利文件中。所谓现有设计，是指申请日以前在国内外为公众所知的设计。新颖性是外观设计被授予专利权的一个最基本的条件。

认定外观设计新颖性时，采用了与发明和实用新型专利申请新颖性类似的表述方式；同时，对外观设计专利申请也适用抵触申请的规定。申请人也享有6个月的宽限期或优惠期，同样适用《专利法》第24条关于不丧失新颖性的规定。

（二）创造性

我国现行《专利法》参照《TRIPS 协定》第25条和一些国家相关法律的规定，对外观设计专利权增加了类似于"创造性"的独创性授权条件。显然，独创性在新颖性的基础上对外观设计提出了更高要求，一项外观设计即使是新颖的、前所未有的，但却与现有的某项外观设计相近似，则它不具备独创性，同样不能受到外观设计专利的保护。按照《专利法》第23条的规定，我国授予外观设计专利权的实质性条件为与现有设计或者现有设计特征的组合相比，应当具有明显区别。

外观设计必须依附于特定的产品，因而"具有明显区别"不仅指外观设计本身的形状、图案、色彩或其组合具有明显区别，而且指采用设计方案的产品也具有明显区别。在判定申请专利的外观设计与现有外观设计是否具有明显区别时，应当注意：第一，应就同类产品的外观设计进行比较，因为外观设计与使用外观设计的产品是结合在一起的统一体，即使是同一图案，用在两类产品上即为两件外观设计。这里的"类"是指外观设计分类表中的小类。第二，在比较过程中，不能从某个局部着眼，也不能对各部分和各要素进行割裂的分析，而应从外观设计的整体或其主要构成要素上进行综合判断。申请专利的外观设计不能是对现有外观设计的形状、图案、色彩或其组合的简单模仿或微小改变。相近似的外观设计包括以下几种情况：形状、图案、色彩近似，产品相同；形状、图案、色彩相同，产品近似；形状、图案、色彩近似，产品也近似。

在判断外观设计专利创造性时，允许援引若干现有设计并予以组合，然后判断该外观设计专利是否达到"创造性"的要求。外观设计专利不但不能与现有外观设计相同或相近似，而且与现有设计特征的组合相比要有明显区别。在确定所判断客体的类型时，应当根据外观设计的图片、照片、物品进行确定。

在判断外观设计是否具有明显区别时，以外观设计产品的一般消费者是否容易混淆为标准。也就是说，将一般消费者作为外观设计是否具有明显区别的判断主体，根据一般消费者的知识水平和认知能力予以判断。换言之，专利审查人员要从一般消费者的角度进行判断，而不是从专业设计人员或者专家等的角度进行判断。

（三）实用性

授予专利权的外观设计必须适于工业应用。这要求外观设计本身以及作为载体的产品能够以工业的方法反复再现，即能够在工业上批量生产。这也是由外观设计的特点决定的，因为我国专利法所保护的外观设计实际上是工业品的外观设计。

（四）富有美感

对美感是否作为外观设计的专利条件，各国的规定不一。在我国，将富有美感作为授予外观设计专利权的必要条件之一。在某些国家，所谓美感，只是要求外观设计具有引人注意的视觉效果；而在我国，一般认为，它是指能够通过视觉引起心理上的愉悦。当然，不应理解为外观设计要有很高或较高的美学或艺术价值，只要不致引起人们心理上的反感或厌恶情绪即可。外观设计的美感有一定的客观基础，它取决于外观设计的形状、图案、色彩或者它们之间的有机结合，但是，美感是人类主观认知活动的结果，所以它带有很强的主观色彩，在不同的认知主体之间常常会产生不同的反应。因此，判断外观设计是否具有美感时，应当立足于本国本地区本民族的审美传统和审美习惯，从大多数人的角度进行分析。

但是在法律上，并不对"美感"要求艺术上的高度，主要是从一般消费者的角度，判断其能否接受这种创新性的产品外观设计。

（五）不得与他人在申请日以前已经取得的合法权利相冲突

这里的他人在申请日以前已经取得的合法权利包括商标权、著作权、企业名称权、肖像权、知名商品特有包装装潢使用权等。这一要求的主要目的是解决实践中出现的外观设计专利权与他人的商标权、著作权等权利之间的冲突问题。即授予专利权的外观设计不得与他人在申请日以前已经取得的合法权利相冲突。

外观设计专利与他人在申请日以前已经取得的合法权利相冲突实际上是

侵犯了他人的合法权利，但专利行政部门并没有发现该权利的存在。因此，《专利法实施细则》又规定以与他人在申请日以前已经取得的合法权利相冲突为理由请求宣告外观设计专利权无效，但是未提交证明权利冲突的证据的，专利复审委员会[①]不予受理。

## 第四节　侵犯专利权的行为

### 一、发明与实用新型专利权的侵权判定

#### （一）全面覆盖原则

专利权的保护范围以权利要求书记载的内容为准，通常是以独立权利要求的内容为准。而独立权利要求所表达的专利权保护范围由记载在该权利要求中的技术特征予以界定，这些技术特征的总和构成了该项权利要求所要求保护的技术方案。反过来讲，就是独立权利要求是由一个个技术特征构成的。

有时，专利权人也许仅起诉被告侵犯了某一从属权利要求所界定的专利技术方案，这是被允许的。此时，即是以该"从属权利要求"的内容为准。

全面覆盖原则，是指在进行发明、实用新型专利权的侵权判定时，如果被控侵权物（产品或方法）包含了一项专利的权利要求记载的全部技术特征，且这些技术特征一一对应，并且两者相同，则认为被控侵权物落入了专利权的保护范围。

要判断所实施的技术是否构成了对专利技术的"全面覆盖"，首先要将这两种技术方案分解为一个个的技术特征，然后将所实施技术的技术特征与专利技术的技术特征逐一对比，得出在两种技术方案中相对应的技术特征是否相同的结论，进而得出所实施的技术是否"全面覆盖"专利技术的结论。

所实施的技术"全面覆盖"了专利技术，表现为两种情况：

一是所实施技术的技术特征与专利技术的技术特征完全相同，这显然是侵权的。

二是所实施技术包含了专利技术的全部技术特征，但同时还具有专利技

---

① 2019年，国家知识产权局专利复审委员会更名为国家知识产权局复审和无效审理部。由于一些专利法相关法规尚未更新，故其中仍使用"专利复审委员会"的称谓。

术所没有的技术特征。这时所实施的技术仍然"覆盖"了专利技术,因此也构成了侵权。这种情况的典型表现就是对从属发明创造的实施。对前一专利技术加以改进,可能形成新的从属发明创造,如果就这一新的从属发明创造申请了专利,就成了"从属专利"。"从属专利"所依据的前一专利技术称为"基础专利","从属专利"的专利权人实施自己的专利技术应当取得"基础专利"专利权人的许可,否则就极有可能构成侵权。

(二) 等同原则

按照全面覆盖原则,如果所实施技术与专利技术相比,有一项以上的技术特征并不相同,是不会构成侵权的。但应当看到,在实践中"相同侵权"发生的概率是比较低的,多数的侵权者为了逃避侵权责任,往往会尽量避免实施与专利技术完全相同的技术方案,而是采用与专利技术略有不同但实质上一致的技术要件或步骤,来取代专利技术当中的某一个或几个技术特征。这样,虽然所实施技术与专利技术的技术特征并不完全相同,但所不同的技术特征属于以等同手段替换专利技术的技术特征,即等同特征。所谓等同特征,就是与专利技术的技术特征相比是以基本相同的手段,实现基本相同的功能,达到基本相同的效果,并且本领域的普通技术人员无须经过创造性劳动就能够联想到该技术特征。

显然,这种行为虽然表面上看并没有实施专利技术,但其所实施的技术方案与专利技术相比没有任何实质性的区别,因而仍然被认为实施了专利技术,属于侵权行为。该原理在理论上被称为"等同原则"。等同原则的采用是为了避免专利实施者在利用专利发明的实质性内容的同时,通过对专利的某些内容作出非实质性变动,从而使实施的技术与权利要求内容有所不同,逃脱专利法制裁的情况。所以,等同原则实际上将专利保护的范围扩张到了被控侵权行为发生时,即在专利申请日后出现的简单的可替代性技术方案。

在专利侵权的理论和实务中,一般认为下列行为构成等同:①产品的部件位移或方法步骤的顺序变换中,个别部件之间的相互关系与专利权利要求书中所记载的相同部件之间的结构关系有所不同,但在作用、功能或效果上没有本质上的不同。②等同替换。对于权利要求中记载的一个或几个技术构成,在被控侵权的产品或方法中也存在一个或几个在目的、作用和效果上基本相同的技术构成,并且对所属技术领域的普通技术人员来说是应当知道的。③分解或合并技术特征。分解是指用几个技术特征代替权利要求中的一个技术特征；合并是指用一个技术特征代替权利要求中的几个技术特征。技术特征的分解或合并并没有产生本质上不同的效果。

在适用等同原则时应当注意，判断中要对比相对应的技术特征，因为等同是指各个技术特征之间的等同，而不是技术方案整体等同。但并不要求专利技术与对比技术之间的技术特征数目相同、一一对应。因为行为人可以通过将专利技术的技术特征予以简单分解、合并，使对比技术与专利技术相比"看起来"不同。

判断是否构成"等同特征"的时间界限应以侵权日为准。在发明专利20年的保护期限内、实用新型专利10年的保护期限内，随着科学技术的发展，必然会出现一些在专利申请或者专利公开时尚未认识到的等同手段。如果将判断等同特征的时间界限不是确定在侵权日，而是确定在专利申请日或者公布或公告日，那么一旦出现新的等同手段，行为人就可以利用它来代替权利要求中的相应技术特征，从而逃避承担侵权责任，这对专利权人显然是不公正的。

（三）禁止反悔原则

禁止反悔原则，是指在专利授权确权程序中，专利权人为确定其专利满足新颖性、创造性和实用性的要求，通过书面声明或者修改专利文件的方式，对专利权要求的保护范围作出限制或部分放弃，并因此获得了专利权。在侵害专利权诉讼中，法院适用等同原则确定专利权的保护范围时，应当禁止专利权人将已被限制、排除或者放弃的内容重新纳入专利权的保护范围。例如，专利权人在申请专利的过程中认可某个技术特征属于现有技术，表示某个技术特征不在其权利要求范围之内，在侵权诉讼中却又主张将该技术特征纳入保护范围之内；申请时为了满足创造性的要求，强调某个技术特征与现有技术的某个技术特征并不等同，或某个技术特征是必不可少的，而在侵权诉讼中却主张行为人所使用的技术特征与其专利技术的该技术特征等同，或者强调该技术特征是非必要技术特征等。这是诚实信用原则的必然要求。

这样，在确定专利权的保护范围时，就不能仅仅以权利要求书的内容为准，专利权人在专利审批过程中陈述的意见以及作出的修改对确定专利权的保护范围也会产生一定的限定作用。专利权人在专利审批过程中通过修改申请文件或者意见陈述所明确作出的承诺、认可或放弃的技术方案；或者在无效宣告程序中，通过对权利要求、说明书的修改或者意见陈述而放弃的技术方案，在专利侵权诉讼中不得反悔，这就是"禁止反悔原则"。

"禁止反悔原则"的适用意味着专利权人在专利申请过程中或无效宣告程序中确认的不相等同的技术特征，在专利侵权诉讼中不能主张它们是等同的；专利权人在专利申请过程中或无效宣告程序中确认的必要技术特征，在专利侵权诉讼中不能主张其是非必要技术特征。可见，"禁止反悔原则"是对前述"等同原则"的限制。在侵权裁判或处理决定中如果要适用"等同原则"，也应审查是否存在"禁止反悔"的情形。

一般来说，发明专利的申请，多数情况下申请文本与批准文本会有所不同，没有任何审查意见、不作任何修改就被批准的专利较少。在申请专利的过程中，专利申请人为满足专利法的实质性规定而对权利要求进行的任何限制性修改，以及专利申请人在专利审批过程中或无效宣告程序中提出的争辩意见都会产生"禁止反悔"的效力。因此，对于发明专利的侵权诉讼，应特别注意专利权人是否有违禁止反悔原则。而对于实用新型和外观设计专利，往往是先诉讼后提出宣告专利无效。

在专利侵权诉讼中，禁止反悔原则适用的情况通常是：原告根据等同原则主张被告的行为构成侵权，被告提出专利权人有禁止反悔情形的存在并提交证据，法院审查双方提交的证据并优先适用禁止反悔原则。

(四) 捐献原则

捐献原则是专利权侵权判定中的一项法律原则。捐献原则的含义是，对于在专利说明书中记载而未反映在权利要求中的技术方案，不能体现在权利要求的保护范围之内。

捐献原则源于 1881 年的美国 Miller v. Brass Co. 案。该案的专利权人在说明书中公开了两种灯的结构，但在权利要求书中只对其中一种结构给予保护。十多年后，专利权人想通过再颁证程序对另一种灯的结构也申请获得保护。美国联邦最高法院驳回了专利权人的请求。法官认为，如果对某一种装置主张权利，而对于专利说明书中其他明显的装置遗漏了权利主张，那么，没有主张权利的部分在法律上就视为捐献给了公众。捐献给公众的这一法律效力是不可逆转的。

《最高人民法院关于审理侵犯专利权纠纷案件应用法律若干问题的解释》第 5 条明确规定了"捐献原则"。该条规定，"对于仅在说明书或者附图中描述而在权利要求中未记载的技术方案，权利人在侵犯专利权纠纷案件中将其纳入专利权保护范围的，人民法院不予支持"。

捐献原则实质上是对等同原则适用的一种限制。关于捐献原则的立法目的，最高人民法院解释认为：专利权人有时为了容易获得授权，权利要求中采取比较下位的概念，而说明书及附图中又对其进行扩张解释。专利权人在侵权诉讼中主张说明书所扩张的部分属于等同特征，从而不适当地扩大了专利权的保护范围。实际上，这是一种"两头得利"的行为。专利制度的价值是不仅要体现对专利权人利益的保护，也要维护权利要求的公示作用。因此，捐献原则的确立，有利于维护权利要求书的公示性，平衡专利权人与社会公众之间的利益关系。

在当前的司法实践中，出现了对捐献原则扩大解释的倾向。即将捐献的范围不限于说明书及附图，法院试图将专利申请时或修改时明知或足以预见的技术特征或方案也纳入捐献的范围。例如，北京市高级人民法院在《专利侵权判定指南（2017）》第60条规定："对于发明权利要求中的非发明点技术特征、修改形成的技术特征或者实用新型权利要求中的技术特征，如果专利权人在专利申请或修改时明知或足以预见到存在替代性技术特征而未将其纳入专利权的保护范围，在侵权判定中，权利人以构成等同特征为由主张将该替代性技术方案纳入专利权的保护范围的，不予支持。"这一规定基于捐献原则的立法目的，有利于维护权利要求书的公示性、平衡专利权人与社会公众的利益关系，但最高人民法院的司法解释或案例尚未对此予以明确。

（五）现有技术抗辩原则

我国现行《专利法》第67条规定了"现有技术抗辩原则"。它是指在专利侵权纠纷中，被控侵权人有证据证明其实施的技术或者设计属于现有技术或现有设计的，不构成侵犯专利权。

专利权人只能从自己的创造性贡献即发明中取得合法垄断利益，对于现有技术以及从现有技术中以显而易见的方式得到的技术，专利权人不应享有任何独占性质的权利。若专利权人因为专利申请审查的失误就现有技术取得了专利权，而他人在实施这些现有技术时，却侵犯了专利权人的专利权，要承担侵权责任，这就违背了最起码的公平原则，同时也说明专利权人的专利不符合新颖性或创造性标准，本不应当被授予专利权。这意味着在专利侵权诉讼中，当被控侵权人强调被控侵权客体属于申请日前的现有技术时，法院应当在作出专利侵权判断之前，将被控侵权的技术与现有技术进行对比分析，看其是否相对于这些现有技术具有新颖性、创造性,如果缺乏新颖性或者创造性,应当作出不侵权判决。

用现有技术进行侵权抗辩时,该现有技术应当为专利申请日或优先权日之前已有的、处于公知状态的技术,换言之,在专利申请日或优先权日之前尚处于保密状态的技术不能作为抗辩的依据。该现有技术应当是单独的技术方案,不能将分散的现有技术加以综合或组合后作为抗辩的现有技术,因为出于特定发明目的而对已有技术进行组合,往往本身就是一项新的发明创造,而非现有技术。当然,如果该领域的普通技术人员认为其是现有技术的显而易见的简单组合的技术方案,也可以作为用于抗辩的现有技术。这也就意味着,用以抗辩的公知技术应当使专利技术的新颖性、创造性同时足以被否定。同时,只有在被控侵权的技术与现有技术相同或等同时,才应考虑将其作为抗辩成立的依据。等同意味着二者之间仅存在一些枝节上的不同,或实质上相同但文字描述不同;或者只有某些细微的不同。综合起来看,就是某项现有技术方案、被控侵权的技术方案与专利技术方案相互之间是相同或等同的。

在适用现有技术进行抗辩时应当注意,不能用该原则来否定专利权的有效性,因为专利法规定宣告专利权无效的权力属于国务院专利行政部门,法院无权受理专利无效宣告请求。也就是说,用现有技术进行抗辩只能得出被控侵权产品是否侵权的结论,而不能得出由于原告的专利权无效,法院不应保护的结论。

在等同侵权中,可以以现有技术抗辩,对此没有太大分歧。但在相同侵权(即被控侵权的技术方案包含了专利权利要求字面含义中的全部技术特征)的情况下,对于是否能够以现有技术进行抗辩,人们的分歧仍然很大。笔者认为,如果专利权人的专利技术是与现有技术极为近似的技术(这是运用现有技术抗辩的前提),在等同侵权的情况下,其实质是现有技术、专利技术、被控侵权技术之间只有微小的区别而没有本质上的区别。因此,如果专利权人仍然可以据此要求第三人承担侵权责任,就是极不公平的,应当赋予被控侵权人以现有技术进行抗辩的权利。在相同侵权的情况下,上述实质问题并没有改变,甚至现有技术、专利技术、被控侵权技术之间没有任何区别,专利权人更不应据此要求第三人承担侵权责任,侵权诉讼的被告应当享有以现有技术进行抗辩的权利。因此,笔者认为,在相同侵权和等同侵权的情况下都可以适用现有技术抗辩。

相反的观点则认为,现有技术抗辩原则一般适用于等同侵权的情况,而不适用于相同侵权的情况。如果被控侵权的技术方案包含了专利权利要求字面含义中的全部技术特征（即相同侵权），同时又与该专利申请日前的某项现有技术相同或等同，那么就应当向国务院专利行政部门提出宣告该专利权无效的请求，待国务院专利行政部门作出宣告该专利权无效的决定并生效之后，法院再作出是否侵权的裁判。

**二、外观设计专利的侵权判定**

行为人所实施的产品设计方案是否构成对外观设计专利权的侵犯的判断，同样要以外观设计专利权的保护范围的确定为基础。我们已经知道，外观设计专利权的保护范围及于在相同或者相近种类产品上使用的相同或近似的外观设计。因此，如果所实施的产品设计方案与外观设计专利的设计方案属于相同的或近似的，并且使用该设计方案的是相同或者相近种类的产品，那么就可以判定构成了侵权。

当产品和设计完全相同时，比较容易得出判断结论，但在实践中，以这种方式侵权的情形比较少。多数外观设计侵权属于在相近种类产品上使用相似的设计。

什么才是"相近种类"产品呢？在申请外观设计专利时，申请人要指定使用该外观设计的产品及其所属类别，分类方式依据《建立外观设计国际分类洛迦诺协定》的规定。但协定中对外观设计的分类是出于管理角度的考虑，因此在确定外观设计专利权的保护范围时，不宜以该分类方法为标准确定产品是否为同类。这也是目前多数学者的观点。

在目前的司法实践中，法院是根据外观设计产品的用途来认定产品种类是否相同或者相近的。确定产品的用途，可以参考外观设计的简要说明、国际外观设计分类表、产品的功能，以及产品销售、实际使用的情况等因素。

在判断设计是否相似时，应当坚持以下两个标准。

（一）应当从一般消费者的角度进行判断

外观设计专利的作用与发明和实用新型有着根本的区别，因此，专利法对其提出的专利性要求与发明和实用新型相比也有极大的区别，在判断是否达到专利性要求时，所采取的审查基准完全不同。发明与实用新型是否达到了新颖性、创造性和实用性的要求，是从所属技术领域的技术人员的角度出发进行判断的；外观设计是否具有新颖性、美感等，则是从一般消费者的角度出发进行评判的。在侵权判断中，自然也要坚持上述评判基准，即从一般消费者的角度出发判断所实施的设计方案与外观设计专利是否相似。具体而言，要根据相关市场的一般消费者对产品的通常认知和一般交易观念进行判断，而不受限于产品本身的自然特性。同时，要将相关消费者在个案中的一般认识与商品交易中的具体情形等要素结合在一起，从整体上进行考量。

（二）应当根据设计特征进行整体观察、综合判断

根据《专利审查指南 2010（2019 年修订）》（以下简称《专利审查指南》）的规定，所谓整体观察、综合判断，是指由涉案专利与对比设计的整体来判断，而不从外观设计的部分或者局部出发得出判断结论。并且这里所说的整体观察、综合判断，是指在产品正常使用状态下的可视整体外观，不应当将产品整体予以拆分、改变原使用状态后，对产品的部分外观设计进行对比。

在实践中，消费者通常不会注意观察产品设计方案的局部或细部是否存在差别，而是根据对设计方案的整体视觉感受来决定其消费行为。因此，被控侵权设计与授权外观设计在整体视觉效果上无差异的，则两者相同；在整体视觉效果上无实质性差异的，则两者近似。但是，对于主要由技术功能决定的设计特征以及对整体视觉效果不产生影响的产品的材料、内部结构等特征，应当不予考虑。

按照以上准则，如果所实施的产品设计方案与外观设计专利相比具有如下任何一种关联，则意味着构成了对外观设计专利权的侵犯：①产品同类，设计相同；②产品同类，设计相似；③产品近似，设计相同；④产品近似，设计相似。

# 第六章 专利权实务分析

**导读** 　一项发明创造需要获得专利权的，应当由申请人向国务院专利行政部门提出申请。申请专利必须遵循一定的原则，如先申请原则、书面原则、单一性原则和优先权原则。申请人还应提交专利申请文件，专利申请文件必须符合《专利法》及《专利法实施细则》规定的内容和形式。申请经过国务院专利行政部门的审查，符合《专利法》和《专利审查指南》的规定，可以授予专利权。任何单位或者个人将在中国完成的发明或实用新型向外国申请专利的，应当事先报经国务院专利行政部门进行保密审查，也可以申请PCT国际专利指定相关国家。

## 第一节　专利权的取得程序

### 一、专利申请文件

一项发明创造需要获得专利权的，申请人应当向国务院专利行政部门提出专利申请，并根据《专利法》及《专利法实施细则》的规定提交专利申请文件。专利申请文件是指申请获得专利权应当提交的书面文件，它是专利申请的首要条件，也是专利申请的必要条件。

各国专利法对专利申请文件的内容的规定大体相同。我国《专利法》及

《专利审查指南》规定，专利申请文件应当以书面形式或者电子文件形式提交，必须使用中文；申请发明或者实用新型专利的，应当提交请求书、权利要求书、说明书及其附图和摘要等文件；申请外观设计专利的，应当提交请求书、外观设计的图片或者照片，以及对该外观设计的简要说明等文件。

### (一) 发明或实用新型专利申请文件

我国《专利法》第26条第1款规定："申请发明或者实用新型专利的，应当提交请求书、说明书及其摘要和权利要求书等文件。"其中，说明书和权利要求书是记载发明或者实用新型内容并确定其保护范围的主要法律文件。

1. 请求书

请求书是指专利申请人向国务院专利行政部门提交的请求授予其专利权的一种法律文件。

根据《专利法实施细则》第16条的规定，请求书应当写明下列事项：①发明、实用新型的名称。名称应当简短、准确地表明专利的技术主题，不应含有非技术词语，如商标、代号、型号、人名、公司名称等，也不应有笼统的或者含糊不清的语言，如仅用"产品""装置"等词作为专利名称。②申请人是中国单位或者个人的，应当写明其名称或者姓名、地址、邮政编码、组织机构代码或者居民身份证件号码；申请人是外国人、外国企业或者其他组织的，应当写明其姓名或者名称、国籍或者注册的国家或者地区。③发明人或者设计人的姓名。发明人或设计人应当是自然人，不应当是单位或者集体，姓名应当用真名。④申请人委托专利代理机构的，应当写明受托机构的名称、机构代码以及该机构指定的专利代理人的姓名、执业证号码、联系电话。⑤要求优先权的，应当写明申请人第一次提出专利申请的申请日、申请号以及原受理机构的名称。⑥申请人或者专利代理机构的签字或者盖章。⑦申请文件清单。⑧附加文件清单。⑨其他需要写明的有关事项。

2. 说明书及说明书附图和摘要

说明书是指载有发明和实用新型专利申请详细技术内容的书面文件，必要的时候可以有附图。说明书应当对发明或者实用新型作出清楚、完整的说明，以所属技术领域的技术人员能够实现为准。说明书是申请专利文件中的主要技术文件，也是专利申请的核心内容，是权利要求书的基础和支撑。说明书摘要应当简要说明发明或者实用新型的技术要点。

### 3. 权利要求书

权利要求书是专利申请的主要法律文件，用于记载专利申请人请求国务院专利行政部门对其发明或者实用新型给予法律保护的范围，即请求保护的发明或实用新型技术特征所组成技术方案的保护范围。在被授予专利后，权利要求书是确定发明或者实用新型专利权保护范围的依据，也是判定侵权与否的主要依据。

## （二）外观设计专利申请文件

外观设计是关于产品外部形状、图案、色彩及其组合等装饰性特征的新设计，与发明和实用新型不同，它不是技术方案，而是富有美感的视觉设计。因此，申请外观设计专利所提交的文件与申请发明和实用新型专利的有所不同。我国《专利法》第27条第1款规定："申请外观设计专利的，应当提交请求书、该外观设计的图片或者照片以及对该外观设计的简要说明等文件。"

### 1. 请求书

请求书是申请人向国务院专利行政部门表示提出请求授予外观设计专利的意愿的法律文件。根据《专利法实施细则》第16条的规定，请求书记载的内容事项与发明和实用新型专利请求书相同。

### 2. 图片或者照片

由于外观设计专利不是技术方案，而是一种富有美感的视觉设计，因此，很难用文字准确地表达其保护内容，图片或者照片就成为外观设计的最佳表述方式。

外观设计专利权的保护范围以图片或者照片记载的该产品的外观设计为准，因此图片或者照片是重要的法律文件，其作用不但在于公开外观设计的设计方案，还是确定外观设计专利权保护范围的主要依据。我国《专利法》第27条第2款规定："申请人提交的有关图片或者照片应当清楚地显示要求专利保护的产品的外观设计。"如果提交的图片或者照片不能清楚地显示产品的外观设计内容，则无法准确判断申请人外观设计专利权的保护范围，因而也就无法对侵犯外观设计专利权的行为作出公平的判断。

根据《专利审查指南》的有关规定，申请立体产品的外观设计专利时，产品设计要点涉及六个面的，应当提交六面正投影视图；产品设计要点仅涉及一个或几个面的，应当至少提交所涉及面的正投影视图和立体图，并应当在简要说明中写明省略视图的原因。申请平面产品的外观设计，产品设计要点涉及一个面的，可以仅提交该面正投影视图；产品设计要点涉及两个面的，应当提交两面正投影视图。必要时，申请人还应当提交该外观设计产品的展开图、剖视图、剖面图、放大图以及变化状态图。此外，申请人还可以提交参考图，参考图通常用于表明使用外观设计的产品的用途、使用方法或者使用场所等。

3. 简要说明

简要说明是申请外观设计专利时可以选择提交的申请文件。我国《专利法》第 64 条第 2 款规定："外观设计专利权的保护范围以表示在图片或者照片中的该产品的外观设计为准，简要说明可以用于解释图片或者照片所表示的该产品的外观设计。"因此，外观设计的简要说明必须写明外观设计产品的设计要点，并指定一幅最能表明设计要点的图片或者照片作为主视图。对请求保护色彩或者省略视图的，或者产品有选用特殊材料要求的，都必须在简要说明中写明。对同一产品基于同一发明构思的多项外观设计提出一件外观设计专利申请的，应当在简要说明中指定其中一项作为基本设计。简要说明不得使用商业性宣传用语，也不能用来说明产品的性能。

## 二、专利申请的提交、修改和撤回

### （一）专利申请的提交和申请日的确定

申请人就一项发明创造申请专利权的，应当向国务院专利行政部门提出专利申请，并根据《专利法》及《专利法实施细则》的规定提交专利申请文件。中国单位或者个人在国内申请专利和办理其他专利事务的，可以委托依法设立的专利代理机构进行办理。在中国没有经常居所或者营业所的外国人、外国企业或外国其他组织在中国申请专利或办理其他专利事务的，应当委托依法设立的专利代理机构进行办理。

专利申请人在撰写完专利申请文件之后，应当尽早向国务院专利行政部门提交专利申请文件，以尽快获得专利申请日。专利申请日具有重要的法律意义，因为申请日是判断一项发明创造是否具备新颖性、创造性的时间界限，直接关系到申请专利的发明创造能否获得专利权。我国《专利法》第 28 条规定，"国务院专利行政部门收到专利申请文件之日为申请日"。有优先权的，以优先权日为申请日。但计算专利保护期所指的申请日是指实际申请日。此外，确定专利申请日还应注意以下问题：①向国务院专利行政部门或其代办处窗口直接递交的专利申请，以收到日为申请日；②通过邮局邮寄递交到专利行政部门受理处的专利申请,以信封上寄出的邮戳日为申请日;③寄出的邮戳日不清晰的,以专利行政部门受理处或者代办处收到日为申请日;④通过快递公司递交到专利行政部门受理处或者代办处的专利申请,以收到日为申请日;⑤邮寄或者递交到专利行政部门非受理部门或者个人的专利申请,其邮寄日或者递交日不具有确定申请日的法律效力,如果该申请被转送到专利行政部门受理处或者代办处,则以受理处或者代办处实际收到日为申请日;⑥分案申请在请求书上记载原案及分案申请递交日期的,以原案的申请日作为分案申请日。

另外,根据《关于专利电子申请的规定》第7条的规定:"申请人提出电子专利申请的,以国家知识产权局收到符合专利法及其实施细则规定的专利申请文件之日为申请日。"

(二) 专利申请的修改

现实中,专利申请文件大多都存在各种缺漏,如专利申请文件撰写表述不准确、不严谨、不清楚,这不仅会影响专利信息向公众公开,妨碍公众对授权专利的研究与运用,还会影响专利权保护范围的准确界定,给专利权的实施与利用带来困难。因此,法律允许专利申请人对其申请文件进行修改,包括对原来的文字进行修改,以使其更加准确、清楚;或者对原来的技术方案进行修改和完善。但是,对专利申请文件进行的修改,不得超出原申请文件规定的范围。

1. 修改时机

《专利法实施细则》第51条第1款、第2款规定:"发明专利申请人在提出实质审查请求时以及在收到国务院专利行政部门发出的发明专利申请进入实质审查阶段通知书之日起的3个月内,可以对发明专利申请主动提出修改。实用新型或者外观设计专利申请人自申请日起2个月内,可以对实用新型或者外观设计专利申请主动提出修改。"申请人也可以声明放弃主动修改的权利。

申请人在收到国务院专利行政部门发出的审查意见通知书后对专利申请文件进行修改的,应当针对通知书指出的缺陷进行修改,不得再进行主动修改。

国务院专利行政部门可以自行修改专利申请文件中文字和符号的明显错误。国务院专利行政部门自行修改的,应当通知申请人。

2. 修改要求

专利申请人可以对其申请文件进行修改。但是,不论申请人对申请文件的修改属于主动修改还是针对通知书的被动修改,对发明和实用新型专利申请文件的修改不得超出原说明书和权利要求书记载的范围;对外观设计专利申请文件的修改不得超出原图片或者照片表示的范围。PCT 国际专利的申请人根据国际条约规定所提交的修改文件,同样应当符合上述规定。原说明书和权利要求书记载的范围,包括文字记载的内容和根据文字记载内容以及附图能直接确定的内容。

3. 分案申请

分案申请也涉及专利修改,对于专利申请不符合单一性原则的,申请人应当对该申请进行修改,可以对原申请删除部分内容,以使其符合单一性原则;对删除的原申请中的内容,可以再提出一件或若干件分案申请。

分案申请只能在国务院专利行政部门作出授予专利权决定之前提出,并且不能改变原申请的类别,但可以保留原申请日;享有优先权的,可以保留原优先权日。分案申请不得超出原申请记载的范围;提交分案申请时,申请人应当提交原申请文件副本;原申请享有优先权的,还应当提交原申请的优先权文件副本。

(三) 专利申请的撤回

专利申请可以撤回,既可以是申请人主动撤回,也可以是被国务院专利行政部门视为撤回。作为一项民事权利,申请人可以对专利申请权自行处置。申请人在申请专利以后,可能会认为自己的申请达不到专利法的要求,不会被授予专利权;或者认为专利申请不能产生明显的经济效益,没有必要继续申请或者缴纳相关费用,此时可以撤回专利申请。但撤回专利申请的时间必须在授予专利权之前。

专利申请人撤回申请时,应当向国务院专利行政部门提出申请,写明专利申请的名称、申请号和申请日。撤回专利申请的声明在国务院专利行政部门做好公布专利申请文件的印刷准备工作后提出的,专利申请文件仍予以公布;但是,撤回专利申请的声明应当在以后出版的专利公报上予以公告。

为了督促申请人及时履行相关义务,我国《专利法》规定,发明专利的申请人无正当理由逾期不请求实质审查的,或者要求申请人在规定时间内答复审查意见或者对申请进行修改,申请人无正当理由逾期不进行答复的,该申请即被视为撤回。

### 三、专利的国际申请

#### （一）直接向外国申请专利

随着我国经济、科技实力的不断增强，许多企业逐步走向国际市场、参与国际竞争，向外国申请专利的情况越来越多。同时，向外国申请国际专利，在外国取得专利权后，我国的发明创造也能得到外国专利法的保护，从而获得国际竞争力和相应的经济利益，有利于促进国际技术贸易与交流。

在中国完成的发明或者实用新型向外国申请专利的，应当事先经过保密审查：一是直接向外国申请专利或者向有关国外机构提交专利国际申请的，应当事先向国务院专利行政部门提出请求，并详细说明其技术方案；二是向国务院专利行政部门申请专利后拟向外国申请专利或者向有关国外机构提交专利国际申请的，应当先向国务院专利行政部门提出请求。因此，凡是在中国完成的发明或者实用新型，无论其完成人是中国人还是外国人，也无论其申请人是中国单位还是外国单位，就该发明或者实用新型向外国申请专利前，都应当向国务院专利行政部门提出保密审查请求，如果经审查涉及国家安全或者重大利益，则不可以向外国提出专利申请。因此，适用我国《专利法》第19条保密审查的规定必须符合下列条件：一是专利申请必须是发明或者实用新型；二是该发明或者实用新型必须是在中国完成的；三是专利申请人准备就该发明创造向外国申请专利。这里所称在中国完成的发明或者实用新型，是指技术方案的实质性内容是在中国境内完成的，或者说该技术方案的实质特征的创造性贡献是在中国境内作出的。我国《专利法》规定，对于违反保密审查规定向外国申请专利的发明或者实用新型，在中国申请专利的，不授予专利权。

国务院专利行政部门收到上述保密审查的请求后，应当及时作出是否需要保密的决定，并通知申请人。经过审查认为该发明或者实用新型可能涉及国家安全或者重大利益需要保密的，应当及时向申请人发出保密审查通知；申请人未在其请求递交日起4个月内收到保密审查通知的，可以就该发明或者实用新型向外国申请专利或者向有关国外机构提交专利国际申请。国务院专利行政部门依照请求进行保密审查的，申请人未在其请求递交日起6个月内收到需要保密的决定的，可以就该发明或者实用新型向外国申请专利或者向有关国外机构提交专利国际申请。

### (二) PCT 国际申请

1. PCT 国际申请概述

专利国际申请是《专利合作条约》(Patent Cooperation Treaty, PCT) 所建立的一项制度, 其宗旨在于简化专利申请人需要向多国申请专利时的手续。申请人根据该条约, 可以在本国专利局用一种语言按照统一的格式, 提出一个在各指定国都产生正规效力的国际申请, 从而避免因需要分别在各国提出专利申请而造成的诸多不便和大量的时间耗费。同时, 在专利国际申请进入国内阶段后, 各国专利审批机关可以收到国际申请文件的译本、国际检索报告和国际初步审查报告, 这就大大减少了有关国家专利审批机关的检索和审查工作量, 从而可以提高工作效率。对于没有技术或者经济力量进行检索或者审查的国家, 可以依赖国际检索单位的检索结果进行审查, 这在客观上促进了各国专利机关之间的交流与合作。

2. 通过 PCT 申请专利的优点

①申请人仅需要使用中文或者英文向国务院专利行政部门递交一套申请文件, 即可确定该申请的申请日, 并被认为是同一天在各指定国提出的申请。

②只需提交一份国际专利申请, 就可以向多个国家申请专利, 而不必向每个国家分别提交专利申请, 为专利申请人向外国申请专利提供了方便。

③推迟了进入国家阶段的时间, 使申请人可以根据市场前景和技术进步决定是否有必要进入预定的指定国。向外国提出普通专利申请时, 专利申请人必须在首次提交专利申请之日后的 12 个月内向每一个国家的专利局提交专利申请。而通过 PCT 专利申请, 可以在首次提交专利申请之日后的 30 个月内办理国际专利申请进入每一个国家的手续。在此期间, 专利申请人可以对市场、发明的商业前景以及其他因素进行调查, 决定是否继续申请外国专利。

④在进入各国的国家阶段之前, 申请人已经得到国际检索报告和国际初步审查报告, 通过这两份报告, 申请人可以初步判断该申请在各国专利局被授予专利权的前景, 从而决定是否有必要进入国家阶段。

### 四、专利申请的审查和批准

#### (一) 专利申请审查和批准的历史发展

专利申请提出以后, 必须经过国务院专利行政部门的审批, 才能取得专利权。但对于审查的内容, 各国有不同的做法。专利审查最早主要采用登记制，也称为形式审查，是指专利局仅对授予专利权的形式条件予以审查，如申请文件是否齐备、文件书写格式是否符合规定、代理人的手续是否合法等，而对授予专利权的实质条件，如创造性、新颖性、实用性等不予以审查，就直接授予专利的制度。采用该制度的国家在各大洲都有，如比利时、意大利、西班牙、突尼斯、埃及、土耳其、伊朗等。登记制的优点：一是审查的工作量小，不需要很多技术人员，不需要大量的文献资料就可以建立起来；二是专利审批迅速，申请人可以较早地获得专利权。但其最大的缺点是对专利的实质性授权条件未进行审查，导致专利质量较差，专利权缺乏可靠性和稳定性。后来是文献报告制，即形式审查和文献检索相结合的制度。这种制度是法国在登记制的基础上首创的。其具体做法是对专利申请进行形式审查后，委托欧洲专利局海牙分局提出一份文献检索报告，对专利申请进行新颖性审查。文献检索报告是一种资料，仅供公众查阅，用以了解该专利是否符合专利性的条件，并无法律效力。然后是审查制，即专利局对专利申请进行形式审查之后，无须申请人提出实质审查请求，即对专利申请的内容进行新颖性、创造性和实用性审查，根据审查的结果决定是否授予专利权。经过这样审查授予的专利权，其可靠性和稳定性都比较高，减少了诉讼纠纷。它的缺点是工作量大，需要数量相当大的具有较高水平和丰富经验的技术人员；还需要主要国家的相当完备的专利文献和非专利文献资料；审批时间长，导致申请案积压得越来越多，形成了很大负担。目前，美国、加拿大、瑞典等国家实行这种审查制度。

随着科学技术的进步，技术市场中的竞争日益激烈，专利申请数量急剧增加，专利申请内容日益复杂，进一步激化了专利申请量和审查制审核专利的能力之间的矛盾，传统审查制面临危机。为了有效地解决专利审批中所遇到的问题，很多国家开始改革其专利制度。荷兰首次在世界上设立"早期公开，延迟审查制度"，旨在处理大量专利申请积案。这一制度的特点是，专利行政部门在收到发明专利申请后，先进行初步审查，对符合要求者，自申请日起一段时间内予以公开，并在一定期限以后，应申请人的请求或自行对申请进行实质审查，并对符合法定条件的申请授予专利权。这一方面有利于及时公开发明技术，促进科学技术的交流与发展；另一方面允许有些申请人在提出申请后因认为其发明还不成熟或缺乏商业价值，而不再请求实质审查，以此来减轻专利部门的工作负担，避免申请案的积压。

我国《专利法》对发明专利申请的审查采取的是"早期公开，延迟审查"制度,即必须经过初步审查和实质审查才能取得专利权;对实用新型和外观设计专利申请采取的是初步审查制度,即只要国务院专利行政部门经过初步审查,认为符合《专利法》的规定,就授予专利权。

(二)发明专利申请的审查与批准

1. 初步审查

发明专利申请在专利行政部门决定予以受理并给予申请日和申请号以后,即进入初步审查阶段。根据《专利法实施细则》的规定,初步审查主要审查专利申请是否具备规定的申请文件(即请求书、说明书、说明书摘要和权利要求书)和其他必要的文件,这些文件是否符合规定的格式,并审查下列各项:①申请主题是否明显属于违反法律、社会公德或者妨害公共利益,或者属于依赖违法获取或利用遗传资源所完成的发明;②申请主题是否明显属于《专利法》第25条规定的不授予专利权的范围;③申请人是外国人、外国企业或者外国其他组织的,是否有资格在中国申请专利,以及是否委托了中国专利代理机构;④申请主题是否明显不具有单一性;⑤对申请文件的修改是否明显超出原说明书和权利要求书记载的范围;⑥说明书的撰写是否符合《专利法》和《专利法实施细则》的规定;⑦权利要求书的撰写是否符合《专利法》和《专利法实施细则》的规定;⑧将在中国完成的发明或者实用新型向外国申请专利的,是否事先报经国务院专利行政部门进行保密审查;⑨对于依赖遗传资源完成的发明创造,申请人是否在专利申请文件中说明该遗传资源的直接来源和原始来源;⑩有关费用的审查,包括专利申请是否按照《专利法实施细则》第93条、第95条、第96条、第99条的规定缴纳了相关费用。另外,当申请专利的发明涉及新的生物材料时,初步审查除应审查上述各种问题外,还应当对申请人提交的保藏生物材料的样品的证明进行审查,并核实保藏日期是否符合要求。

国务院专利行政部门应当将审查意见通知申请人,要求其在指定期限内陈述意见或者补正;申请人期满未答复的,其申请视为撤回。申请人陈述意见或者补正后,国务院专利行政部门仍然认为不符合前款所列各项规定的,应当予以驳回。

2. 专利申请的公布

国务院专利行政部门对经过初步审查认为符合《专利法》要求的申请,应自申请日起满18个月,即行公布。国务院专利行政部门也可以根据申请人的请求早日公布其申请。《专利法》规定的 18 个月的公布期限，主要是给予申请人更多的时间决定是否要申请专利，并公开其技术。另外，早期公开还可使公众及早获知该技术方案，有利于新技术的传播和利用，也可使该专利申请处于社会公众的监督之下。《专利法实施细则》规定，自发明专利申请公布之日起至公告授予专利权之日止，任何人均可以对不符合《专利法》规定的专利申请向国务院专利行政部门提出意见，并说明理由。

公布的内容主要是发明专利申请的请求书、说明书及其摘要和权利要求书等申请人提交的专利申请文件。对于公布专利申请的方式，各国的规定不同。我国采用的方式是在专利公报上登载发明专利申请请求书中记载的事项和发明的摘要，另外还出版发明说明书和权利要求书的全文单行本，允许公众查阅。

发明专利申请公布后，由于该发明还没有经过实质审查，还不能确定其是否能够被授予专利权，因此，他人实施早期公开的申请中的发明在法律上是不被禁止的，不能认为是侵权。但为了保护申请人的权益，《专利法》第 13 条规定对发明专利申请人实行临时保护，申请人可以要求实施其发明的单位或者个人支付适当的费用。对于不支付适当费用的使用人，发明专利申请人可以在专利权授予后，请求国务院专利行政部门进行处理，或向人民法院起诉。

3. 实质审查

发明专利申请自申请日起 3 年内，国务院专利行政部门可以根据申请人随时提出的请求，对其申请进行实质审查。在此期间，申请人可以随时向专利行政部门请求进行实质审查，如果自申请日起满 3 年，申请人未提出进行实质审查的请求，则该申请即被视为自动撤回。如果申请人在提出专利申请后，认为其发明还不成熟，或者认为其发明缺乏商业前景的，则可以不再请求进行实质审查。这样可以大大减轻专利行政部门的审查工作负担。在必要的时候，例如，当某项申请专利的发明对国家利益、社会利益有重大影响时，国务院专利行政部门也可以自行对发明专利申请进行实质审查。

为简化程序，审查员通常应当在发出第一次审查意见通知书之前对专利申请进行全面审查，即审查申请是否符合《专利法》及《专利法实施细则》有关实质方面和形式方面的所有规定。主要包括以下事项：①申请主题是否明显属于违反法律、社会公德或者妨害公共利益，或者属于依赖违法获取或利用遗传资源所完成的发明；②申请主题是否明显属于《专利法》第 25 条规定的不授予专利权的范围；③申请的主题是否属于《专利法》第 2 条第 2 款规定的对产品、方法或者其改进所提出的新的技术方案；④申请是否具有《专利法》第 22 条第 4 款所规定的实用性；⑤说明书是否按照《专利法》第 26 条第 3 款的要求充分公开了请求保护的主题；⑥权利要求所限定的技术方案是否具备《专利法》第 22 条第 2 款和第 3 款所规定的新颖性和创造性；⑦权利要求书是否按照《专利法》第 26 条第 4 款的规定，以说明书为依据，清楚、简要地限定要求专利保护的范围；⑧独立权利要求是否表述了一个解决技术问题的完整的技术方案；⑨权利要求书是否存在缺乏单一性的缺陷；⑩申请的修改是否超出了原说明书和权利要求书记载的范围，分案申请是否超出原申请记载的范围；⑪对于依赖遗传资源完成的发明创造，申请人是否在专利申请文件中说明了该遗传资源的直接来源和原始来源；⑫如果申请所涉及的发明是在中国完成，且向外国申请专利的，是否遵守了保密审查规定。

国务院专利行政部门对发明专利申请进行实质审查后，认为不符合《专利法》规定的，应当通知申请人，要求其在指定的期限内陈述意见，或者对其申请进行修改；无正当理由逾期不答复的，该申请即被视为撤回。发明专利申请经申请人陈述意见或者进行修改后，国务院专利行政部门仍然认为不符合《专利法》规定的，应当予以驳回。

4. 授权和公告

发明专利申请经实质审查没有发现驳回理由的，由国务院专利行政部门作出授予发明专利权的决定，并发出授予专利权的通知。申请人应当自收到通知之日起 2 个月内办理登记手续。申请人按期办理登记手续的，国务院专利行政部门应当授予其专利权，颁发专利证书，并予以公告。发明专利权自公告之日起生效。期满未办理登记手续的，视为放弃取得专利权的权利。

(三) 实用新型、外观设计专利申请的审查与批准

实用新型和外观设计的内容创造性较低，其经济重要性也不如发明专利；并且如果对实用新型和外观设计也进行实质审查，会大量占用公共资源，延长审查周期。因此，我国和世界上绝大多数国家的做法一致，对实用新型和外观设计申请只进行初步审查。

实用新型、外观设计专利申请的初步审查，同发明专利申请的初步审查程序基本一样：一方面，审查专利申请是否具备规定的申请文件和其他必要的文件，这些文件是否符合规定的格式；另一方面，审查申请专利的实用新

型、外观设计是否有明显的实质性缺陷。

实用新型和外观设计专利申请经初步审查没有发现驳回理由的,由国务院专利行政部门作出授予实用新型专利权或者外观设计专利权的决定,发给相应的专利证书,同时予以登记和公告。实用新型专利权和外观设计专利权自公告之日起生效。

(四) 专利申请的复审

专利申请人对国务院专利行政部门驳回申请的决定不服的,可以自收到通知之日起3个月内,向国务院专利行政部门请求复审。国务院专利行政部门复审后,作出决定,并通知专利申请人。国务院专利行政部门进行复审后,认为复审请求不符合《专利法》和《专利法实施细则》有关规定的,应当通知复审请求人,要求其在指定期限内陈述意见。期满未答复的,该复审请求视为撤回;经陈述意见或者进行修改后,国务院专利行政部门认为仍不符合有关规定的,应当作出维持原驳回决定的复审决定。专利申请人对国务院专利行政部门的复审决定不服的,可以自收到通知之日起3个月内向人民法院起诉。

## 第二节 专利权的期限、终止与无效

### 一、专利权的期限

(一) 专利权期限的确定依据

专利权的期限是指专利权受保护的期限,即从专利权发生效力到失去效力的期限。

发明创造是一种知识产品,它不像有形财产那样存在损耗,若法律像对待有形财产权那样赋予专利权人对专利技术永久独占性的使用权,则会严重阻碍科学技术的进步和经济的发展,损害社会公众的利益。因此,不论各国具体专利制度有何差异,各国专利法均无一例外地规定了专利的保护期限。专利期限届满或提前终止的,尽管发明创造的技术本身还存在,但其专利权却会消灭,该发明创造将成为社会财富,任何人都可以无偿使用。可见,设定专利保护期限的根本意义在于平衡专利权人和社会公众的利益关系,就像

《TRIPS 协定》第 7 条关于该协定的目标所指出的：知识产权的保护和实施应有助于促进技术革新以及技术转让和传播，有助于技术知识的创造者和使用者的相互利益，并有助于社会和经济福利及权利与义务的平衡。因此，法律对专利权期限的规定，既要考虑充分、适当地保护专利权人的利益，特别是发明人和设计人为了实现发明创造而进行的投入，保护期限不宜太短，否则不利于调动发明创造的积极性；又要考虑国家和社会公众的利益，对专利权的保护期限不能过长，否则不利于先进技术的推广和应用；同时还要兼顾本国经济发展、科技水平以及国际专利保护水平。另外，考虑到各类权利客体的创造性以及与社会公共利益的关系不同，在设定专利权的保护水平时，应当对不同的专利给予不同的保护期限。例如，《TRIPS 协定》对于发明专利的保护期限要求自登记之日起不得少于 20 年；对于工业设计规定保护期限至少为 10 年。

(二) 专利权的期限及起算点

在发明专利权的保护期限上，各国和各地区专利法的规定不一致，但大多数国家和地区对发明专利规定了较长的保护期限，例如，英国、法国、德国等欧洲国家的发明专利保护期限和我国一样也是 20 年。而对于实用新型、外观设计专利，大多数国家和地区规定了较短的保护期限：中国、澳大利亚、印度尼西亚、泰国、秘鲁、智利、加拿大等国家和地区规定了 10 年的保护期限；美国规定的保护期限为 14 年；还有一些国家，如韩国、日本、马来西亚、新加坡、俄罗斯、瑞士等规定了 15 年的保护期限；极少数国家，如法国规定了最长的 50 年的保护期限。另外，不同国家的专利保护期限的起算点也不尽相同。有些国家专利保护自申请日起计算，如法国、美国、中国、日本、古巴、非洲知识产权组织缔约方等；还有少数国家从专利权授权日起算，如澳大利亚、墨西哥、印度等；而德国则是自专利申请次日起算。

二、专利权的终止

专利权的终止是指专利权效力的丧失。终止分正常终止与非正常终止。正常终止是指专利权保护期限届满；非正常终止是指专利权人在专利权保护期限届满前，以书面形式声明放弃专利权，或者专利权人因未履行法定义务而导致专利权提前终止。根据统计，专利权因期限届满而终止的是少数，多数是在期限届满前因其他原因而终止。根据《专利法》第 44 条的规定，专利权在期限届满前终止的原因有两个：一是没有按照规定缴纳年费的；二是专利权人以书面声明放弃其专利权的。

(一) 专利权因未缴纳专利年费而终止

各国专利法都规定专利权人应当缴纳年费或者专利维持费，这是专利权人的一项义务。法律作出这样的规定，可以使专利权人从经济核算的角度放弃一些没有经济效益或者效益不高的专利权。专利权人要想在保护期限届满前保持其专利权的效力，就必须按期缴纳年费，否则，按照权利和义务对等原则，不履行按期缴纳年费的义务就不能继续保持其享受专利保护的权利。我国《专利法》第43条规定："专利权人应当自被授予专利权的当年开始缴纳年费。"授予专利权当年以后的年费应当在上一年度期满前缴纳。考虑到专利权人没有按期限缴纳年费有可能是由于其失误或者某些特殊原因造成的，为慎重对待专利权人的权利，《专利法实施细则》第98条规定了一种补救办法："专利权人未缴纳或者未缴足的，国务院专利行政部门应当通知专利权人自应当缴纳年费期满之日起6个月内补缴，同时缴纳滞纳金；滞纳金的金额按照每超过规定的缴费时间1个月，加收当年全额年费的5%计算；期满未缴纳的，专利权自应当缴纳年费期满之日起终止。"

(二) 专利权因声明放弃而终止

《TRIPS协定》在其序言部分明确规定知识产权具有私权属性，因此，权利人有自主处分其知识产权的权利，其中包括在期限届满之前放弃其知识产权的权利。专利权人申请专利的目的是获取更大的经济利益，因此其会竭力维持专利的有效性。但在有些情况下，由于科学技术的进步，已被新技术替代的专利技术可能会实施困难，无法给权利人带来经济利益，而且还要缴纳逐年递增的专利年费。专利权人出于自身利益的考虑也会自动要求放弃其专利权。一旦专利权人在专利期限届满前以书面声明放弃其专利权，该专利权即终止，由国务院专利行政部门登记和公告。放弃专利权声明的生效日为手续合格通知书的发文日，放弃的专利权自该日起终止。

**三、专利权的无效**

(一) 专利权无效宣告概述

专利权的无效是指自国务院专利行政部门公告授予专利权之日起，任何单位或者个人认为该专利权的授予不符合专利法有关规定的，可以请求国务院专利行政部门宣告该专利权无效的制度。

专利权是由国务院专利行政部门依法批准授予的权利。尽管国务院专利行政部门对专利申请依法进行了审查，但由于各种原因，并不能绝对保证所授予的专利权都符合法律规定的授权条件。特别是对于实用新型和外观设计专利，由于国务院专利行政部门并不对其进行实质审查，难免在以后发现有不符合法定授予专利权条件的情形。为纠正专利申请审查过程中可能发生的失误，提高授权的质量，专利法特别规定了宣告专利权无效的程序，用以取消本来就不应当获得的专利权。

专利权无效与专利权终止不同。专利权终止是指自终止时起专利权失去效力，而专利权无效是指专利权视为自始即不存在。

(二) 请求宣告专利权无效的理由

单位或者个人请求宣告专利权无效时，应当向国务院专利行政部门提交请求书和有关文件，说明所依据的事实和理由。具体来说，提出宣告专利权无效的理由主要有以下几个方面。

1. 被授予专利权的发明创造不属于专利保护的对象和主题

①违反《专利法》第2条的规定，不属于《专利法》所称的发明创造；②按照《专利法》第5条的规定，发明创造违反法律、社会公德或者妨害公共利益，或者属于依赖违法获取或者利用遗传资源完成的发明创造；③违反《专利法》第25条的规定，发明创造属于科学发现、智力活动的规则和方法、疾病的诊断和治疗方法、动物和植物品种、原子核变换方法以及用原子核变换方法获得的物质或者对平面印刷品的图案、色彩或者二者的结合作出的主要起标识作用的设计。

2. 被授予专利权的发明创造不符合《专利法》要求的实质性授权条件

《专利法》第22条第1款规定，授予专利权的发明和实用新型，应当具备新颖性、创造性和实用性。第23条规定，授予专利权的外观设计，应当不属于现有设计；也没有任何单位或者个人就同样的外观设计在申请日以前向国务院专利行政部门提出过申请，并记载在申请日以后公告的专利文件中。授予专利权的外观设计与现有设计或者现有设计特征的组合相比，应当具有明显区别。

### 3. 被授予的专利权属于重复授权

违反了《专利法》第9条所规定的"同样的发明创造只能授予一项专利权"的禁止重复授权原则和先申请原则。

### 4. 被授予专利权的申请文件不符合专利授权的形式要件

①违反《专利法》第26条第3款、第4款,第27条第2款,以及《专利法实施细则》第20条第2款关于申请文件的以下要求:说明书应当充分公开,即说明书应当对发明或者实用新型作出清楚、完整的说明,以所属技术领域的技术人员能够实现为准,提交的有关图片或者照片应当清楚地显示要求专利保护的产品的外观设计;权利要求书应当以说明书为依据,清楚、简要地限定要求专利保护的范围;独立权利要求应当从整体上反映发明或者实用新型的技术方案,记载解决技术问题的必要技术特征。

②违反《专利法》第33条、《专利法实施细则》第43条第1款的规定,对发明和实用新型专利申请文件的修改超出原说明书和权利要求书记载的范围,对外观设计专利申请文件的修改超出原图片或者照片表示的范围。

### 5. 违反保密审查程序

根据《专利法》第19条第1款、第4款的规定,任何单位或者个人将在中国完成的发明或者实用新型向外国申请专利的,应当事先报经国务院专利行政部门进行保密审查;违反该程序要求向外国申请专利的发明或者实用新型,在中国申请专利的,不授予专利权。

## (三) 无效宣告请求的审查程序

无效宣告程序是专利公告授权后依当事人请求而启动的、通常由双方当事人参加的程序。专利复审委员会对宣告专利权无效的请求应当依据下列程序及时审查和作出决定,并通知请求人和专利权人。

### 1. 无效宣告请求的形式审查

专利复审委员会收到无效宣告请求书后,应当进行形式审查,并作出受理或者不予受理的决定。形式审查的内容包括无效宣告请求的客体、请求人的资格、请求范围以及理由和证据、文件形式、费用及委托手续等。

### 2. 无效宣告请求的合议审查

对于极少数简单的案件,可以由一人独任审查。一般情况下,应当由3人或5人组成的合议组负责审查。复审程序是因申请人对驳回决定不服而启动的救济程序，同时也是专利审批程序的延续，因而一般仅针对无效请求人提出的无效范围、无效理由和提交的证据进行审查，不承担全面审查专利有效性的义务。针对不同情形，专利复审委员会可以直接作出审查决定，或者通过口头审理结案，或者通过书面审理与口头审理相结合的方式审理结案等。

3. 作出审查决定

经专利复审委员会审查后，会作出以下几种审查决定：宣告专利权全部无效；宣告专利权部分无效；维持专利权有效。宣告专利权无效的决定，由国务院专利行政部门登记和公告。审查决定的构成：审查决定的著录项目、法律依据、决定要点、案由、决定的理由、结论、附图。

4. 司法救济程序

对专利复审委员会宣告专利权无效或者维持专利权的决定不服的，可以自收到通知之日起 3 个月内，以专利复审委员会为被告，向人民法院起诉。由于人民法院对案件的处理结果与无效宣告请求程序的对方当事人有利害关系，人民法院应依法通知无效宣告请求程序的对方当事人作为第三人参加诉讼。如果当事人在规定的时间内没有起诉，专利复审委员会的审查决定即发生效力。

5. 无效宣告程序的终止

请求人在专利复审委员会对无效宣告请求作出审查决定之前，当事人撤回其无效宣告请求的，或者其无效宣告请求被视为撤回的，或者请求因不符合受理条件而被驳回请求的，或者放弃该专利权的，或者当事人未在收到该审查决定之日起 3 个月内向人民法院起诉的，或者人民法院生效判决维持该审查决定的，无效宣告程序终止。

(四) 无效宣告决定的效力

无效宣告的决定，在一般情况下有溯及既往的效力，即宣告无效的专利权视为自始即不存在。但在以下法定的特殊情况下，对某些法律行为无溯及既往的效力：①对在宣告专利权无效前人民法院作出并已执行的专利侵权的判决、调解书，不具有追溯力；②对在宣告专利权无效前已经履行或者强制执行的专利侵权纠纷处理决定，不具有追溯力；③对在宣告专利权无效前已经履行的专利实施许可合同和专利权转让合同，不具有追溯力。但是，因专利权人恶意给他人造成的损失，应当给予赔偿。依照前款规定不返还专利侵权赔偿金、专利使用费、专利权转让费，明显违反公平原则的，应当全部或者部分返还。

## 第三节 专利权的法律保护

### 一、专利侵权行为的认定

(一) 专利权保护范围的确定

专利权的保护范围就是专利权法律效力所及的范围。与其他侵权行为的判定相比，专利侵权行为的判定非常有特色，即必须首先对专利权保护范围进行准确的划定。物权侵权行为一般指向有体物，有一个实实在在的有体物作为标靶，理解起来会相对简单。而对于专利权，其客体是无形的，是一种技术方案或设计，技术方案或设计究竟是什么样的，是难以通过对专利产品的观察得出客观、稳定的结论的。因此，只有先明确技术方案或设计是什么，以及专利权人对什么样的技术方案或设计享有权利，才能有判断他人行为是否侵权的客观基础。专利权保护范围的确定就是对专利的技术方案或设计是什么予以明确的过程。因此，确定专利权的保护范围是判定专利侵权的重要的第一步。

1. 权利要求书、外观设计的照片或图片的作用

申请发明、实用新型专利时，申请人必须提交权利要求书，申请外观设计专利时，必须提交照片或图片。权利要求书的内容包括独立权利要求和从属权利要求，独立权利要求记载了发明或实用新型的必要技术特征，从属权利要求记载了附加技术特征，这些"特征"的集合就构成了发明或实用新型的技术方案。照片或图片一般是由多角度的若干张照片或图片组成的，这些照片或图片组合到一起就对外观设计做了全维度的反映。权利要求书用语言文字的方式将发明、实用新型的技术方案表述出来、记载下来，使"技术方案"这一抽象的客体变得具象，且能为人所感知。照片或图片用平面影像的方式将产品外观的设计表现出来，使"设计"也能为人所感知。

在专利申请阶段，申请人提交权利要求书、照片或图片，对其主张权利的客体进行描述，一旦获得授权，权利要求书、照片或图片中的记载和描述就成为界定技术方案和设计的主要依据。权利要求书、照片或图片通过语言文字、平面影像的表述与记载，将抽象的技术方案与设计予以固定，不容专

利权人在发生侵权时对其作随意描述。如果没有权利要求书、照片或图片,那么专利权客体的界定就没有一个具体且固定的答案,发生侵权时,只能依靠当事人或法官各自的解读,这种解读往往是各执一词的,在这种情况下作出裁判对任何一方都是不公平的。权利要求书、外观设计的照片或图片使抽象、不确定的专利权客体在最大程度上变得具象和固定。

2. 确定专利权保护范围的方法

外观设计专利权保护范围的确定以其申请授权时提交的照片或图片为准,照片或图片比较直观,一般不存在难以具体界定的问题,而对于发明和实用新型专利而言则复杂得多。权利要求书用文字表述的方法描述发明创造的技术特征,而任何文字表述均具有不周延性,这使文字表述均需面临如何解释的问题。解释方法不同,就会得出不同的保护范围,不同的解释方法也即不同的确定专利权保护范围的方法。从历史发展的角度看,主要有三种解释方法:中心限定原则、周边限定原则以及折中原则。

(1) 中心限定原则

中心限定原则是指以权利要求书所记载的内容为核心,全面考虑发明创造的目的、性质以及权利要求书、说明书等,来确定专利权保护范围的原则。

适用中心限定原则时,要全面考虑发明创造的目的、性质以及权利要求书、说明书等,因此必然会超出权利要求书的内容,对专利权的保护范围作出不合理的扩大化解释。虽然中心限定原则在效果上较好地覆盖了专利方案的实质技术特征,因此适用这种原则能够比较充分地保护专利权人的利益,但这种扩大化的解释会造成专利权的保护界限模糊。公众在阅读专利的权利要求书之后,可能无法确切地知道专利的保护范围,不能确定哪些行为构成专利侵权,哪些行为不构成专利侵权。在专利制度发展初期,由于以保护私权为本位,所以该原则曾备受重视。

(2) 周边限定原则

周边限定原则是指将专利权的权利范围严格限定在其权利要求书文字所记载的字面内容以内的原则。

周边限定原则就是严格地以权利要求书的字面表述为依据来确定专利权的保护范围,不得作任何扩大化解释。其好处在于可以使专利权的保护范围一目了然,能让社会公众对此明明白白,但适用这一原则要求申请人在撰写权利要求书的时候要绝对缜密和周延,将所有实质性技术特征都表述清楚,而事实上这是不可能做到的。申请人若稍有疏忽,多写了一个不必要的技术特征，或对技术特征表述得过于具体，就会导致专利权的范围大大缩小。

(3) 折中原则

折中原则是指以权利要求书的内容确定专利权的保护范围，并用说明书和附图来解释权利要求书的原则。用折中原则划定专利权的保护范围仍以权利要求书的内容为准，但又不完全拘泥于权利要求书的文字表述，可以依据说明书或附图对权利要求书进行解释，从而避免因撰写权利要求书时的不周延造成权利保护范围缩小。在运用这种原则划定专利权的保护范围时，要根据权利要求书的记载，结合本领域普通技术人员阅读说明书及附图后对权利要求的理解进行划定。

(二) 判断专利侵权的原则

确定了专利权的保护范围后，就要将被控侵权物的技术特征与专利的技术特征进行比较。实务中，应先将被控侵权物的技术特征抽象和归纳出来，然后与专利的必要技术特征进行对比，判断被控侵权物的技术特征是否与专利的独立权利要求相同或实质相同，若相同或实质相同，即认为被控侵权物的技术方案落入专利权的保护范围，构成侵权。判断专利侵权的原则即判断被控侵权物的技术方案是否落入专利权保护范围的方法。

1. 判断发明、实用新型专利侵权的原则

(1) 技术特征完整对待原则

技术特征完整对待原则要求将专利权利要求书中的必要技术特征的前序部分和特征部分作为一个整体来对待，即应当将专利独立权利要求中记载的全部技术特征所表达的技术内容作为一个整体看待，记载在前序部分的技术特征和记载在特征部分的技术特征，对于限定专利保护范围具有相同的作用。进行侵权判定时，应当将专利权利要求中记载的技术方案的全部必要技术特征与被控侵权物的全部技术特征逐一进行对应比较。一般不直接将专利产品与被控侵权物进行侵权对比，但专利产品可以用于帮助理解有关技术特征和技术方案。

(2) 全面覆盖原则

全面覆盖是指被控侵权物将专利权利要求中记载的技术方案的必要技术特征全部再现，被控侵权物的技术特征与专利独立权利要求中记载的全部必要技术特征一一对应并且完全相同。全面覆盖原则即指如果被控侵权物的技术特征包含了专利权利要求中记载的全部必要技术特征，则被控侵权物的技术特征落入专利权的保护范围，构成侵权。

（3）等同原则

等同原则是指被控侵权物中有一个或者一个以上的技术特征经与专利独立权利要求保护的技术特征相比，虽然从字面上看不相同，但经过分析可以认定两者是等同的技术特征，在此情况下，应当认定被控侵权物的技术特征落入专利权的保护范围，构成侵权。例如一项专利，其权利要求为：一种柴油发动机驱动的插秧机，其特征在于发动机通过一组齿轮给插秧杆传递动力，驱动插秧部件工作。被控侵权物的结构为发动机通过传动带给插秧杆传递动力，驱动插秧部件工作。虽然被控侵权物缺少齿轮传动的技术特征，运用全面覆盖原则判断并不侵权，然而齿轮传动与传动带传动并无实质区别，此替代方法是任何一个该领域的普通技术人员都能联想到的，因此构成等同替换，运用等同原则判定为侵权。运用等同原则的关键是要对等同特征进行判断，判断时应把握两个准则：其一，被控侵权物中的技术特征与专利权利要求的相应技术特征相比，以基本相同的手段，实现基本相同的功能，产生了基本相同的效果；其二，这种技术特征的替换，对该专利所属领域的普通技术人员来说，通过阅读专利权利要求和说明书，无须经过创造性劳动就能够联想到，即具有显而易见性。

（4）禁止反悔原则

禁止反悔原则是指专利申请人和专利权人在专利授权或无效程序中，为满足专利法的要求而通过书面声明或者记录在案的陈述，对发明或者实用新型专利权利要求的保护范围所作的任何放弃、限制、修改、承诺，均不得反悔，禁止在专利侵权行为判定中将这些已经被放弃、限制的内容重新纳入专利权的保护范围。在专利审查或无效程序中，专利申请人或专利权人为保证其专利具备新颖性和创造性，往往通过修改专利文件或者书面声明的方式，对专利权利要求的保护范围作限制承诺或部分地放弃保护，并因此获得了专利权或者维持了专利权。而在专利侵权诉讼中，应当禁止专利权人将已经放弃的内容通过等同原则的适用再次纳入专利权的保护范围。禁止反悔原则是对等同原则的限制性规定，在适用时应较等同原则优先。

（5）多余指定原则

多余指定原则的本质是如何正确运用折中原则划定专利权的保护范围。判断独立权利要求中的某个技术特征是否属于多余特征，应当结合说明书及附图中记载的该技术特征在实现发明的目的，解决技术问题的功能、效果，以及专利权人在专利审批或者无效程序中所作出的涉及该技术特征的陈述，进行综合分析判定。

2. 判断外观设计专利侵权的方法

在与外观设计专利产品相同或者相近种类的产品上，采用与授权外观设计相同或者近似的外观设计的，应当认定被控侵权设计落入外观设计专利权的保护范围，构成外观设计专利侵权。外观设计专利权的保护范围以表示在图片或者照片中的该专利产品的外观设计为准，对外观设计的简要说明可以用于解释该外观设计。

(三) 对专利侵权的抗辩

专利侵权诉讼中，被控侵权人可以提出多种针对专利侵权告诉的抗辩，以获得不侵权的裁判结果。抗辩理由成立的，被控侵权人不构成专利侵权。这些抗辩有不侵权抗辩，不视为侵权的抗辩，现有技术、设计抗辩等。其中，不侵权抗辩是指在诉讼过程中，被控侵权人提出其行为并非专利权人可控制的行为或者其实施的技术方案或设计并未落入专利权保护范围的抗辩。不视为侵权抗辩是指在诉讼过程中，被控侵权人认为其实施行为属于《专利法》规定的不视为专利侵权行为的抗辩。

我国《专利法》第67条规定："在专利侵权纠纷中，被控侵权人有证据证明其实施的技术或者设计属于现有技术或者现有设计的，不构成侵犯专利权。"此即对现有技术、设计抗辩的规定。现有技术和设计是指在申请日前为国内外公众所知的技术和设计。按常理，申请专利的技术方案或设计如果属于现有公知范畴，则不满足新颖性要件，不应获得专利的授权。但因我国对实用新型专利及外观设计专利申请不进行实质审查，或因对发明专利申请进行审查时出现失误，便会出现对并不具备新颖性的发明创造授予专利权的情形。此情形下，可通过无效宣告程序使错误授予的专利权归于消灭。但在宣告无效前，若当事人已就该专利产生侵权纠纷并诉诸法院，则法院仍应受理。当被控侵权人有证据证明其实施的技术或者设计属于现有技术或设计时，人民法院可径行判决其实施行为不构成侵权。但是，人民法院无权对专利权的效力状态直接作出裁判，专利权的效力状态如何只能通过无效宣告程序予以确定。

## 二、侵犯专利权的法律责任

### (一) 民事责任

#### 1. 停止侵害

我国《专利法》第65条规定，认定侵权行为成立的，可以责令侵权人立即停止侵权行为。停止侵害责任的适用乃基于知识产权请求权，无须考虑侵权人的主观心理状态，即无论侵权人主观上是否有过错，只要其做出侵权行为，均应承担停止侵害的责任。

#### 2. 赔偿损失

(1) 损失赔偿额的确定

我国《专利法》第71条规定："侵犯专利权的赔偿数额按照权利人因被侵权所受到的实际损失或者侵权人因侵权所获得的利益确定；权利人的损失或者侵权人获得的利益难以确定的，参照该专利许可使用费的倍数合理确定。对故意侵犯专利权，情节严重的，可以在按照上述方法确定数额的一倍以上五倍以下确定赔偿数额。权利人的损失、侵权人获得的利益和专利许可使用费均难以确定的，人民法院可以根据专利权的类型、侵权行为的性质和情节等因素，确定给予三万元以上五百万元以下的赔偿。"权利人因被侵权所受到的损失可根据专利权人的专利产品因侵权所造成销售量减少的总数乘以每件专利产品的合理利润所得之积计算。权利人销售量减少的总数难以确定的，侵权产品在市场上销售的总数乘以每件专利产品的合理利润所得之积可以视为权利人因被侵权所受到的损失。侵权人因侵权所获得的利益可以根据该侵权产品在市场上销售的总数乘以每件专利产品的合理利润所得之积计算。侵权人因侵权所获得的利益一般按照侵权人的营业利润计算，对于完全以侵权为业的侵权人，可以按照销售利润计算。

人民法院根据权利人的请求以及具体案情，可以将权利人因调查、制止侵权所支付的合理费用计算在赔偿数额范围之内。专利侵权赔偿数额计算方式的适用第一序位为权利人的损失，第二序位为侵权人的收益，第三序位为专利许可费的合理倍数，第四序位为法定赔偿。

(2) 对专利侵权损害赔偿责任的抗辩

①善意侵权抗辩。我国《专利法》第77条规定："为生产经营目的使用、许诺销售或者销售不知道是未经专利权人许可而制造并售出的专利侵权产品，能证明该产品合法来源的，不承担赔偿责任。"专利侵权产品的使用者、许诺

销售或者销售者只要能证明其产品具有合法来源，即可不承担赔偿责任。善意侵权抗辩应满足以下条件：①抗辩适用的主体只能是使用者、许诺销售或销售者，制造者和进口者均不适用。只要未经许可以生产经营为目的制造或进口专利产品，制造者、进口者即应承担赔偿损失的侵权责任。②侵权行为人不知道也不应当知道其使用、许诺销售或销售的产品为侵权产品。若侵权行为人能证明产品是从合法途径获得的，例如是通过正常的购销渠道和以正常的价格获得的，即可认定为"善意"。③侵权行为人虽免于承担赔偿责任，但仍应承担停止侵害的责任。

②诉讼时效抗辩。侵犯专利权的诉讼时效为3年，自专利权人或者利害关系人知道或者应当知道侵权行为之日起计算。权利人超过3年起诉的，如果侵权行为在起诉时仍在继续，在该项专利权有效期内，人民法院应当判决被告停止侵权行为，侵权损害赔偿数额应当自权利人向人民法院起诉之日起向前推算3年计算。基于知识产权请求权主张的停止侵害专利权诉请不适用诉讼时效的限制，只要侵权行为仍然存在，即应判决停止侵权。而基于损害赔偿请求权提出的赔偿损失诉请应受到诉讼时效的限制。在侵权行为一直持续的状态下，自起诉之日向前推算的3年期间内的损失赔偿请求仍在诉讼时效内，可获得支持。超过3年诉讼时效的损失额部分，权利人已丧失胜诉权，该部分损失赔偿不应得到人民法院的支持。

### （二）行政责任

#### 1. 未经许可实施专利侵权行为的行政责任

发生专利侵权时，专利权人可向专利行政部门提出保护请求。专利行政部门通过立案调查认定构成专利侵权的，应追究侵权人的行政责任。未经许可实施专利侵权行为的行政责任方式只有责令停止侵权行为。对专利行政部门的处理不服的，可向人民法院提起行政诉讼。专利行政部门还可应当事人的请求就专利侵权赔偿数额进行调解，调解不具有强制执行力，如调解不成或对调解反悔的，权利人可向人民法院提起民事诉讼。

#### 2. 假冒专利行为的行政责任

实务中，行为人在产品或包装上违法标注专利号码，如果该专利号码恰巧真实存在，则构成假冒他人专利；如果不存在，则构成冒充专利。在此情形下，构成何种行为往往是由偶然因素决定的，在课以行政责任的时候，区分二者的意义并不大。《专利法实施细则》第84条具体规定了五种假冒专利行为：①在未被授予专利权的产品或者其包装上标注专利标识，专利权被宣告无效后或者终止后继续在产品或者其包装上标注专利标识，或者未经许可在产品或者产品包装上标注他人的专利号；②销售第①项所述产品；③在产品说明书等材料中将未被授予专利权的技术或者设计称为专利技术或者专利设计，将专利申请称为专利，或者未经许可使用他人的专利号，使公众将所涉及的技术或者设计误认为是专利技术或者专利设计；④伪造或者变造专利证书、专利文件或者专利申请文件；⑤其他使公众混淆，将未被授予专利权的技术或者设计误认为是专利技术或者专利设计的行为。假冒专利的，除依法承担民事责任外，由管理专利工作的部门责令改正并予以公告，没收违法所得，可以并处违法所得5倍以下的罚款；没有违法所得或者违法所得在5万元以下的，可以处25万元以下的罚款。对有证据证明是假冒专利的产品，可以查封或者扣押。

(三) 刑事责任

涉及专利的刑事罪名仅有假冒专利罪。《中华人民共和国刑法》（以下简称《刑法》）第216条规定："假冒他人专利，情节严重的，处三年以下有期徒刑或者拘役，并处或者将单处罚金。"根据《最高人民法院、最高人民检察院关于办理侵犯知识产权刑事案件具体应用法律若干问题的解释》以及《最高人民检察院、公安部关于公安机关管辖的刑事案件立案追诉标准的规定（二）》的有关规定，具有以下情形之一的，即为"情节严重"：①非法经营数额在20万元以上或者违法所得数额在10万元以上的；②给专利权人造成直接经济损失50万元以上的；③假冒两项以上他人专利，非法经营数额在10万元以上或者违法所得数额在5万元以上的；④其他严重的情形。

### 三、专利纠纷及其处理

(一) 专利纠纷的种类

专利纠纷是指在专利申请、审查过程和专利授权后，因专利权的行使、维护、转让所发生的纠纷。若按发生时间标准，专利纠纷可分为专利授权前的纠纷和专利授权后的纠纷；若按处理方式标准，则可分为诉讼专利纠纷和非诉讼专利纠纷。诉讼专利纠纷是指交由司法机关审理的专利纠纷；而交由专利行政管理机关处理的纠纷则属于非诉讼专利纠纷。若以纠纷的实质性内容为标准，又可分为专利申请权权属纠纷，专利权权属纠纷，侵害发明专利权纠纷，侵害实用新型专利权纠纷，侵害外观设计专利权纠纷，假冒他人专利纠纷，发明专利临时保护期使用费纠纷，职务发明创造发明人、设计人奖励、报酬纠纷，发明创造发明人、设计人署名权纠纷，共同发明人的专利纠纷，许可证合同纠纷等。

1. 专利申请权权属纠纷

专利申请权权属纠纷是指当事人对谁有权申请专利产生争议而引发的纠纷。它具体包括：①职务发明创造与非职务发明创造的认定纠纷；②发明人与设计人的认定纠纷；③合作发明与委托发明的认定纠纷。涉及专利申请权权属纠纷，当事人既可请求专利管理机关调解处理，也可直接向人民法院起诉。

2. 专利权权属纠纷

专利权权属纠纷是指发明创造被授予专利权后，当事人之间就谁应当是真正的专利权人发生争议而引起的纠纷。常见的专利权权属纠纷有：①是职务发明还是非职务发明的纠纷；②对某项专利权是否属于共有而产生的纠纷；③专利权无效请求人或专利权人对国务院专利行政部门宣告维护专利权或宣告专利权无效的决定不服而产生的纠纷。涉及专利权权属纠纷，当事人既可请求专利管理机关调解处理，也可直接向人民法院起诉。

3. 专利合同纠纷

专利许可和转让贸易是技术贸易的一种主要形式，它是贸易双方通过签订书面专利许可合同或转让合同而进行的一种技术贸易。通过签订专利许可合同或转让合同，被许可方取得在一定范围、一定时间实施专利的权利，而受让方则直接取得专利权。在专利合同的订立或履行过程中，可能出现合同不成立或不能履行、不能完全履行的情况，此时就产生了专利合同纠纷。对于专利合同纠纷，双方当事人可依据达成的仲裁协议或仲裁条款请求仲裁机构裁决，没有仲裁协议或条款的，可直接向人民法院起诉。

4. 专利侵权纠纷

专利侵权纠纷是指因未经专利权人许可，违法实施专利而引发的纠纷。我国现行《专利法》对专利权人规定了如下救济措施：①由专利权人或利害关系人和侵权人进行协商；②若当事人不愿协商或协商不成，则专利权人或利害关系人可以请求管理专利工作的部门处理；③若当事人不愿协商或协商不成，则专利权人或利害关系人可以向人民法院起诉。由此表明，我国对专利侵权纠纷实行特有的行政保护和司法保护双重保护体系，即"双轨制"。

(二) 专利诉讼的特殊问题

1. 诉前禁令

我国《专利法》第72条规定："专利权人或者利害关系人有证据证明他人正在实施或者即将实施侵犯专利权、妨碍其实现权利的行为，如不及时制止将会使其合法权益受到难以弥补的损害的，可以在起诉前向人民法院申请财产保全、责令作出一定行为或者禁止作出一定行为的措施。"

专利权人或利害关系人在提出申请时，应当提交下列证据：证明其专利权真实有效的文件，包括专利证书、权利要求书、说明书、专利年费缴纳凭证；利害关系人应当提供有关专利实施许可合同及其在国务院专利行政部门备案的证明材料，未经备案的应当提交专利权人的证明，或者证明其享有权利的其他证据。排他实施许可合同的被许可人单独提出申请的，应当提交专利权人放弃申请的证明材料。专利财产权利的继承人应当提交已经继承或者正在继承的证据材料；提交证明被申请人正在实施或者即将实施侵犯其专利权的行为的证据，包括被控侵权产品以及专利技术与被控侵权产品技术特征的对比材料等。

2. 管辖权

《最高人民法院关于第一审知识产权民事、行政案件管辖的若干规定》（法释〔2022〕13号）第1条规定，"发明专利、实用新型专利、植物新品种、集成电路布图设计、技术秘密、计算机软件的权属、侵权纠纷以及垄断纠纷第一审民事、行政案件由知识产权法院，省、自治区、直辖市人民政府所在地的中级人民法院和最高人民法院确定的中级人民法院管辖。法律对知识产权法院的管辖有规定的，依照其规定"。第2条规定，"外观设计专利的权属、侵权纠纷以及涉驰名商标认定第一审民事、行政案件由知识产权法院和中级人民法院管辖；经最高人民法院批准，也可以由基层人民法院管辖，但外观设计专利行政案件除外。本规定第一条及本条第一款规定之外的第一审知识产权案件诉讼标的额在最高人民法院确定的数额以上的，以及涉及国务院部门、县级以上地方人民政府或者海关行政行为的，由中级人民法院管辖。法律对知识产权法院的管辖有规定的，依照其规定"。

## 第四节　人工智能算法的专利保护

人工智能是人类社会的伟大发明，但其也带来了巨大的社会风险，可能是"技术—经济"决策导致的风险，也可能是法律保护的科技文明本身带来的风险，这一社会风险具有共生性、时代性、全球性的特点。同时，人工智能革命给当下的法律规则和法律秩序带来了一场前所未有的挑战[1]。

### 一、人工智能技术发明的内涵阐释

人工智能（artificial intelligence）是指数字计算机或受计算机控制的机器人执行具有智能性任务的能力。人工智能的"人工性"体现在与一般的科学技术相比，其与"人"的相似程度更高、关联程度更为紧密。人工智能的"智能性"相对于人类的"智慧性"而言，是指这种由人制造出来的机器所表现出来的智能可能能够建构与人类相似甚至超卓的推理、知识、规划、学习、交流、感知、移物、使用工具和操控机械的能力。德勤发布的2019年《全球人工智能发展白皮书》显示，人工智能自1956年被提出以来，经历了三个阶段，这三个阶段同时也是算法和研究方法更迭的过程。第一阶段，人工智能技术以逻辑学为主导，试图通过计算机实现机器化的逻辑推理证明，但最终难以实现；第二阶段，人工智能技术试图构建基于计算机的专家系统，但因数据较少且太局限于经验知识和规则而难以实现；第三阶段，由于计算力和数据量大幅提升，人工智能技术在机器学习，特别是神经网络主导的深度学习领域获得极大突破，人工智能技术步入快速发展期。

对人工智能技术发展的评判在很大程度上以人类的能力为参照系。若将人工智能的水平与人类相比，大致可以分为弱人工智能时代和强人工智能时代。弱人工智能时代是指人工智能技术作为创造工具协助人类进行发明创造，其具有推理和解决问题的能力，但并不具备自主意识；强人工智能时代是指人工智能技术能够超出人类思想的框架独立完成发明创造。弱人工智能技术在发明创造中的使用已经成为"正在发生的历史"，强人工智能的出现则尚需时日。学界根据人工智能技术应用的表现形式，从人工智能技术在应用过程中从抽象到具体的程度出发，将人工智能发明分为三类：一是人工智能算法，

---

[1] 王翀. 人工智能算法可专利性研究 [J]. 政治与法律，2020（11）：11.

即基于数据和代码,并根据某种数学模型而设计的、通过计算机程序运行的、有步骤的运算方案;二是功能性的应用,即人工智能作为创造工具,在创造过程中处于次要、辅助地位,对发明创造成果的呈现作用较小,具有代表性的是图像视觉技术、语音识别技术、人工智能教育;三是人工智能技术在其他领域的应用,此种发明成果是人工智能技术与其他领域技术相结合的应用成果,其具体性最强、认可度最高,如无人驾驶技术、人工自适应学习技术。

人类的生产生活因人工智能技术而发生了巨大的改变,现行法律规范也因此受到了挑战和冲击。在专利法领域,对于人工智能的功能性的应用、人工智能技术在其他领域的应用和发明,因为其以技术方法、工艺流程、技术产品等为载体或者表现形态,尚不足以对现行的法律规则形成挑战和冲击;对于人工智能算法,其是人工智能最本质、最抽象的应用,就目前阶段而言,虽然作为强人工智能独立开发完成的发明创造尚未出现,但是,以算法为特征之一而居于重要地位所产生的发明创造已经大量出现,其是否具有可专利性,即其是否属于专利权的客体,因算法的抽象性、智能性而颇具争议,争议的本质是如何分析和回答人工智能算法是否属于专利法保护的对象。在现行著作权法的基础上,将人工智能的算法核心之一的代码作为专利权的客体并无任何障碍,专利法可以对人工智能算法不做调整。然而,人工智能的核心除了代码以外,还包括各种数据,而著作权法保护的只是与其他代码有实质性差异的代码,其并不保护代码的运行、运用方案。因此,分析和回答人工智能算法是否属于专利法保护的对象及其相关问题,决定了是否可以发挥专利法内在的"制度机能",以弥补其他知识产权法对人工智能算法保护路径的不足,并以此激励算法技术的发展,具有积极意义。

**二、人工智能技术发明的可专利性客体**

(一)人工智能技术发明是否属于专利法排除客体

人工智能算法是人工智能技术的核心,算法作为人工智能的底层逻辑,是产生人工智能的直接工具。目前,专利国际法规范和各国专利法一般均明确地将"智力活动的规则和方法"排除在专利权客体之外,同时,根据其确定的发明、实用新型、外观设计三大类专利客体所内含的针对产品、生产的方法的技术方案和新设计的本质要素,属于"抽象的思想""计算机的语言与计算规则""计算机程序本身"等非针对产品、生产的技术方案性质的抽象化的设想、客观事物规律性发现等活动和物质,显然不属于专利法所调整的专利权客体,不具有可专利性。针对人工智能算法的可专利问题,需要深入分析的是,人工智能算法在本质上是否属于专利法中规定的"智力活动的规则和方法""抽象的思想""计算机的语言与计算规则""计算机程序本身"等不具有可专利性的客体。

1. 人工智能算法是否属于"智力活动的规则和方法"

在专利法领域,可能被授予专利权的新的技术方案也称为"可专利主题"。我国《专利法》对"可专利主题"的范围,采取了"原则+例外"的立法模式。我国《专利法》第2条第2款规定:"发明,是指对产品、方法或者其改进所提出的新的技术方案。"该条明确了专利权的可授予对象是技术方案,结合专利授权标准要求发明具有"新颖性""实用性"和"创造性",那么只要是符合该"三性"要求的技术方案就能获得专利授权吗?答案是否定的。我国《专利法》第25条明确了专利授权的排除或例外情形,其中,最易成为人工智能算法可专利性限制的一项是"智力活动的规则和方法"。根据国家知识产权局2020年《专利审查指南》的相关解释,"智力活动的规则和方法"是指导人们进行思维、表述、判断和记忆的规则和方法。将其排除在可专利主题之外的原因在于,智力活动源于人的思维,没有采用技术手段或者利用自然规律,也没有解决技术问题和产生技术效果,属于抽象思想的范畴。专利法区分抽象思想和技术方案,对后者加以保护,将前者排除在其保护范围之外。然而,这并不意味着包含"智力活动的规则和方法"必然不具有可专利性。

就人工智能算法而言,很难说算法与智力活动的规则、方法毫无关联,但其与人类思维活动存在本质区别,既非人类思维活动的替代,亦非人类思维活动的纯粹延伸。专利法上的"智力活动的规则和方法"属于抽象思想的范畴,不结合具体的发明创造实践和应用。现行的专利法客体审查原则将技术方案与抽象思想相区分所依赖的重要标准是"物理性利用",这使得现实世界的事物在物理状态上发生改变的方法不能归于抽象思想。人工智能算法一般是技术人员利用某种数学模型而设计的有步骤的运算方案,在利用计算机运行之前,人工智能算法就作为独立且抽象的方案存在于人的脑海中。人工智能算法的设计大多与数学法则息息相关,这也使其容易被归为数学法则而被排除在可专利性客体之外,但是与数学法则相关,只能从本质上体现人工智能算法是人类对自然规律的具体运用,不能与数学法则等同。任何一种人工智能算法都是由技术人员设计并按照特定程序操纵着计算机进行连贯的程序步骤,其运行的路径和结果也在技术人员的设计范围之内。因此,人工智能算法体现了智力活动的规则与方法,但不属于进行独立的智力活动,也不能生成独立的规则。人工智能算法生成技术方案是人类对自然规律的利用过程,目的是采用技术手段解决技术问题并产生技术效果。正如有学者所言:"程序算法依然对现实世界的物理因素(计算机)有着直接的依赖,也正是因为有这种物质依赖保证程序算法在本质上是操作现实世界里存在的机器的方法,而不是抽象的思想规则。"①

在厘清人工智能算法与"智力活动的规则和方法"的本质区别之后,就可以明确,人工智能算法如果要成为专利申请、审查、获得专利授权的可专利客体,并没有触及专利权排除抽象思维的基本原则,将可专利客体涵盖人工智能算法也并不意味着专利法放弃抽象思想不能申请专利的基本要求和规则。"智力活动的规则和方法"不能成为人工智能算法可专利性的限制。

2. 人工智能算法是否属于"涉及计算机程序的发明"

《专利审查指南》对"智力活动的规则和方法"予以举例说明,其中计算机的语言及计算规则、计算机程序本身被认为仅涉及智力活动的规则与方法,不应当被授予专利权。在厘清人工智能算法与"智力活动的规则和方法"之间的界限后,有必要探讨专利审查中对"涉及计算机程序的发明"的限制是否影响人工智能算法的可专利性。涉及计算机程序的发明专利是否能够成为专利权客体,一直是专利法领域争议颇多的问题,专利法对涉及计算机程序的发明专利一直持保守态度。在美国的 Benson 案中,程序背后的算法被视为抽象思想。我国专利法将计算机的语言及计算规则、计算机程序本身排除在专利权客体之外。随着软件行业的发展,与软件有关的专利权保护的需求日渐增长,专利法在发展过程中开始接纳部分与计算机程序相关的发明成为专利权客体。涉及计算机程序的发明专利申请一般分为两个部分,一部分属于"智力活动的规则和方法",这部分被排除在专利权客体之外;另一部分则可适用《专利审查指南》第二部分第九章"关于涉及计算机程序的发明专利申请审查的若干规定"。

人工智能算法的执行离不开计算机程序,但其不同于计算机程序本身。《专利审查指南》中的"计算机程序本身"是包括源程序和目标程序在内的

---

① 崔国斌. 专利法上的抽象思想与具体技术:计算机程序算法的客体属性分析 [J]. 清华大学学报(哲学社会科学版), 2005, 20 (3):45.

可以由计算机执行的代码化指令序列,而人工智能算法是指一种有限的、确定的、有效的,并适合计算机程序所采用的智慧处理器完成特定任务的一系列方法与步骤。《专利审查指南》中所说的"涉及计算机程序的发明"是指为解决发明提出的问题,全部或部分以计算机程序处理流为基础,通过计算机执行按流程编制的计算机程序,对计算机外部对象或者内部对象进行控制或处理的解决方案。"涉及计算机程序的发明"在权利要求中如果仅涉及算法,则不属于专利法保护的对象和专利权的客体;如果它既包含算法又包含技术特征,就整体而言不排除获得专利权的可能性。如前所述,强人工智能时代是否能够到来尚不确定,也有学者认为:"以强人工智能的出现作为讨论人工智能挑战专利制度问题的基础,以人工智能具有自我意识、独立从事发明创造的能力作为研究可专利性问题的起点,则缺乏现实意义。"① 当前人工智能技术发展正处于弱人工智能时代,一项发明专利申请在权利要求中除主题名称之外,对其进行限定的全部内容并不仅仅涉及人工智能算法。因此,人工智能算法既因不同于"计算机程序本身"而不应被排除在可专利主题之外,又因其属于涉及"算法+技术"的计算机程序而具有获得专利权的可能性。

(二) 专利法原理是否对人工智能发明构成限制

专利法律制度鼓励在先专利权人利用已有的知识进行发明创造,而后给予该项发明创造一定期限的垄断性保护的权利,其他人不得对已被授予专利权的发明创造随意使用,除非获得专利权人的授权。这样,在未来,人工智能算法将继续主导人工智能革命的走向,作为推动人类科学技术进步的知识性主题,其应用性、惠民性会受到一定的影响,因此,对于将人工智能算法纳入可专利主题范围问题的分析,除了从本体考察其是否属于实定法上的可专利主题之外,还应从专利法的立法宗旨、立法政策价值的角度分析其是否属于实定法上的可专利主题。

首先,值得分析的是,专利法不鼓励与抽象思想和基础科学理论相关的发明创造进行专利垄断是否对人工智能算法可专利性构成限制。全球专利布局中,尽管各国都力求在人工智能领域处于领先地位,但各国有共识地将一些属于抽象思想和基础科学理论的发现排除在专利授权范围之外。在我国,

---

① 王迁. 如何研究新技术对法律制度提出的问题?:以研究人工智能对知识产权制度的影响为例[J]. 东方法学,2019 (5):25.

科学发现、智力活动的规则和方法被列为专利授权客体的例外。在弱人工智能背景下，人工智能难以成为专利权客体，几乎所有的发明创造都是对自然规律、自然现象的利用，如果专利法对属于公共领域的自然规律、自然现象予以垄断，势必会导致过度保护。社会普遍认为人类思想领域应该保持自由开放。思想自由与保护发明创造具有同样重要的价值。专利法禁止对思想提供专利保护是为了防止专利权人利用专利法限制其他人利用思想规则，以保持专利法保护范围不过于宽广。人工智能算法的专利授权在坚持"适度原则"的前提下，并不会对人工智能领域的思想自由造成阻碍。目前人工智能领域的基础算法类专利凤毛麟角，各国也不会贸然授予基础算法以专利权。该基础算法之外的人工智能算法申请专利授权需要满足"技术三要素"，并且其处于人工智能技术下游布局，并不会从产业上游限制人工智能技术的发展。申言之，人工智能算法研究周期长、回报率低，许多企业不愿涉足，专利授权能够激励开发者将算法应用于不同的技术领域，生成各类发明成果。如果专利法将人工智能算法保护拒之门外，人工智能算法可能会大量进入公有领域、沦为现有技术，严重影响专利效力的稳定性和技术创新的延续性。此外，开发者因投资预期没有产权的有效保护，倾向于对人工智能算法采用商业秘密保护的方式，这不利于对算法进行产业应用和商业开发。

其次，值得分析的是，专利法一贯反对的与伦理道德、公共秩序相悖的创造发明不具有可专利性是否构成对人工智能算法可专利性的限制。我国《专利法》第5条第1款规定："对违反法律、社会公德或者妨害公共利益的发明创造，不授予专利权。"伦理道德和公共秩序问题成为人工智能算法发明创新成果可专利的障碍之一。其一，人工智能作为人类的发明成果是否会挑战人类的主体地位。人工智能算法作为人工智能技术的具体发展，无独立意识和创造能力，仍然在人类的思维框架下进行伴生式的创造。弱人工智能时代背景下，人工智能算法不会威胁人类的主体地位。其二，人工智能的发展是否会扰乱公共秩序。应当说，无序的技术革新均有可能对现有的社会秩序造成消极影响，具体到人工智能技术领域，可以表现为技术人员利用算法进行不利于社会稳定的发明创造，如赌博算法等。有序的人工智能算法发明不会引发社会秩序问题，反而能够在智慧城市、智慧医疗、智慧养老等多个领域服务于良好的社会秩序。人工智能算法可能给伦理道德、公共秩序带来的弊端能够为法律规制、政策规制所控制，并不能成为人工智能算法可专利性的限制。

最后，值得分析的是，为造福于民，人工智能算法是否只应进入公共领域。在关于人工智能算法可专利性的讨论中，有观点认为，人工智能算法不应归属于个人或者团体，而是应当在其生成之后立即进入公共领域，成为现有技术供社会大众利用。其理由主要有两点：其一，软件行业的创新通常是渐进的、能够被快速取代的，开发成本较低并且创新者具有明显的先发优势，因此，人工智能行业存在固有的激励作用，无论是否可授予其专利权，人工智能行业都有可能继续蓬勃发展；其二，人工智能技术的重要性有目共睹，国家层面的人工智能布局和竞争不会停止，这意味着出于民族自豪感和国家竞争政策的考虑，无论是否有专利权的保护，对人工智能的研究都有可能继续进行，没有理由相信其生成后立即进入公共领域会造成任何重大的损失。

其实，人工智能算法只能进入公共领域会带来诸多弊端。其一，技术的发展需要足够的激励机制。也许在强人工智能时代，人工智能算法形成后立即进入公有领域是具备合理性与可行性的，但是在弱人工智能时代，人工智能技术的发展离不开制度的激励。人工智能技术的研发需要投入大量的资金和人力成本，并且回报周期较长，在审查制度不完善的情况下，甚至无法实现投入和产出成正比的目标。专利制度的一个主要目的是通过为创新者提供合理、确定的成果发明回报来鼓励研发投资，应该给程序员和公司所有可能的激励，以实现技术的持续创新。人工智能算法形成后立即进入公共领域的时机尚不成熟，会导致人工智能行业的创造力急剧下降。其二，由于客观上存在"专利丛林法则"，因此人工智能算法形成后立即进入公共领域会导致专利申请爆发、专利审查困难。专利法领域的"专利丛林法则"是指把知识产权叠加起来而形成一种密集的网络，企业为了对新技术进行商业化，必须突破这个知识产权网络重围。人工智能算法形成后只能进入公共领域，势必会导致人工智能算法的所有人将与人工智能算法间接相关的发明创造主题申请很多密集交织的专利网络，以实现对人工智能算法的间接专利权保护，进而要求新的发明人在新产品投放前就要开展大量的专利排查工作，评估潜在专利风险，确定多方专利权人，这增加了很多经济成本和时间成本。很多非专利实施主体从"专利丛林"中看到了巨大的商机，进而从事"专利投机"行为，加剧"专利丛林"的形成，造成了恶性循环。与此同时，大量的人工智能算法进入公共领域，缺乏垄断保护期的缓冲作用，导致专利申请爆发，相关行政部门的审查工作将更加难以开展。其三，专利法确立的"以保护换公开"的专利制度价值并不反对将发明创造公开并服务于社会大众，专利法在保护专利权人及其专利的同时，要求权利人公开创造发明，其他人只要支付相应的代价即可使用该创造发明。因此，人工智能算法形成后即进入公共领域而不允许以专利制度对其进行保护，既不利于激励其开发者和拥有者，也不利于从根本上和长远利益上造福于社会公众。

根据我国专利法对发明的一般性定义，发明专利申请是否属于"技术方案"成为必须审查的内容，人工智能算法可专利性的审查离不开对其技术性的审查，人工智能算法因具备技术性可排除审查限制。我国的专利审查机关在审查专利申请时，一般采用"技术三要素"进行判断，即是否采用技术手段、达到技术效果和解决技术问题。当一项权利要求在对其限定的全部内容中包含技术特征时，该权利要求就整体而言并不是体现智力活动的规则和方法。只要人工智能算法发明具有特定而明确的技术应用领域，并且算法设计受到技术性条件的约束，就应当具备可专利性。具体来说，需要从整体上判断权利请求方案是否满足"技术三要素"，不能割裂地对其中的个别技术特征进行评判。因此，只要人工智能算法参与的发明创造成果整体上满足专利审查"技术三要素"的判断标准，人工智能算法在技术手段、技术效果和技术问题上有主要贡献，在"算法+技术"的规则指引下，就不应否认人工智能算法的可专利性。人工智能算法在"软件+硬件"的发明模式中能够实现具有技术功能的基础性条件，《专利审查指南》对此类发明的专利授权标准尚不明确，导致国务院专利行政部门对不同专利申请的审查结果差异明显。就人工智能算法能否成为可专利主题而言，为提高审查结果的一致性，应当建立较为权威且科学的判断路径与标准。

美国的人工智能技术发展处于世界前列，在制度设计、行政管理、司法裁判方面的历史和经验较为丰富。美国对软件专利的保护经历了拒绝保护时期、弱保护时期、反复不定时期、扩大保护时期和现在的回归理性保护时期。美国《专利法》第 101 条规定：任何人发明或发现任何新的且实用的过程、机器、制品或物质组合，或由其产生的任何新的且实用的改良，依本法所规定的要件，应当享有专权。根据这一规定，美国专利商标局始终对人工智能的可专利性问题持怀疑态度。后经不断调整判例的裁判和说理规则，进而调整美国专利商标局对涉及人工智能的可专利性判断标准。值得一提的是，美国联邦最高法院在 Alice 一案中明确指出，判断涉及自然规律、自然现象和抽象概念的权利要求是否满足《专利法》第 101 条规定的主题可专利性的要求，应当适用 2012 年其在 Mayo 案判决中确立的判断规则。根据 Mayo 案二步分析法，法院第一步首先分析所涉专利权利要求是否指向不符合专利的概念（自然法则、抽象思想或者自然现象）；第二步确定是否将权利要求的要素、性质转变为符合权利要求的申请，即判断该权利要求中的技术特征或者技术特征的组合是否足够确保该发明已经远远超出其所涉及的自然法则、抽象思想或者自然现象。如果某项权利要求涉及可专利的概念，并且该权利要求的要素没有改变权利要求的性质，那么它将无法满足美国《专利法》第 101 条的规定。该分析法没有对"抽象思想"予以明确，也没有说明何为"远远超出"，使其在提供了指引的同时遗留了很多问题，有将权利请求主题可专利性判断复杂化的倾向。

1997 年英国《专利法》第 1 条第 2 款规定了不予授予专利权的情形，但同时也规定了例外情形，在与人工智能有关的发明中，对技术领域有贡献的专利可以避免被拒绝受理。英国上诉法院采用了三个程序的步骤，以正确解释权利要求：①定义发明的实际贡献；②确定该实际贡献是否属于可专利主题的例外；③审查实际或所谓的贡献是否属于技术性的。

在我国，国务院专利行政部门在审查发明名称为"信号处理方法、数据处理方法及装置"的发明专利申请中阐述道："如果涉及算法的发明专利申请满足以下两个条件：①该算法应用到某一技术领域，并形成基于该算法的解决方案；②基于该算法的解决方案采用了技术手段，并解决了该技术领域的技术问题，获得了相应的技术效果，可认为这种解决方案属于我国《专利法》第 2 条第 2 款所规定的技术方案，属于专利保护的客体。"结合域外经验和我国的实务经验，各国在对涉及人工智能算法的专利申请主题进行可专利性审查时，均坚持分步骤进行的原则。尽管各国的考察顺序和步骤有所不同，但均将"技术性"标准作为重要的考察内容。笔者认为，涉及人工智能算法发明的可专利性判断坚持"技术性标准"更加具有可操作性。具体而言，首先应当依据现行法律的规定判断人工智能算法是否符合可专利主题的要求，如果涉及计算机程序的发明专利申请的权利要求仅涉及智力活动的规则和方法，则不属于专利保护的客体；然后判定人工智能算法是否能够在技术领域有具体应用，是否运用技术手段、解决技术问题并获得技术效果。如果权利要求中涉及算法的各个步骤体现出与所要解决的技术问题密切相关，如算法处理的数据是技术领域中具有确切技术含义的数据，算法的执行能直接体现出利用自然规律解决某一技术问题的过程，并且获得了技术效果，则通常该权利要求限定的解决方案属于我国《专利法》第 2 条第 2 款所述的技术方案。

### 三、人工智能技术发明对专利审查标准的适用

与一般的工业技术方案相比,人工智能算法发明对自然规律、自然法则和抽象思想的利用并非显而易见的,并且,人工智能算法技术与计算机程序内置的抽象语言之间存在较高的模糊性,因此,在明确了人工智能算法不是绝对属于非可专利客体以后,需要结合人工智能算法发明的特点,对现行专利法确立的专利实质要件审查标准进行相应的调整。

专利申请必须同时符合法定的形式要件和实质要件,其中实质要件是对发明创造本身的要求,专利法规定发明应当具备实用性、新颖性和创造性。新颖性要求发明在申请日之前未曾公开且不存在抵触申请,创造性和实用性专门针对技术特征,创造性要求发明具有智力创造水准,实用性要求发明可以稳定地重复实施。技术方案必须能够投入实际应用并解决实际问题,对其进行保护才具有实际意义。因此,在对这"三性"进行判断时,审查人员首先会对实用性进行审查,如果申请的主题不具备实用性,那么对新颖性和创造性的审查就没有必要。

#### (一) 人工智能发明的实用性标准

我国《专利法》第22条第4款规定:"实用性,是指该发明或者实用新型能够制造或者使用,并且能够产生积极效果。"《专利审查指南》在对实用性的概念进行解释时,对方法发明的实用性判断规定了如下几个要点:①方法必须在产业中能够使用;②方法能够解决技术问题;③以权利要求书公开的整体技术内容为依据;④具有可再现性。

实用性标准是专利审查过程中的首要判断标准。在对人工智能算法相关发明专利申请进行实用性判断时,有学者认为,人工智能所生成的技术方案并不存在标准适用上的障碍,专利法所要求的在工业上应用或制造是人工智能算法生成的技术方案完全可以满足的。然而,就人工智能算法而言,其对自然规律、自然法则和抽象思想的利用并非显而易见的,在适用过程中,专利审查部门的人员在进行实用性审查时,可能会认为权利要求中缺乏具体的技术信息而认定其不具有可再现性。但是由前述可知,具有可再现性是指所属领域的技术人员根据公开的技术内容,能够重复实施专利申请中为解决技术问题所采用的技术方案。因此,只要是使用人工智能算法的普通技术人员可以产生相同的结果,这种发明就是可以重复实施的发明,可以被认为是可

再现的。人工智能算法参与生成的技术方案可能由于缺乏或者难以具备详细的说明和其他背景信息，导致所属领域的技术人员难以重复实施，进而难以产生预期的效果。人工智能技术的发展使专利法申请的基础土壤发生了改变，《专利审查指南》可以进一步规定申请人在权利说明书中提供"充分的材料"来支持概括性的权利要求，并且在专利申请中适当加入代表性的案例。

（二）人工智能发明的新颖性标准

我国《专利法》第22条第2款规定："新颖性，是指该发明或者实用新型不属于现有技术；也没有任何单位或者个人就同样的发明或者实用新型在申请日以前向国务院专利行政部门提出过申请，并记载在申请日以后公布的专利申请文件或者公告的专利文件中。"它包含了对新颖性的两方面要求：①发明创造不属于现有技术；②发明创造不存在抵触申请。《专利审查指南》指出，在对包含算法特征和方法特征的专利申请进行新颖性审查时，应当考虑权利要求记载的全部特征。与人工智能算法相关的发明专利申请的新颖性判断标准主要有三个方面的问题。一是需要提高对人工智能算法发明是否属于所涉及领域"现有技术"的判断能力。与人工智能算法相关的发明专利的新颖性在很大程度上取决于所使用的发明方法。如果发明过程中所使用的算法结合了随机性或其他可变性，则更有可能产生具有新颖性的发明。与人类发明家相比，计算机具有能够快速、准确地审查更多现有技术的潜力，可以通过将人工智能算法的优势纳入发明过程中来进一步确保生成具有新颖性的技术方案。如果在对人工智能算法相关的发明专利进行"现有技术"的检索时，仅依赖原有的检索方法显然具有"数据差"，因此，专利审查机关也有必要将人工智能技术应用于审查过程中，建立数据库，并利用人工智能算法的检索能力缩小"数据差"。二是要特别关注对与算法相关的数据集、逻辑结构的辨别。如果发明过程中所使用的算法在其输出时缺乏可变性或依赖于与现有技术相似的数据集，则其可能缺乏新颖性。在对人工智能算法的新颖性进行判断的过程中，需要格外注意生成的技术方案和基本的算法、数据是否存在差异，如果没有本质区别，则即便生成的技术方案不同于现有技术，也不能判定其具有新颖性。另外，专利审查人员在进行新颖性判断的过程中要对基础算法加以区分，只有在进行申请的人工智能算法与基础算法之外的算法不存在显著差异时，才拒绝认定其具有新颖性。三是需要减轻专利审查机关的负担。专利审查机关负责搜索计算机生成的文本，确定是否有任何相关的文本构成现有技术的一部分，如果是，则排除可专利性。考虑到许多地方专利行政部门已经存在人手不足且负担过重，而且申请人经常面临审查积压的问题，需要审查的现有技术参考文献数量呈指数级增长所带来的额外负担可能会威胁到当前审查水平的可持续性。为了维持现状或者提高效率，要求专利行政部门投入更多的人力、科技资源进行审查，以便对大量现有技术进行广泛的检索。这种程度的检索成本较高，并且需要聘用既有相关技术领域知识，又能熟练搜索和解释计算机生成文本的审查员。

(三) 人工智能发明的创造性标准

我国《专利法》第22条第3款规定："创造性，是指与现有技术相比，该发明具有突出的实质性特点和显著的进步，该实用新型具有实质性特点和进步。"创造性，也可称为非显而易见性，其要求一项技术不仅是新的，而且不能是本领域的普通技术人员所显而易见的。换言之，如果一项技术方案可以由本领域的普通技术人员轻而易举地想到或者很容易由现有技术拼接而得，便不存在创造性劳动。我国专利法规定，一项发明要符合创造性标准，必须满足以下两个条件：①具有突出的实质性特点；②具有显著的进步。

对人工智能算法的相关专利申请进行审查时，有必要就创造性标准进行如下调整。一是调整"本领域普通技术人员"的标准。我国的专利审查规则中引入了"本领域普通技术人员"的概念，力图建立一个统一的标准，作为创造性判断的"参照系"。评估创造性的第一步是确定本领域普通技术人员的能力。人工智能算法技术显著地提高了普通发明家的有效技能水平，因为计算机可以代替人类在发明活动中做某些工作。因此，无论实际的发明过程如何，都应当提高本领域普通技术人员的水平，以反映当代发明家的水平和通常使用的发明技术。在授予人工智能算法专利权前必须回答的一个问题是，谁是本领域的普通技术人员，是程序员、人工智能还是其他起辅助作用的发明家。毫无疑问，如果由于人工智能算法技术的进步提高了发明的门槛，将有可能使不利用人工智能算法的人类发明者处于不利地位。然而，如果创造性是为了实现其法律目的，则必须考虑发明人所有可用的工具，而不仅仅是其个人知识和技能。例如，表面上看似具有创造力的一项发明实际上可能是计算机的常规操作，是由计算机执行大量琐碎且简单的指令而产生的。诚然，所属领域的技术人员是人而非机器，但是在人工智能发明专利创造性审查中，该主体需要被重新审视甚至被重新定义。相应地，人工智能算法能够对庞大的知识数据库进行分类和存储，并能够以极快的速度访问各种数据库，不妨将相关的人工智能算法技术水平假设为"本领域普通技术人员"，其拥有对所有已知出版物、专利和现有技术的全部知识。因此，法律应持发展的态度，不仅确定将人工智能算法假设为"本领域普通技术人员"，还可以将"本领域普通技术人员"的标准提升为配备人工智能系统的人员。

二是对"突出的实质性特点"这一标准予以变通考察。在 Enfish LLC v. Microsoft Corporation 案中，一项涉及自动引用数据库的发明被认定为具有可专利性。在该案中，Enfish LLC 的发明使数据库能够自我引用，程序员无须进行配置。加利福尼亚州法院裁定该发明不具有专利性，认为其针对的是"在储存器中储存、组织和检索内在的抽象概念"。之后美国联邦巡回法院指出，地区法院的裁决过分简化了上述发明，轻视了其产生的技术效果，并裁定该发明"解决了软件领域存在的特定问题""有助于改进传统技术"，因此该发明被确定为具有专利资格。在该案中，因对涉及算法的专利申请中"突出的实质性特点"认识不一，美国的地方法院和联邦法院给出了截然不同的裁判结果。由该案的判决得出的经验是，在进行创造性审查时，有必要认识到人工智能算法技术与计算机程序内置的抽象语言之间存在较高的模糊性，应当考虑与技术特征在功能上存在相互作用关系的算法对技术方案做出的贡献。换言之，要对包括人工智能算法在内的权利要求进行整体考察，如果在评估显而易见性时未考虑到人工智能算法技术的知识，将会导致具有可专利性的人工智能算法无法获得专利授权。

三是在判断人工智能发明的"显著进步性"方面，应当充分检索现有技术，以便对所属技术领域的在申请日以前存在的技术有充分的了解，同时应在专利审查过程中综合整个专利申请的技术要求对显著进步性予以评价。这是考虑到人工智能算法依据庞大的数据库实现在不同领域之间合并知识的卓越能力，其不受人类视野或整合能力的限制，这将导致不同领域的组合发明数量不断增加。这不但给专利审查机关的工作效率和能力提出了更高的要求，也使判断"显著进步性"变得越发困难。因为人工智能算法技术大大提高了发明创造的效率，所以在研发过程中，可以轻易避开本领域已有的在申请日以前存在的技术，从而满足创造性的要求。

# 第七章 商标法

> **导读** 商标是生产经营者在其商品或服务上使用的商业标记。为了规范商标的使用，保护商标权人的权利，保障消费者的利益，商标法对商标制度作了相应的规定。本章讲述商标权的对象——商标的概念和功能，商标的分类和商标法的保护对象，以及商标权的概念、内容和利用。

## 第一节 商标和商标法

### 一、商标的概念和功能

（一）商标的概念

商标可以直接理解为商品的标志。

《TRIPS协定》第15条规定：商标是一种能够将一个企业的商品或服务区别于其他企业的商品或服务的标记或标记的组合。

《法国知识产权法典》第711-1规定：商标或服务商标是指用以区别自然人或法人的商品或服务可用书写描绘的标记。

《德国商标和其他标志保护法》第3条第1款规定：任何能够将其使用的商品或服务与使用其他标志的商品或服务相区别的标志，可以作为商标获得保护，尤其是文字（包括人名）、图案、字母、数字、声音标志、三维造型（包括商品或其包装以及容器的形状），还包括颜色或颜色的组合。

《中华人民共和国商标法》（以下简称《商标法》）第8条规定："任何能够将自然人、法人或者其他组织的商品与他人的商品区别开的标志，包括文字、图形、字母、数字、三维标志、颜色组合和声音等，以及上述要素的组合，均可以作为商标申请注册。"

综上，商标就是不同经营者使用的符合一定条件的、区分彼此商品或服务的标志。由其定义可知，并不是所有标记都可以作为商标使用和注册。商标的特征归纳如下。

1. 商标是用于商品或服务上的标志

商标是依附于使用它的商品或服务而存在的：先有商品才有商标，在商品或商品性服务产生之前，劳动产品上的标记不是商标；商品或商品性服务产生之后，在其之外使用的标记也不是商标，如奥运会的五环标志、红十字标志、禁烟标志等都不是商标。所以说，任何脱离了商品或服务的标记都不是商标。

2. 商标是用于商品或服务上的区分标志

商标是随着经济的发展、商品交换数量的不断增加而产生的，生产经营者使用商标是为了将商标与特定的商品或服务相联系，并以此区别于其他的商品或服务。除商标外，商品或服务上使用的标志还有很多，如易燃易爆标志属于指示标志，卫生标志、质量标志属于证明标志，如果同一标志使用在不同商品上表示同一内容，则这些标志没有区分商品或服务的功能，因此不是商标。

3. 商标是满足一定条件的标志

《TRIPS协定》第15条规定：商标标志可以是单词、字母、数字、图案、徽记、颜色及其组合；如果作为注册商标，各成员国可以要求商标具有视觉识别性。我国《商标法》对于商标的规定基本上是参考《TRIPS协定》，要求申请注册的商标必须是一种可视性标志，包括文字、图形、字母、数字、三维标志、颜色组合和声音等，以及上述要素的组合。

但应了解，一些国家仅要求商标标志具有可感知性，如《法国民法典》保护可由听觉识别的音响商标。实践中还存在一些可由嗅觉识别的气味标志，虽然各国商标法尚未对其加以规定，但已被部分消费者所认可。

（二）商标的功能

商标是随着商品经济的不断发展，应市场发展的需要而产生的，商标的功能是由其出现和发展的历史所决定的，在不同的历史时期，各种功能逐渐出现并体现出不同的重要性。

1. 区别功能

区别功能，亦称识别功能，是商标最古老、最基本的功能，主要是指商标能够标识商品来源，标明自己并区别于其他商品。

在商标产生后很长一段时间内，区别功能是其主要功能。商标作为生产者或经营者与消费者的媒介，通过商品或服务将其联系起来，生产者或经营者通过商标凝聚信誉，希望能与其他生产者或经营者相区别，而消费者也希望商标能区分不同的商品或服务，使自己能够通过商标购物。

2. 保证功能

商标的保证功能是指商标的品质保证功能，它并不是指商标所标示的商品或服务是最高品质的，而是保障该商标所标示的商品或服务的品质具有一致性和稳定性。正是因为商标的品质保证功能，才能一方面激励生产经营者保证商品质量的稳定，另一方面降低消费者的搜寻成本，消费者只需记住商标，就能得到其想要的商品或服务。商标的保证功能的另外一层含义，就是行政主管机关能够通过对商标的管理实现对其商品或服务的质量监督。

在一些领域，某些商标可能成为其所在行业中最高品质的代表，这并不是所有商标都具有的功能，而且这种功能也不是持续不变的，在各个行业，只有为数不多的商标能够通过生产者或经营者的不断努力实现这一功能。

3. 宣传功能

商标的宣传功能一般通过两种途径实现：一是消费者的宣传作用，通过消费者对某商标的肯定，并口口相传地扩大影响，但不断扩大的商品市场决定了这种宣传手段的影响有限；二是广告的宣传作用，现有的广告宣传手段是多样化的，在广告中介绍商品优点时突出商标特点，对商品或服务的宣传作用将更为明显。无论采用何种途径，商品或服务的宣传都将通过商标实现，这主要是由商标的特点决定的，商标比商号、商品装潢更为简洁并易于记忆，在宣传介绍的过程中也不易发生混淆。

如今，在商品种类不断增加、商品市场不断扩大的情况下，商标的广告宣传功能被凸显出来，在商标功能中的地位日益显著。一些世界驰名商标在进行广告宣传时仅标注其商标标志，一方面，是由于其商品已在消费者中有一定影响，消费者对其产品已有一定了解；另一方面，是希望通过这种宣传手段增强其品牌影响力，即商标力量。在驰名商标的宣传活动中，这种以商标为主的广告形式值得推广，因为它既宣传了商品，又增强了品牌实力。

4. 表现个性功能

近年来，社会财富不断增加，消费者的消费需求呈现出多样化态势，不但要求商品或服务满足其物质需求，而且要实现其精神层面的享受，每个消费者对品牌的选择都体现了其个性需要，是消费者表达自己、彰显个性的方式。如果一个品牌能够给予购买者或使用者精神上的满足感，使使用该品牌的商品成为一种身份、品位的象征，则其品牌力量将大大提升，也会相应提高商标的价值。所以品牌要想做大做强，除了要重视其商品质量外，还应注重个性的塑造。

## 二、商标的分类

### （一）注册商标和未注册商标

依是否注册登记，商标分为注册商标和未注册商标。注册商标是经商标主管机关核准依法注册登记的商标，未注册商标是虽已使用但未经注册的商标。二者的共同点是都必须满足商标的基本特征，如必须是不违反法律禁止性规定的商业标记，必须与商品或服务相联系并具有区别商品或服务的功能。下面重点探讨二者的区别。

1. 取得方式不同

只有依法律规定的程序提出注册申请，经商标局核准注册的商标才是注册商标；未注册商标无须经他人许可，依使用取得。

2. 显著性不同

除了不能违反法律禁止性规定外，注册商标还必须具有显著性，我国《商标法》第11条对此进行了严格规定，如仅有本商品的通用名称、图形、型号的不能作为注册商标使用。未注册商标在不违反国家禁止性规定的前提下对显著性并无要求。但这种显著性的要求并不是绝对的，如果通过使用可以赋予该标志显著性特征并易于识别，则也可以成为注册商标。

3. 保护范围不同

无论是在遵循商标权注册取得原则的国家还是使用取得原则的国家，注册商标和未注册商标的保护范围都是有区别的：在采用注册取得原则的国家，只有注册才能取得商标专用权，未注册商标的法律保护只限于禁止恶意抢注和驰名商标保护等有限范围；实行使用取得制度的国家，商标依使用取得专用权，但商标经注册后，商标权人在诉讼中将处于更有利的地位，而且经注册的商标在权利上也更有保障。

### （二）商品商标和服务商标

依标示对象不同，商标可分为商品商标和服务商标。商品商标是商品行业的区别性标记，即商品的生产者或经营者在商品上使用的、用以与他人经营的商品相区别的商标。服务商标是服务提供者在其提供的服务项目上所使用的区别性标志。《商标注册用商品和服务国际分类尼斯协定》（以下简称《尼斯协定》）规定，服务商标所适用的对象有广告与实业、保险与金融、建筑与修理、交通运输与储藏、材料处理、教育与娱乐、杂项。可见，商品商标与服务商标的区别在于标示对象而不在于标志属性。服务商标是在市场经济不断发展、服务商品化环境下，商品商标的一种自然延伸，对两者给予同等保护经历了一个历史过程，最早的《巴黎公约》就仅对保护服务商标提出设想而没有实现同等保护，直到里斯本会议修正《巴黎公约》，才增加了保护服务商标的条款。商品商标和服务商标除标示对象有区别外，在使用方式上也存在一些差别：商品商标的主要使用方式是将商标用于商品、商品包装或容器上，通过消费者购买、使用商品增强对商标的认知度；而服务商标主要用在服务场所和提供服务所使用的工具上，往往通过各种广告宣传来扩大商标的影响。

### 三、商标法的保护对象

#### （一）商标法的保护对象——商标

商标法，顾名思义就是保护商标的法律制度。商标分为注册商标和未注册商标，两者在商标法保护中的地位是有区别的。

我国《商标法》第1条规定："为了加强商标管理，保护商标专用权，促使生产、经营者保证商品和服务质量，维护商标信誉，以保障消费者和生产、经营者的利益，促进社会主义市场经济的发展，特制定本法。"

商标专用权的全称是注册商标专用权，我国商标法是保护注册商标专用权的法律，由此可知，我国商标法保护的主要对象是注册商标，在特殊情下，也提供对未注册商标的保护。对于注册商标的保护范围，我国《商标法》第 56 条有明确的规定："注册商标的专用权，以核准注册的商标和核定使用的商品为限。"商标法对注册商标的保护范围是在核定使用的商品上使用核准注册的商标。

### （二）未注册商标的法律地位

注册取得原则决定了注册商标是商标法的主要保护对象，但在特殊情况下，应给予未注册商标以适度保护。这里的特殊情况主要是指商标法对未注册驰名商标和有一定影响的未注册商标的保护。

我国《商标法》第 13 条规定："为相关公众所熟知的商标，持有人认为其权利受到侵害时，可以依照本法规定请求驰名商标保护。就相同或者类似商品申请注册的商标是复制、摹仿或者翻译他人未在中国注册的驰名商标，容易导致混淆的，不予注册并禁止使用。"这里的"为相关公众所熟知的商标"即为前述有一定影响的未注册商标。

我国《商标法》第 32 条规定："申请商标注册不得损害他人现有的在先权利，也不得以不正当手段抢先注册他人已经使用并有一定影响的商标。"第 33 条也通过规定异议情形和公告期制度，来保护在先权利人和先使用人的利益。

由此可知，未注册商标并未被完全排除在商标法保护范围之外，未注册的驰名商标和已经使用并有一定影响的未注册商标属于商标法的保护对象。除此之外的未注册商标不受商标法保护，未注册商标的商标权属于一种自然权利，商标权人对商标同样享有占有、使用、收益、处分的权利，但不享有商标专用权，该权利不受商标法保护，其权利受到侵害时，商标使用人无法依据商标法请求法律救济。

## 第二节　商标权的内容和利用

### 一、商标权的概念

商标权是商标所有人对其商标所享有的权利。商标权是商标法的核心。我国《商标法》并没有使用"商标权"的概念，而是以"商标专用权"代之,如我国《商标法》第1条关于立法目的的规定:"为了加强商标管理,保护商标专用权,促使生产、经营者保证商品和服务质量,维护商标信誉,以保障消费者和生产、经营者的利益,促进社会主义市场经济的发展,特制定本法。"所以在我国,商标专用权就是指商标权。

广义的商标权是指商标所有人对其商标所享有的权利。商标所有人包括商标注册权人和未注册商标的使用人。商标注册权人对其注册商标享有商标专用权,商标专用权又可以派生出商标禁止权、许可使用权和转让权。商标所有人对其使用的商标享有占有、使用、收益和处分的权利。商标使用人对商标的使用缺乏法律保障,是商标的自然属性,但确实属于商标所有人对商标享有的权利,属于广义商标权的范畴。未注册商标存在两种特殊情况:一是未注册的驰名商标,二是已经使用并有一定影响的未注册商标,它们属于商标法的保护对象,享有商标专用权。

随着商标法保护范围的不断扩大,以商标专用权代替商标权的概念已不是十分合适,我们应该在商标法理论和实践中将二者区别开来。

## 二、商标权的内容

### (一)专有使用权

专有使用权是商标权人在经核准的商品或服务上专有使用其注册商标的权利。专有使用权是针对注册商标而言的,未注册商标不享有专有使用权,上述两种特殊情况除外。专有使用权是商标权人对注册商标独占使用的权利,必须在法律规定的范围内行使。我国《商标法》第56条规定:"注册商标的专用权,以核准注册的商标和核定使用的商品为限。"任意扩大注册商标使用范围的,可能被撤销商标注册。

我国《商标法》第48条规定了商标的使用方式:①将商标用于商品、商品包装或者容器以及商品交易文书上;②将商标用于广告宣传、展览以及其他商业活动中。注册商标的第一种使用方式体现了商标的识别、区分功能,第二种使用方式体现了商标的文化、宣传功能,它们都是对商标权的积极行使,会对商标和商标所代表的商品或服务的发展起到积极作用。

专有使用权不仅是一项权利,在某些情况下还可能成为一种义务。依据我国《商标法》第49条的规定,专有权人在使用注册商标的过程中:①不得自行改变注册商标、注册人名义、地址或者其他注意事项;②应注意商标的维护,避免注册商标成为其核定使用的商品的通用名称;③不得无正当理由连续三年不使用。这里的正当理由，是指不可归责于商标注册人的正当事由，如不可抗力、政府政策性限制、破产清算等。因此，对商标权人来说，商标核准注册后必须满足法律的使用要求才能持续享有商标权，否则将面临被撤销的风险。所以说没有无权利的义务，也没有无义务的权利。

上文论述的是我国商标法规定的商标专用权的情况，在美国、菲律宾等采取商标使用取得制度的国家，专有使用权是依商标使用而取得的，第一个使用商标的人享有该商标在一定地域范围内的专有使用权。这些国家大多也存在商标注册制度，商标注册虽然不是取得商标专用权的条件，但为商标专用权的行使提供保障，如可以使权利人在商标权诉讼中减少举证负担、可以在国际注册申请中取得优先权、可将专有使用权的范围扩大到全国等。

（二）禁止权

禁止权是商标权人享有的禁止他人未经其许可使用其注册商标的权利。商标权是绝对权，具有排他性，商标权的排他性是较为特殊的，并不像物权的排他性那样单一，仅表现为禁止他人占有、毁损所有物。商标权的排他性较为复杂，包含多方面的内容：禁止他人非法使用注册商标；禁止他人非法印制注册商标；禁止他人非法销售侵犯注册商标专用权的商品；禁止为他人侵犯商标权的行为提供仓储、运输、邮寄、隐匿等便利条件等。这是由商标权客体的性质决定的，智力成果不仅难以实际占有控制，其侵权形式也更为复杂。商标禁止权的权利实现任重而道远。

商标专用权是商标权人的积极权利，禁止权是商标权人的消极权利，商标禁止权的效力范围要宽于商标专用权的效力范围。我国商标法规定，未经注册商标人许可，在相同或类似商品上使用与其相同或类似商标的为商标侵权行为，"类似商品"和"类似商标"也在禁止之列。这是由商标的区别、防止混淆的功能决定的，试想一牛奶品牌已注册"三元"商标，如果"二元"牌牛奶商标注册不被禁止，商标注册的功能就形同虚设了。

（三）许可使用权

许可使用权是指商标权人可依法律规定的条件和程序将商标许可他人使用的权利。商标许可使用的类型包括独占许可使用、排他许可使用和普通许可使用。无论是何种类型的许可使用，都不转移商标的所有权，仅转移注册商标的全部或部分使用权。

商标的许可使用必须遵循法律规定的条件和程序进行，并应签订书面合同和报商标局备案。被许可使用人应当保证使用该注册商标的商品质量，许可人也应对使用其注册商标的商品质量进行监督。这一规定主要是为了保障商标质量和消费者权益，同时也可防止商标权的滥用。

(四) 转让权

转让权是指商标所有人有权按照法律规定的条件和程序将商标所有权转移给他人所有。与商标的许可使用转移使用权不同，商标权转让转移所有权，属于权利主体的变更。商标权转让应签订书面合同，并向商标局提出申请，未经核准不得自行转让。关于商标权转让的内容将在商标权的利用中重点探讨，这里不再赘述。

### 三、商标权的利用

(一) 商标的使用

商标的使用是商标权利用的最基本方式，这是由商标的性质和功能决定的。商标是一项智力成果，单纯地占有对商标权的实现意义不大，只有通过使用才能实现其价值的最大化。商标是具有区分、保证、宣传、文化功能的商业标志，要实现商标功能，最重要的手段就是使用商标。商标主要有两种使用方式：一是将商标用于商品、商品包装或者容器以及商品交易文书上；二是将商标用于广告宣传、展览以及其他商业活动中。对于服务商标来说，在服务场所、服务工具上印制的商标均构成商标的使用。

商标的使用应尽量实现价值最大化，并应遵守以下法律规定：

①注册商标标志和注册商标核定使用的商品或服务不得随意变更，主要是指商标权人不得自行改变商标标志的特征和任意扩大注册商标使用的商品或服务的范围，否则商标主管机关有权责令其限期改正或撤销其商标注册。

②注册商标的使用应具有连续性。各国商标法大多规定连续3年或5年停止使用注册商标的，商标主管部门有权对其撤销。注册商标通过使用实现其价值，如果注册商标的使用不能达到法律规定的连续性要求，就是对商标资源的一种浪费，同时也剥夺了他人使用该商标标志的权利。

商标使用应与产品名称区别开来，以防止商标功能的退化，甚至成为该类商品的代名词。一旦商标功能退化，商标价值就会降低或消失。

## （二）注册商标的许可使用

注册商标的许可使用是指商标所有人通过合同将商标许可他人使用，商标的许可使用不转移商标所有权，仅转移商标的全部或部分使用权。许可使用权是商标权的一项重要内容，也是实现商标价值的又一重要手段，商标的许可使用有助于扩大商标的影响，也有利于扩大企业的生产规模。

1. 商标权许可使用的三种主要类型

（1）独占许可使用

这是指商标注册人在约定的期间、地域和以约定的方式，将该注册商标仅许可一个被许可人使用，商标注册人依约定不得使用该注册商标。在许可使用的三种方式中，独占许可使用的排他性最强，不仅排除了第三人使用，商标所有人的使用权在约定范围内也被排除。这种独占使用地位决定了独占许可使用人有独立的禁止权，在诉讼中可以独立对抗侵权人，无须商标所有人参加诉讼。我国的商标实践中目前较少采用这种许可方式。

（2）排他许可使用

这是指商标注册人在约定的期间、地域和以约定的方式，将该注册商标仅许可一个被许可人使用，商标注册人依约定可以使用该注册商标，但不得另行许可他人使用该注册商标。在排他许可使用中，商标所有人并不在排除之列，这就决定了在商标侵权案件中，被许可人具有相对独立的禁止权，排他使用许可合同的被许可人可以与商标所有人共同起诉，也可以在商标注册人不起诉的情况下单独提起诉讼。与独占许可使用相比，排他许可使用在我国是较为常见的。

（3）普通许可使用

这是指商标注册人在约定的期间、地域和以约定的方式，许可他人使用其注册商标，并可自行使用该注册商标和许可他人使用其注册商标。被许可人无独立的禁止权，只有在经商标注册人明确授权后，才可提起诉讼对抗侵权行为。这种许可使用在我国也是较为常见的。

2. 商标权的许可使用必须依照法律规定的条件和程序进行

许可人和被许可使用人应签订许可使用合同，合同中应有关于许可使用的方式、期限、地域、费用及质量保证措施的明确约定。商标许可使用合同应报商标局备案，这种备案具有对抗效力，未备案不影响合同效力，但不得对抗善意第三人。

商标许可使用合同签订后，被许可人必须遵循法律规定的和合同约定的义务：首先，被许可人的商标使用权必须在合同约定的地域、期限范围内以约定的方式行使，否则可能构成侵权；其次，被许可人应保证使用该注册商标商品的质量，这不仅是对许可人利益的保护，更是为了维护消费者的合法权益；最后，被许可人必须在使用该注册商标的商品上标明自己的名称和商品产地，这属于商标法的强制性规定，不得违反。

（三）注册商标的转让

注册商标的转让，是指商标所有权人依照法律规定的程序将商标所有权转移给他人的行为。注册商标转让属于权利主体的变更，被转让人取得商标权，转让人从原来的商标关系中脱离。

注册商标有两种转让方式：一是将注册商标连同使用该商标的企业一并转让；二是注册商标脱离企业单独转让。目前，世界上仍有包括美国在内的一小部分国家仅承认注册商标的第一种转让方式——连同转让，实行连同转让的国家大多认为商标的本质是区分不同商品和经营者的标志，如果脱离使用商标的企业或者说脱离该企业的信誉，那么商标就仅仅是一个符号，只会给消费者造成错误的认知。除了这些国家以外，包括我国在内的大部分国家都承认注册商标的两种转让方式，与使用商标的企业相比，消费者更关心的往往是商品的品质，如果受让人可以保障使用受让商标的商品的质量，那么关于单独转让的担心也就不存在了。我国《商标法》第42条中规定："转让注册商标的……受让人应当保证使用该注册商标的商品质量。"到现在为止，大多数承认单独转让的国家的商标法都有类似规定。

无论采取何种转让方式，注册商标转让都要受到一些限制：①对在同一种或类似商品上注册的相同或类似的商标，应当一并转让。未一并转让的，由商标局通知其限期改正；期满未改正的，应视为放弃转让该注册商标的申请。我国《商标法》第42条第2款也添加了类似的规定，这一规定既能有效防止消费者对类似商标产生混淆，又能提高商标局的行政效率，减少日后反复多次的重复劳动。类似商标应包括转让人注册的联合商标。②已许可他人使用的注册商标的转让，应取得被许可人的同意，如果被许可人不同意，应先解除许可使用合同，然后才能进行注册商标转让。③受让人有义务保证使用受让注册商标的商品或服务的质量。④对容易造成混淆或者有其他不良影响的商标的转让，商标局不予核准，应书面通知申请人并书面说明理由。此条规定是我国《商标法》第三次修正后添加的内容。但现行《商标法》与修订后的《商标法实施条例》均未对"容易导致混淆"和"其他不良影响"的标准加以具体明确，造成商标局在实际运用中难以形成统一的评判标准。

转让注册商标的，转让人和受让人应当签订转让协议，并共同向商标局提出申请。转让注册商标经核准后，应予以公告。受让人自公告之日起享有商标专用权。

### 四、商标权的限制

商标权的限制是指对商标专用权人享有权利的一种限制。在著作权法和专利法中都有关于该类知识产权使用上的限制，目的是平衡权利人的利益与社会公众的利益，以推动经济文化以及市场的良性发展。

#### （一）通用元素的合理使用

我国《商标法》第59条第1款规定："注册商标中含有的本商品的通用名称、图形、型号，或者直接表示商品的质量、主要原料、功能、用途、重量、数量及其他特点，或者含有的地名，注册商标专用权人无权禁止他人正当使用。"注册商标要求具有显著性，但根据《商标法》第11条第1款第3项的规定，缺乏显著特征的商标并不是绝对不能成为注册商标，其经过使用取得显著特征，并便于识别的，可以作为商标注册。因此，存在一类注册商标可能含有本商品的通用名称、图形、型号，或者直接表示商品的质量、主要原料、功能、用途、重量、数量及其他特点，或者含有地名的情形。为了避免此类商标在使用过程中给其他市场主体带来困扰和不必要的麻烦，《商标法》规定了此种合理使用的情形。

#### （二）三维标志在其形状上的正当使用

我国《商标法》第59条第2款规定："三维标志注册商标中含有的商品自身的性质产生的形状、为获得技术效果而需有的商品形状或者使商品具有实质性价值的形状，注册商标专用权人无权禁止他人正当使用。"我国《商标法》禁止使用仅由商品自身形状或为获得技术效果而需有的商品形状或使商品具有实质性价值的形状的三维标志，但允许使用在此情形下由多种元素组合而成的三维标志。此类组合型的三维标志因其他元素的注入而具有了显著性。但不能因此而禁止他人使用并不具有显著性的形状元素，所以在此情形下，商标专用权人无权禁止他人正当使用该形状元素。

（三）有限制地保护先使用权人

我国《商标法》第 59 条第 3 款规定："商标注册人申请商标注册前，他人已经在同一种商品或者类似商品上先于商标注册人使用与注册商标相同或者近似并有一定影响的商标的，注册商标专用权人无权禁止该使用人在原使用范围内继续使用该商标，但可以要求其附加适当区别标识。"我国《商标法》对先使用权人的保护除了对抢注作了禁止规定，还对先使用权作了以下限制性的保护。

①必须是同一商品或类似商品，且商标注册人与先使用人的商标相同或相似。这两个要求要同时满足，否则两者在使用过程中并不会产生权利冲突，先使用人的先使用权也就无须进行专门的法律保护。

②先使用商标在一定范围内有一定影响。有一定影响是指为一定范围内的相关公众所知悉，这是保护先使用权的前提。"有一定影响"的规定，避免了部分同业竞争者以先使用为由进行恶意诉讼，保护了注册商标人的利益。

③允许先使用人在原有范围内继续使用。这是基于其先使用权所产生的。对于"原有范围"的界定，应当是规模、数量或者地域范围，超过原有范围则可能构成侵权。

④商标注册人可以要求先使用人在使用时附加适当区别标识。这是对商标注册人权利的保护，如果商标注册人认为先使用人的商标在使用过程中会与其注册商标发生混淆、不易分辨，商标注册人可以要求先使用人附加适当区别标识。此项规定同时也有助于公众对两者的区别和分辨，从而能够更好地发挥商标的区别功能和防御功能。

# 第八章 商标权实务分析

> **导读**　商标权的原始取得有使用取得和注册取得两种方式，在我国及其他大多数国家和地区，商标权的原始取得方式主要采取注册制。商标注册实行诚实信用、自愿注册、申请在先和优先权原则。在我国，商标注册一般要经过申请、审查、初步审定公告、异议、核准五个阶段，其中商标注册申请的审查实行初步审查和实质审查，后者包括积极条件的审查和消极条件的审查。商标注册程序广义而言，包括必经程序与特别程序，前者是指取得商标的唯一途径，后者是指商标在注册过程中得到补救、监督的程序，并非所有的商标注册都要经过此程序。

## 第一节　商标权的取得程序

### 一、商标权的取得方式

商标权的取得是指根据什么原则和采取什么方法获得商标权。根据世界各国的相关法律，商标权的取得方式有两种：原始取得和继受取得。

#### （一）原始取得

商标权的原始取得又称直接取得，往往意味着商标专用权的首次产生，它并不是基于他人已经存在的权利,也不以他人的意志为根据。教科书中经常会提到商标权的取得原则,这是针对商标权的原始取得而言的,它表明商标权因为何种事实而对特定权利主体发生效力。从商标保护制度的历史以及各国商标法的具体规定来看,商标权的原始取得原则有以下三种。

1. 使用原则

使用原则是指按照使用商标的先后来确定商标权的归属。商标的创设主要是基于工商业活动,而商标权主要是基于商标的使用事实而形成的,所以在历史上,商标权是基于使用原则而产生的。其特点是商标权的最先使用者取得独占使用权,不需要任何国家行政机关的许可授权。根据该原则,谁先使用某个商标,存在首先使用的事实(包括在商品或商业的相关活动中,如广告宣传等),该当事人就享有商标权。

虽然从理论上说,采用使用原则确定商标权的归属问题最为公平,它是以使用商标的事实并结合先使用原则作为取得商标权的依据,同时也反映了商标功能的基本要求,但该原则仍然存在下列问题:①商标权的获得是因为使用事实而产生权利,但如果最先使用人不主张权利,那么商标的后使用人如何获得商标权?②对于一个国家而言,一个地区和其他地区的使用事实人都要证明自己是该商标的首次使用人,必须提供大量的证据来证明这一事实;也可能在实践中难以查明谁是首先使用人,争议的解决往往需要商标主管部门和当事人付出较高的成本,而且最终的确权人也未必是最初使用人,这和使用原则的公平性仍然相背离。因此,目前只有少数国家采用该原则,如美国、列支敦士登、挪威、菲律宾等。

2. 注册原则

注册原则是指按照商标权是否登记注册来确定是否享有商标权。换言之,先申请注册并被批准的取得商标权,不论商标是否使用,未经注册的商标一般得不到法律的保护。注册原则以商标注册的事实并结合先申请原则作为取得商标权的根据。

商标注册原则的出现虽然晚于使用原则,却被世界上大多数国家所采用。因为它的优势是显而易见的,通过登记注册的方式进行权利推定和权利公示是最安全、最简便的,这样也能督促商标使用人尽快地注册商标,以获得相应权利;注册取得能够保障权利获得者是唯一的权利人并得到公示,公众能对该标记的权利状态有据可查,这种公示作用也有利于商标注册部门排除相同或类似商品上相同和类似商标的注册,同时避免了市场上出现混同;在权利转让、许可使用、质押等商业活动中，只有经过注册并进行公示的权利才能确保交易的安全性。当然，商标注册原则也有一定的弊端，如注册制度过于强调申请在先、注册保护，导致市场上出现了一些只注册不使用的"垃圾商标"。

《TRIPS 协定》确定了使用和注册都可以获得商标权。我国商标权基本上采用注册取得制度，是否注册按照自愿原则，除必须注册的特殊商品实行强制注册外，其他商品或服务必须经注册才能取得商标权，注册是产生商标权的唯一途径。

3. 混合原则

混合原则即折中原则，是指在确定商标权时，对注册原则与使用原则的结合使用。按照混合原则的基本要求，商标权原则上应当归商标注册人所有，但商标的先使用人可以在法律规定的期限内提出争议或指控，请求撤销该注册商标，如果法定期限内无人提出争议或指控，商标注册人则获得了稳定的商标权。混合原则不同于使用原则和注册原则，在该原则下，商标的注册仅起到推定商标权成立的作用，只有在法定期限届满无人主张权利时才能成为确权的依据；商标的使用事实也并非获得商标权的法定理由，它仅仅使先使用人获得了对抗注册商标的权利。

目前，英国、西班牙、德国、日本等国家采用这一原则。因为在实际商业活动中真正做到为相关公众所知并享有较高声誉的商标肯定是长期使用的结果。我国法律规定，未注册驰名商标人可以对抗他人对该商标的注册和使用，因而也有学者认为，在某种程度上，我国法律在商标权的取得上也采用了混合原则。商标因为驰名而获得保护这一特例在某些国家得到了肯定，如德国。

(二) 继受取得

继受取得又称传来取得，是指商标权的取得是基于他人已存在的权利，是间接取得，即是以他人的原有权利为基础而取得的。因此，无论是否存在瑕疵，权利受让人所取得的权利均以原有商标权为准。商标权作为一种财产权具有可让与性。在实践中，主要通过以下两种方式继受取得：一种是根据注册商标的转让合同，由受让人从转让人处有偿或无偿地取得商标权（如转让或赠与）；另一种是根据权利人死亡事实，由合法继承人继承被继承人的商标权。

我国对于转让注册商标有严格的程序要求，根据《商标法》第 42 条的规定："转让注册商标的，转让人和受让人应当签订转让协议，并共同向商标局提出申请。受让人应当保证使用该注册商标的商品质量。转让注册商标的，商标注册人对其在同一种商品上注册的近似的商标，或者在类似商品上注册的相同或者近似的商标，应当一并转让。对容易导致混淆或者有其他不良影响的转让，商标局不予核准，书面通知申请人并说明理由。转让注册商标经核准后，予以公告。受让人自公告之日起享有商标专用权。"

## 二、商标注册原则

商标注册原则是指对商标注册申请人进行受理并最终确认商标权归属的行为依据。根据我国商标法的规定，商标注册原则有诚实信用原则、自愿注册原则、申请在先原则和优先权原则。

### （一）诚实信用原则

诚实信用原则是从事民商事活动的基本原则，是市场经济活动中的一项基本道德准则，是现代法治社会的一项基本法律规则。它要求人们在民事活动中应当诚实、守信用，正当行使权利和履行义务，在追求自己利益的同时不损害他人和社会的利益，要求民事主体在民事活动中维持当事人利益与社会利益的平衡。而商标法作为民法的一个特别法，民法体系的"帝王"原则——诚实信用原则也应当在商标法中得以体现。

我国《商标法》第 7 条规定："申请注册和使用商标，应当遵循诚实信用原则。"同时，第 13 条、第 15 条、第 31 条等条款对违反诚实信用原则、损害他人合法权益的行为进行了细化，对这类商标不予核准注册或者予以撤销。

### （二）自愿注册原则

自愿注册原则是指商标使用人是否申请商标注册取决于自己的意愿。商标权是私权，私权的本质就是"自由意志"，因此在法律允许的范围内，是否申请商标注册应当由商标所有人自行决定，取得权利或者放弃权利应充分体现意思自治的原则。一般来说，商标是否注册并不影响其使用，但注册商标和未注册商标在法律上的地位是不同的，只有商标注册人才享有商标专用权，其注册商标受到法律的保护。实行自愿注册原则的同时，商标法对其少数商品仍保留了强制注册的办法。我国《商标法》第 6 条规定："法律、行政法规规定必须使用注册商标的商品，必须申请商标注册，未经核准注册的，不得在市场销售。"目前要求必须使用注册商标的商品包括烟草制品，如《中华人民共和国烟草专卖法》第19条第1款规定："卷烟、雪茄烟和有包装的烟丝必须申请商标注册，未经核准注册的，不得生产、销售。"

（三）申请在先原则

申请在先原则是指两个或两个以上申请人，就相同或类似商品上以相同或近似的商标申请注册时，申请在先的商标，其在先申请人可以获得商标专用权，在后的注册申请予以驳回。即商标权的取得是以注册为依据，并不考虑商标是否使用，谁先注册，谁就获得商标权。知识产权具有专有性特征，其法律表现为：①在同一项知识产品上，不允许有两个或两个以上同一属性的知识产权并存，商标权也不例外，在同一（相同或类似的）商标上只能存在一个商标权。采用申请在先原则时，申请的先后是关键。②确定申请的先后时，以申请日为依据。

申请在先原则鼓励申请人及时申请，这样易于明确商标权的归属，有利于对商标权的利用和保护，有利于促进商标制度的发展。该原则的弊端在于容易产生抢先注册他人商标的情形，不利于保护先使用商标人的利益。因此，我国《商标法》在采用申请在先原则的同时，辅以在先使用原则，如我国《商标法》第31条规定："两个或者两个以上的商标注册申请人，在同一种商品或者类似商品上，以相同或者近似的商标申请注册的，初步审定并公告申请在先的商标；同一天申请的，初步审定并公告使用在先的商标，驳回其他人的申请，不予公告。"根据相关规定，同日使用或均未使用的，可以自行协商；协商不成的，可以抽签方式决定一个申请人。

（四）优先权原则

优先权是一项非常重要的权利。优先权原则是《巴黎公约》赋予其缔约方国民申请工业产权时在申请日期上的优先利益。知识产权具有地域性，这种地域性意味着本国知识产权的效力并不必然延伸到其他国家，这是保护国家主权的必然要求。正是这种地域性差异，有可能使一国的知识产权（特别是工业产权）首次申请人在本国申请后，因地域的限制或其他原因造成申请日期的差异，而同一工业产权被其他人抢先申请注册。为了解决这个问题，《巴黎公约》建立了优先权制度。

根据我国法律规定,产生优先权的根据有两个:一个是首次申请;另一个是首次使用(即首次展览)。申请优先权体现在我国《商标法》第 25 条第 1 款中:"商标注册申请人自其商标在外国第一次提出商标注册申请之日起六个月内,又在中国就相同商品以同一商标提出商标注册申请的,依照该外国同中国签订的协议或者共同参加的国际条约,或者按照相互承认优先权的原则,可以享有优先权。"首次使用而产生的优先权,也称为展览优先权,我国《商标法》第 26 条第 1 款规定:"商标在中国政府主办的或者承认的国际展览会展出的商品上首次使用的,自该商品展出之日起六个月内,该商标的注册申请人可以享有优先权。"这是按照《巴黎公约》的规定,对国际展览会上展出商品的临时保护。需要注意的是,《巴黎公约》中所规定的优先权适用于商品商标,并不适用于服务商标,但缔约方可以自由决定是否给予服务商标优先权。

优先权并不自动产生,而是需要经过一定的法律程序。如我国《商标法》第 25 条第 2 款和第 26 条第 2 款分别就申请优先权和展览优先权的获得规定了相应的程序。第 25 条第 2 款规定:"依照前款要求优先权的,应当在提出商标注册申请的时候提出书面声明,并且在三个月内提交第一次提出的商标注册申请文件的副本;未提出书面声明或者逾期未提交商标注册申请文件副本的,视为未要求优先权。"第 26 条第 2 款规定:"依照前款要求优先权的,应当在提出商标注册申请的时候提出书面声明,并且在三个月内提交展出其商品的展览会名称、在展出商品上使用该商标的证据、展出日期等证明文件;未提出书面声明或者逾期未提交证明文件的,视为未要求优先权。"

### 三、商标注册程序

我国商标注册申请人获得商标必须经过法定的程序,一般包括商标注册的申请、审查、初步审定公告、异议、核准五个阶段。我国商标注册机构是国务院工商行政管理部门商标局。对申请人来说,商标注册是一种法律行为,必须依照法定程序和条件向商标主管机关申请注册,方能取得商标权;从商标主管机关的角度看,商标局、商标评审委员会的审查工作关系到相对人的重要民事权益,应当按照法定程序行使职权。

(一) 商标注册的申请

这是启动商标注册的前提,是指申请人向商标局提交申请文件并缴纳申请费。

1. 商标注册申请人

我国《商标法》第 4 条第 1 款规定："自然人、法人或者其他组织在生产经营活动中，对其商品或者服务需要取得商标专用权的，应当向商标局申请商标注册。不以使用为目的的恶意商标注册申请，应当予以驳回。"

关于共同申请注册，根据我国法律规定，两个以上的自然人、法人或者其他组织可以共同向商标局申请注册同一商标，其商标专用权由多个主体共同享有和行使。

我国国内商标注册实行商标代理与当事人直接办理的双轨制。外国人或外国企业在我国申请商标注册的，实行强制代理制，按照《商标法》第 17 条和第 18 条的规定办理，即外国人或者外国企业在中国申请商标注册的，应当按其所属国和中华人民共和国签订的协议或者共同参加的国际条约办理，或者按对等原则办理；申请商标注册或者办理其他商标事宜，可以自行办理，也可以委托依法设立的商标代理机构办理；外国人或者外国企业在中国申请商标注册和办理其他商标事宜的，应当委托依法设立的商标代理机构办理。

2. 商标注册申请文件

（1）申请人资格证明

申请商标注册的，申请人应当提交其身份证明文件。商标注册申请人的名义与所提交的证明文件应当一致。如果是自然人申请注册，需要提供身份证明文件（包括其他基本情况）和相应的个体工商户营业执照复印件或有关主管机关颁发的登记文件；如果是企业或其他组织申请注册，则须出示企业《营业执照》副本及提供经发证机关签章的《营业执照》复印件。由商标代理人代办商标注册申请的，应提交代理委托书、代理机构名称、地址和其他代理资格证明。

（2）商标注册申请书

申请人应当向商标局提交其统一制作的《商标注册申请书》一份，并认真填写当事人的基本情况，自然人必须签字，法人或其他组织必须加盖公章。

申请注册的商标应当注意以下情形：①申请注册的商标应当按照规定的商品分类表填写，也就是说，申请人填写《商标注册申请书》时，应当明确指定在哪类商品或服务的哪些商品或服务项目上使用该商标。我国现在采用的是《尼斯协定》商品分类表，包括 34 类商品和 11 类服务。②可以"一表多类"或"跨类申请"。我国《商标法》第 22 条第 2 款规定："商标注册申请人可以通过一份申请就多个类别的商品申请注册同一商标。"③另行注册。我国《商标法》第 23 条规定："注册商标需要在核定使用范围之外的商品上取得商标专用权的，应当另行提出注册申请。"注册商标专用权以核准注册的商标和核定使用的商品为限，因为注册商标扩大其使用范围时，可能与他人的在先权利发生冲突，因而，即使是在同一类商品的其他商品上使用时仍然需要重新提出申请。④重新注册。我国《商标法》第 24 条规定："注册商标需要改变其标志的，应当重新提出注册申请。"改变文字、图形或其他要素意味着商标已经改变，而注册商标的专用权效力只及于注册时的商标的标志形状，当法律特定化的商标被改变后，其效力并不及于改变后的标志，此时原注册商标和改变后的商标应当视为两个独立的商标，故而应重新提出注册申请。⑤变更注册。我国《商标法》第 41 条规定："注册商标需要变更注册人的名义、地址或者其他注册事项的，应当提出变更申请。"注册人自然状况发生变化的，应当及时变更注册，保证《商标注册簿》中的记载与实际情况相一致，这是维护商标权正当行使的必要条件。⑥转移注册。根据《商标法实施条例》第 32 条的规定："注册商标专用权因转让以外的继承等其他事由发生移转的，接受该注册商标专用权的当事人应当凭有关证明文件或者法律文书到商标局办理注册商标专用权移转手续。"这里所说的移转手续即转移注册。⑦有要求优先权的一并提交优先权声明。⑧以三维标志申请注册商标的，应当在申请书中予以声明，并提交能够确定三维形状的图样；以颜色组合申请注册商标的，应当在申请书中予以说明，并提交文字说明。⑨申请注册集体商标、证明商标的，应当在申请书中予以声明。⑩我国《商标法》第 22 条第 3 款明确规定："商标注册申请等有关文件，可以以书面方式或者数据电文方式提出。"常见的电子邮件、电子文档等都属于数据电文。

（3）商标图样

申请商标注册必须提交商标图样。每一件商标注册申请应当向商标局提交《商标注册申请书》1 份、商标图样 1 份；以颜色组合或者着色图样申请商标注册的，应当提交着色图样，并提交黑白稿 1 份；不指定颜色的，应当提交黑白图样。除此之外，《商标法实施条例》对三维标志商标、颜色组合商标以及声音商标的注册申请都有不同要求。

（4）其他证明文件

使用人物肖像作为商标进行注册的，申请人必须提供经公证机关公证过的肖像权人的授权书。人用药品商标注册，应当附送卫生行政部门发给的

《药品生产企业许可证》或者《药品经营企业许可证》；申请卷烟、雪茄烟和有包装烟丝的商标注册，应当附送国家烟草主管机关批准生产的证明文件。

办理集体商标注册申请的，应附送申请人主体资格证明和商标使用管理规则；办理证明商标注册申请的，应当提交申请人主体资格证明、国家或者省级主管部门出具的证明申请人对指定的商品或服务具有检测和监督能力的文件。

申请人要求优先权的，应当提交经国家主管机关予以证明优先权的证明文件。以上各种申请文件和所提供的材料应当真实、准确、完整。

(二) 商标注册申请的审查

商标注册申请的审查，是商标申请人提交申请文件后，由商标局编订申请号，发给《受理通知书》，随后商标局通过检查、检索、对比分析、调查研究等手段对申请注册的商标是否符合商标法的规定进行审查，从而决定对该商标是否给予初步审定或驳回申请等一系列过程。世界各国对商标审查实行两种制度：大多数国家实行审查制度，既进行形式审查又进行实质审查；少数国家实行不审查制，又称登记制，只进行形式审查，符合规定的就授予商标权。在我国，商标审查工作是由商标局委派指定的审查员，以申请日期先后按顺序进行审查的。商标审查分两步进行：第一步为形式审查，第二步为实质审查。

1. 形式审查

形式审查是指审查商标注册的申请是否具备法定条件和手续，以确定对该申请是否受理。审查内容包括：申请人主体资格（包括审查申请人名义、印章是否与营业执照一致）；申请人要求核定的商品或服务是否填写得具体、规范，分类是否准确，是否符合其经营范围；申请文件、商标图样是否齐全，是否符合规定；有关证明文件是否齐全和真实可靠；申请注册费用是否已缴纳等。

经过审查，商标局分以下三种情况采取不同的处理方式：

第一，申请手续齐备并按照规定填写申请文件的，商标局予以受理，编订申请号，发给《受理通知书》。形式审查的主要目的是确定商标注册的申请日期，申请日的先后往往成为确定商标权归属的法律依据。根据法律规定，商标注册的申请日期，以商标局收到申请文件的日期为准；申请人享有优先权的，优先权日为申请日。

第二，申请手续不齐备或者未按照规定填写申请文件的，商标局不予受理，书面通知申请人并说明理由，申请日期不予保留。

第三，申请手续基本齐备或者申请文件基本符合规定，但需要补正的（主要是基于申请文件存在非实质性问题），商标局通知申请人予以补正，限其自收到通知之日起30日内，按照指定内容补正并交回商标局。在规定期限内补正并交回商标局的，保留申请日期；期满未补正的，视为放弃申请，商标局应当书面通知申请人。

2. 实质审查

经形式审查予以受理的商标注册申请案，就进入实质审查阶段。实质审查是对商标是否具备注册条件的审查，即对申请注册商标合法性的审查。实质审查包括积极条件的审查和消极条件的审查。

①积极条件的审查。积极条件的审查主要针对商标标志是否可为视觉感知、是否具有显著特征从而便于识别，其判断标准见《商标法》第9~12条。积极条件的审查包括以下内容：商标是否具备法定的构成要素，依我国商标法规定，应为文字、图形、字母、数字、声音、三维标志和颜色组合以及上述要素的组合；商标是否具备显著性。

②消极条件的审查。消极条件的审查即禁用条件的审查。

③商标相同、近似的审查。根据商标法的相关规定：两个或者两个以上的商标注册申请人，在同一种商品或者类似商品上，以相同或者近似的商标申请注册的，初步审定并公告申请在先的商标；同一天申请的，初步审定并公告使用在先的商标，驳回其他人的申请，不予公告。商标局的工作人员在此环节中审查申请注册的商标是否与他人在同一种或类似商品上的注册商标相同或近似，是否与申请在先并初步审定的商标以及已注销、撤销、宣告无效不满1年的注册商标相混同。

④申请注册的商标不得损害他人的在先权利。这里所指的在先权利，是指在注册商标申请人提出注册商标申请以前，他人已经依法取得或者依法享有并受法律保护的权利。在先权利既包括在先商标，也包括其他在先权利，如商号权、著作权、外观设计专利权、姓名权、肖像权等。

⑤申请商标注册，不得以不正当手段抢注他人已经使用并有一定影响的商标。这种行为违反了《民法典》关于诚实信用原则的规定。这是对于先使用并具有一定影响力的未注册商标的特别保护。

## （三）商标注册的初步审定公告

对申请注册的商标，商标局应当自收到商标注册申请文件 9 个月内审查完毕，凡符合商标法有关规定的，应当予以初步审定公告。初步审定是商标局对商标合法性的初步判断，此时商标尚未核准注册，申请人仍然没有获得商标专用权；商标公告是对初步审定的商标在《商标公告》上予以公布。初步审定公告的目的：一是使公布的事项发生效力，为先申请人提供保护，防止在相同或类似商品上注册相同或近似商标，避免和减少商标争议；二是将商标注册置于公众监督之下，提高商标注册的准确性。

## （四）商标异议程序

商标异议程序是指在法定期限内对某一经过初步审定公告的商标，依据商标法提出反对意见，要求商标局撤销初步审定公告的商标，不予核准注册的程序。商标异议程序的目的主要是将商标审查工作置于社会的监督之下，这样有助于发现问题，纠正审查工作中的疏漏，同时有助于保护商标注册人或初步审定人的在先权利，可以避免注册商标申请人获得不应得到的商标专用权，从而提高商标核准注册的准确性。

我国《商标法》第 33 条规定，对初步审定公告的商标，自公告之日起 3 个月内，在先权利人、利害关系人认为违反《商标法》第 13 条第 2 款和第 3 款、第 15 条、第 16 条第 1 款、第 30 条、第 31 条、第 32 条规定的，或者任何人认为违反《商标法》第 4 条、第 10 条、第 11 条、第 12 条规定的，可以向商标局提出异议。对初步审定公告的商标提出异议的，商标局应当听取异议人和被异议人陈述事实和理由，经调查核实后，自公告期满之日起 12 个月内做出是否准予注册的决定，并书面通知异议人和被异议人。有特殊情况需要延长的，经国务院工商行政管理部门批准，可以延长 6 个月；异议人包括在先权利人、利害关系人、任何第三人。只有当初步审定公告的商标违反禁止性规定（即绝对理由）时，其他人才能就此提出异议，这与之前的法律规定有很大差别，从某种意义上遏制了恶意商标异议的行为。这个规定阻止了部分自然人、法人或其他组织利用被异议人迫切需要使异议商标获准注册的心理，滥用法律程序，无正当理由提出商标异议，以阻止他人商标的合法注册而达到牟利目的的不良行为。在先权利人和利害关系人仅限于对违背法律中规定的具有相对理由的商标提出异议。

提出异议应当以书面形式进行，异议人应当向商标局提交《商标异议书》，并写明刊登被异议商标的《商标公告》的期号、页码及其初步审定号等。

商标局在对异议进行裁定前，必须听取异议人和被异议人陈述事实和理由，经调查核实后作出裁定。异议裁定结果有三种：①公告期满无异议的，予以核准注册、发给商标注册证，并予以公告；②商标局作出不予注册决定，被异议人不服的，可在15日内向商标评审委员会申请复审（复审期限为12个月，特殊情况延长6个月），对复审决定不服的，可自收到通知之日起30日内向人民法院提起诉讼（人民法院应当通知商标异议程序的对方当事人作为第三人参加诉讼）；③商标局作出准予注册决定的，发给商标注册证并公告。异议人不服的，可以依照《商标法》第44条、第45条启动宣告无效程序。

（五）商标注册申请的核准

初步审定并予以公告的商标，公告期满无异议或异议不成立的，由商标局核准注册。这是商标注册申请人取得商标专用权的决定性环节，是商标注册审查核准程序的最后一个阶段。在核准注册程序中，商标局将已核准的商标在《商标注册簿》上登记，核定使用的商品或服务项目、编号，颁发《商标注册证》（这是商标注册人取得商标专用权的法律凭证），同时再次将商标刊登在《商标公告》上。经核准注册后，商标申请人取得商标专用权。商标专用权正式生效，有效期是10年，自核准注册之日起算。

（六）商标复审程序

商标复审是指商标评审委员会应当事人的申请，对不服商标局的处理决定依法进行审议评核的程序。商标复审程序有利于商标审查、管理，有利于当事人主张权利，保护商标权。商标评审委员会是依据《商标法》的有关规定，负责商标评审的专门行政执法机构，依法对商标评审事宜行使裁决权。根据法律规定，商标评审委员会有权审理商标注册复审案件、商标异议复审案件和商标撤销复审案件。商标评审委员会审理商标争议案件实行合议制度，进行书面审理。

商标评审委员会可以受理对下列事宜提出的评审申请：①对商标局驳回商标注册申请不服的复审；②对商标局不予注册决定不服的复审；③对商标

局依照《商标法》第44条第1款作出的宣告注册商标无效决定的复审；④对商标局依照《商标法》第49条作出的撤销注册不当商标不服的复审或者维持注册商标决定的复审；⑤法律、法规规定的其他商标评审事宜。当事人对商标评审委员会的裁定不服的，可以自收到通知之日起30日内，向人民法院提起诉讼。

**四、商标的国际注册**

商标权具有地域性。注册商标只有在注册国或注册地才具有法律效力，随着国际贸易的发展，一国的商标获得其他国家的法律保护已成为必要。一国商标在国外注册有着重要的意义。首先，商标权在国外注册能防止他人抢注自己的商标，我国和其他国家都遭受过自己的著名商标或百年老字号在国外被抢注的惨痛经历；其次，一国商标在外国获准注册后，有权禁止他人的假冒、仿冒等行为，可以依照注册国的法律追究法律责任，防止这类侵权事件的频繁发生；最后，商标的国际注册有利于各国推广自己的品牌，创世界驰名商标，提高商品或服务在国际市场上的竞争力，这具有重要的战略意义。

一般来说，商标的国际注册包括两种情况：一是我国商标在外国注册；二是外国商标在我国注册。

（一）我国商标在外国注册

我国商标在外国注册有两种方式：一是办理逐一国家注册；二是办理商标国际注册。第一种方式最为传统，程序比较繁复，但其优点也是明显的，如针对性强、没有申请国的限制等。第二种方式的优点是程序简易、注册时间短、费用较低，给申请人提供了很大的便利，可以只办理一次申请手续、使用一种语言、缴纳一次费用，就可以同时在几个缔约方处获得保护，避免了烦琐的手续。本书重点论述第二种方式。

我国已经参加了《商标国际注册马德里协定》和《商标国际注册马德里协定有关议定书》（以下简称《马德里协定议定书》）。《商标法》和《商标法实施条例》明确规定了我国自然人、法人和其他组织的商标国际注册程序。《商标法实施条例》规定办理商标的国际注册需要满足如下条件。

1. 申请

我国自然人、法人或者其他组织申请商标国际注册的，应当保证其商标已经获得注册或者已向商标局提出商标注册申请并被受理。

按照规定填写《商标国际注册申请书》，并将其提交我国商标局，通过商标局向世界知识产权组织国际局（以下简称国际局）申请办理。

商标国际注册的申请日期，以商标局收到申请书件的日期为准。申请手续齐备并按照规定填写申请书件的，编定申请号，商标局在 30 天内将申请书件（英文或法文）寄国际局；手续不齐备或者未按照规定填写申请书的，商标局不予受理，申请日不予保留；手续和申请书基本符合规定，但需要补正的，自收到补正通知书 30 日内补正，逾期未补正的，商标局不予受理，并书面通知申请人。

2. 审核

国际局收到商标局转去的商标国际注册申请后，认为手续齐备、商品和服务类别及名称填写正确的，即予以注册；认为手续不齐备的，将暂缓注册，并通知商标局。商标局在收到国际局通知之日起 15 日内通知申请人或代理人补齐手续。

经国际局审查后，将该商标予以注册，并发给国际注册证件。与此同时，国际局通知指定国家在收到其通知 1 年内进行审定，提出商标国际注册申请时指定的各保护国家，将根据各自的国家法律决定是否予以保护，如果决定不予保护，需要向国际局声明驳回。《马德里协定议定书》规定，声明驳回的时限最多为 1 年，也就是说，如果指定保护申请在 1 年时限内未遭到驳回，则该申请自动得到保护（按照《马德里协定议定书》的规定，缔约方可根据需要，将有权驳回时限延长至 18 个月），若未在 1 年内作出该声明的，则该商标在指定国产生效力。

国际局将注册文件直接寄给申请人，如果申请人指定了代理人，则寄给代理人。商标所有人或其代理人收到缔约方驳回抄件后，若不服，可以按驳回国家的法定程序进行申诉。

（二）外国商标在我国注册

所谓外国商标，顾名思义，就是商标所有人为外国国籍的商标。外国人和外国的企业根据中国法律都可以在中国申请商标注册。

我国《商标法》第 17 条规定，外国人或者外国企业在中国申请商标注册的，应当按其所属国和中华人民共和国签订的协议或者共同参加的国际条约（包括《巴黎公约》《商标国际注册马德里协定》《尼斯协定》等）办理，或者按照对等原则办理。我国在 1985 年参加《巴黎公约》之前，已经先后与 30

多个国家签订了关于商标保护的双边协议，但我国在参加《巴黎公约》后不再与其他国家签订双边协议，因为《巴黎公约》缔约方包括了世界上的绝大多数国家。按照《巴黎公约》的规定，凡对本国商标予以保护的，即应对外国人的商标在本国给予相同的保护；对于和我国既无协议，又不同属于任何一个国际公约的，按照对等原则办理，即双方互相给予对方同等的待遇。采用对等原则办理外国商标注册，既有利于外国商标在我国的注册，也有利于我国商标在外国申请注册，从而促进双方贸易。按照这一原则，我国先后同加拿大、瑞士、泰国、奥地利等国互相确认免交本国证件，同时解决了同美国之间直接办理商标注册的问题。商标局受理外国人或者外国企业商标注册时基本遵循以上原则。

我国《商标法》第18条第2款规定："外国人或者外国企业在中国申请商标注册和办理其他商标事宜的，应当委托依法设立的商标代理机构办理。"商标代理是民事委托代理的一种，即商标代理人在其代理权限内，以被代理人的名义从事商标事务的法律行为。我国法律对于外国商标在我国注册实行的是委托代理制，且采用强制代理。这不仅是一种国际惯例，更主要的是出于对现状的考虑。一般来说，外国人或者外国企业对于中国的商标法律和其他法律制度及体系并不熟悉，交流也存在一定障碍，为了提高商标注册效率，保证法律事务的质量，采用这样的方式也是合情合理的。

## 第二节　商标管理

### 一、商标管理概述

（一）商标管理的意义

商标管理是指商标管理机关依法对商标的注册、使用、代理、印制等行为进行检查、监督等活动的总称。商标管理分为两大类：一是对商标使用的管理，包括对注册商标与未注册商标使用的管理；二是对商标印制的管理。商标管理机关由国家市场监督管理总局的商标局、商标评审委员会与地方各级市场监督管理局两级管理体制组成。商标管理是国家在市场经济体制下进行宏观调控的战略措施之一，商标在市场经济中发挥着重要作用，它涉及企业的信誉和经济利益，也关系到消费者利益和国家经济发展。对商标进行管理，有利于保障消费者的合法权益，使商标所有人能够合法使用商标，保证商品和服务质量。商标管理对于维护良好的市场秩序，促进市场经济发展具有积极意义。

(二) 商标管理机关及其职责

我国《商标法》第 2 条规定："国务院工商行政管理部门商标局主管全国商标注册和管理的工作。国务院工商行政管理部门设立商标评审委员会，负责处理商标争议事宜。"据此，主管全国商标注册和管理的机关是商标局，负责处理商标争议案件的机关是商标评审委员会。我国商标管理的原则是"集中注册，分级管理"，地方市场监督管理部门在其管辖范围内管理商标事务。

1. 商标局

商标局的主要职责如下：主管全国的商标注册工作，包括商标注册的申请、审查、异议、核准，注册商标的续展、变更、转让、补正、注销等事务；制定或参与制定有关商标的规章制度及具体措施、办法，组织商标国际条约、协定在中国的具体实施，承办商标国际交流与合作的有关工作；指导、协调、组织各地市场监督管理部门查处商标侵权及假冒案件；协助办理商标侵权行政复议案件；管理商标使用许可合同和商标印制；监督管理商标代理组织、商标评估机构；依法认定和保护驰名商标；指导地方各级市场监督管理部门的商标管理工作；办理有关商标的其他事务，如编辑出版《商标公告》、办理商标许可使用的备案手续、开展对商标法的宣传教育工作等。

2. 商标评审委员会

商标评审委员会是依据商标法的有关规定，负责商标评审工作的专门行政执法机构，依法对商标评审事宜行使裁决权。商标评审委员会由主任委员、副主任委员、委员组成。它与商标局是平行的、独立的机构。其主要任务是处理商标评审事宜，依法对商标评审事宜独立行使裁决权，维护当事人的合法权益，维护和监督商标局依法行使职权。商标评审委员会的设立，体现了我国采用审查与评审相结合的商标制度。

商标评审委员会依法对商标评审事宜作出裁决，并书面通知有关当事人，当事人对裁决不服的，可自收到通知之日起 30 日内向人民法院起诉，在规定期限内不起诉的，裁决生效。这是我国现行商标法用商标确权的司法终审制。在此之前，商标权的确权采用行政确权终审制，即商标评审委员会对驳回申请、异议案件及撤销注册商标的案件等作出的复审裁决均为终局决定或裁定，当事人不得再提请复审，也不得提起诉讼。这种行政确权终审制目前只有少数国家采用，不利于司法对行政行为的监督，有可能造成行政权力的滥用。并且这种制度与《TRIPS协定》的规定不一致，有悖于法治原则，因此我国商标法重新确立了商标确权的司法终审制度，符合《TRIPS协定》及国际惯例，更好地体现了法治原则。

3. 地方各级市场监督管理部门

随着国家机构改革的深入开展，全国大多数地方各级工商行政管理部门变更为地方各级市场监督管理部门，包括省、自治区、直辖市、地（市）、县各级市场监督管理机关，它们是查处地方商标违法行为的执法机关，负责在其管辖的行政区域范围内查处商标违法行为。商标权人或其他人对商标侵权行为、假冒商标的行为，依法定程序在侵权行为地或侵权人所在地的县以上市场监督管理部门投诉或请求处理。因为《商标法》第四次修正时，各地区仍在改革实施过程中，故一些法条仍然保留着"工商行政管理机关"的原有称谓。

地方各级市场监督管理部门的主要职责为：通过商标管理监督使用注册商标的商品质量，并对以劣质商品欺骗消费者的责任人给予行政处罚；对本辖区的注册商标和未注册商标的使用进行管理；对商标标志的印制进行管理；对国家规定必须使用注册商标的商品而未使用注册商标的行为进行处理；宣传商标法规，指导工商企业正确使用商标；对侵犯商标权的行为和其他商标违法案件进行调查处理，涉嫌犯罪的，应当及时移送司法机关依法处理。

当事人对市场监督管理部门作出的处理决定不服的，可在规定时间内向人民法院提起行政诉讼。

## 二、商标使用的管理

商标使用的管理包括对注册商标使用的管理和对未注册商标使用的管理。对"商标的使用"或"商标意义上的使用"在理论界及实务中一直存在争议，现行《商标法》规定了"商标的使用"，从而使这一概念具有了规范的解释。我国《商标法》第48条规定："本法所称商标的使用，是指将商标用于商品、商品包装或者容器以及商品交易文书上，或者将商标用于广告宣传、展览以及其他商业活动中，用于识别商品来源的行为。"

（一）对注册商标使用的管理

注册商标是指经商标局依法定程序核准的商标，包括商品商标、服务商标、集体商标、证明商标等。注册商标的使用既是商标权人的一项权利，更是其应履行的义务，为防止商标权人不正当地使用注册商标，滥用商标权，对国家及公众利益造成损害，《商标法》对注册商标的使用作了明确规定。

1. 使用注册商标应当标明注册标记

《商标法》第9条第2款规定："商标注册人有权标明'注册商标'或者注册标记。"注册标记一般标示在商标的右上角或右下角，可以在商品上标明，或者在商品的包装、说明书以及其他附着物上标明。标明注册标记对商标权人来说有很大的益处，可利用商标宣传自己的企业，树立品牌信誉，使消费者熟悉自己的商标和商品，占领较大的市场份额，提升竞争力。同时，可以告知公众该标记已注册，受法律保护，警示他人不要误用，以免造成侵权。商标与企业信誉密切相关，标明注册标记能够促使企业保证其商品质量。商标主管机关应当检查经营者是否正确使用注册标记，对使用不当的行为应予以纠正和处理。

2. 注册商标的使用应当符合核定的使用范围

《商标法》第56条规定，注册商标的专用权，以核准注册的商标和核定使用的商品为限。《商标法》第23条规定，注册商标需要在核定使用范围之外的商品上取得商标专用权的，应当另行提出注册申请，否则将会导致被撤销。因此，注册人不能擅自扩大商标权的使用范围。

3. 注册人不得擅自改变注册商标图样、注册人名义和地址

依照《商标法》第56条的规定，商标专用权的范围是以核准注册的商标和核定使用的商品为限。《商标法》第49条第1款规定："商标注册人在使用注册商标的过程中，自行改变注册商标、注册人名义、地址或者其他注册事项的，由地方工商行政管理部门责令限期改正；期满不改正的，由商标局撤销其注册商标。"注册商标所使用的文字、图形、字母等都是经商标局核准的，不能擅自改动、增添。若要改变应重新申请，否则将导致注册商标被撤销。注册人名义、地址在地方登记、备案，并且申请商标注册时在商标局登记的，不能擅自改变。若需变更，应办理变更手续。《商标法》第24条规定："注册商标需要改变其标志的，应当重新提出注册申请。"第41条规定："注册商标需要变更注册人的名义、地址或者其他注册事项的，应当提出变更申请。"

4. 不得连续3年停止使用注册商标

商标注册后长期闲置不使用，不仅是对有限的商标资源的浪费，也影响

他人对商标的正常使用。若出现这种情况，任何单位和个人都可以向商标局申请撤销该注册商标。对此，《商标法》第49条作了相应规定。

5. 对已注销、撤销、被宣告无效或期满不续展的注册商标的管理

此类情形会导致商标权终止的法律后果，原商标所有人将丧失商标权，不能再使用注册商标，也不能再使用注册标记。否则，将构成冒充注册商标。此外，为了不产生消费者误认，对于撤销、宣告无效或者自注销之日起1年内申请与原商标相同或相近似商标的，不予核准。

（二）对未注册商标使用的管理

未注册商标不产生商标专用权，与注册商标具有不同的法律地位。在我国，允许使用未注册商标是出于促进经济发展的目的，对于一些生产不稳定、产品尚未定型、尚处于试用期的商品，允许其不注册商标就投放市场。我国实行自愿注册原则，是否注册商标，由生产经营者自愿选择。《商标法》第6条规定："法律、行政法规规定必须使用注册商标的商品，必须申请商标注册，未经核准注册的，不得在市场销售。"并且在第51条规定，违反《商标法》第6条规定的，由地方市场监督管理部门责令限期申请注册，违法经营额5万元以上的，可以处违法经营额20%以下的罚款，没有违法经营额或者违法经营额不足5万元的，可以处1万元以下的罚款。目前我国只对烟草制品实行强制注册制度。我国允许使用未注册商标，同时商标法对未注册商标也规定了应当管理的事项，其目的是维护消费者利益、规范商标秩序、发展市场经济。商标法关于未注册商标的管理主要包括以下几方面。

1. 对冒充注册商标的管理

冒充注册商标是指在未注册商标的商品上作注册标记，或在超出注册商标核准范围的商品上使用注册商标，或在商标权终止后使用注册商标。也就是说，某商标未经注册，使用人却向公众标示该商标已经注册。如在未注册商标的标识上加注"注册商标"字样或注册标记"©"，或者在商品、商品包装、说明书或其他附着物上标明"注册商标"或者"注册标记"。《商标法》第52条规定，将未注册商标冒充注册商标使用的，或者使用未注册商标违反本法第10条规定的，由地方市场监督管理部门予以制止，限期改正，并可以予以通报，违法经营额5万元以上的，可以处违法经营额20%以下的罚款，没有违法经营额或者违法经营额不足5万元的，可以处1万元以下的罚款。

### 2. 对违反《商标法》禁用条款的商标的管理

《商标法》第 10 条规定了不得作为商标使用的标志，也包括未注册商标不得使用的标志。使用未注册商标，有第 10 条规定的行为之一的，由地方市场监督管理部门予以制止，限期改正，并可以予以通报或者处以罚款，若当事人对罚款决定不服，可自收到通知之日起 15 日内向人民法院起诉，期满不起诉又不履行的，由有关市场监督管理部门申请人民法院强制执行。

对未注册商标进行管理的同时，还应对其予以法律保护。若他人对未注册商标造成损害，并且该商标所使用的商品或服务为知名商品或服务，商标所有人可依《反不正当竞争法》获得保护。因此，对未注册商标的法律保护不充分，为了获得《商标法》的充分保护，商标所有人应当积极注册商标，取得商标专用权。此外，未注册的驰名商标不但可以获得《商标法》的保护，而且可以获得比普通注册商标更完备的保护。

《商标法》对于驰名商标使用的管理，除了适用注册商标及未注册商标使用管理的规定外，还有一条特殊规定，其第 14 条第 5 款规定："生产、经营者不得将'驰名商标'字样用于商品、商品包装或者容器上，或者用于广告宣传、展览以及其他商业活动中。"并且在第 53 条规定："违反本法第 14 条第 5 款规定的，由地方工商行政管理部门责令改正，处十万元罚款。"该规定对于实践中出现的驰名商标"异化"现象具有一定的约束力。

### 三、商标印制的管理

#### （一）商标印制管理的意义

根据《商标印制管理办法》[①]，商标印制是指印刷、制作带有商标的包装物、标签、封签、说明书、合格证等商标标识的行为，具体包括印刷、印染、制版、刻字、织字、晒蚀、印铁、铸模、冲压、烫印、贴花等方式。商标印制管理是指商标管理机关依法对商标的印制进行监督、检查，以及对商标印制的违法行为进行查处的活动。商标印制管理是商标管理的重要环节，对于保护商标专用权，维护市场经济秩序，提高商标印制企业的商标法律意识，从源头上制止假冒注册商标流入市场，遏止假冒商品的流通，减少商标侵权

---

[①] 《商标印制管理办法》是为了加强商标印制管理，保护注册商标专用权，维护社会主义市场经济秩序而制定的法规，由 1996 年 9 月 5 日国家工商行政管理局令第 57 号公布，1998 年 12 月 3 日国家工商行政管理局令第 86 号第一次修订，2004 年 8 月 19 日国家工商行政管理总局令第 15 号第二次修订，2020 年 10 月 23 日国家市场监督管理总局令第 31 号第三次修订。

行为具有重要意义。

(二) 商标印制单位的管理制度

商标印制单位是指依法登记并从事商标印制业务的企业和个体工商户。商标印制单位承接符合《商标印制管理办法》规定的商标印制业务的，需要履行相关印制手续，并对商标印制委托人提供的证明文件进行核查，实行严格的管理制度，不符合规定的不得承接印制业务。商标印制单位违反《管理办法》相关规定的，应承担相应的法律责任。

1. 商标印制业务审查制度

商标印制委托人印制注册商标，应当出示《商标注册证》并另行提供一份复印件。通过签订《商标使用许可合同》使用他人注册商标，被许可人需要印制商标的，还应当出示《商标使用许可合同》文本并提供其复印件；商标注册人单独授权被许可人印制商标的，除出示由注册人所在地县级工商行政管理局签章的《商标注册证》复印件外，还应当出示授权书并提供一份复印件。商标印制委托人印制未注册商标的，所印制的商标不得违反商标法的相关规定，不得标注"注册商标"字样或者使用注册标记。商标印制委托人包括商标注册人、未注册商标使用人、商标被许可人以及符合商标法规定的其他商标使用人。商标印制委托人委托印制注册商标的，商标印制单位应当严格审查证明文件是否齐全、印制的商标图样是否与《商标注册证》上核准的一致。经核查符合要求的予以印制，不符合要求的应拒绝印制。

2. 商标印制单位印制管理制度

印制管理制度包括登记建档制度、商标标识出入库制度、废次商标标识销毁制度以及其他有关制度。

委托印制注册商标的，商标印制委托人提供的有关证明文件及商标图样应当符合下列要求：①所印制的商标样稿应当与《商标注册证》上的商标图样相同；②被许可人印制商标标识的，应有明确的授权书，或其所提供的《商标使用许可合同》含有许可人允许其印制商标标识的内容；③被许可人的商标标识样稿应当标明被许可人的企业名称和地址，其注册标记的使用应符合《商标法实施条例》的有关规定。

委托印制未注册商标的，商标印制委托人提供的商标图样应当符合下列要求：①所印制的商标不得违反《商标法》第10条的规定；②所印制的商标不得标注"注册商标"字样或者使用注册标记。商标印制单位应当对商标印制委托人提供的证明文件和商标图样进行核查。

商标印制单位承接符合《商标印制管理办法》规定的商标印制业务的，商标印制业务管理人员应当按照要求填写《商标印制业务登记表》，载明商标印制委托人所提供的证明文件的主要内容，《商标印制业务登记表》中的图样应当由商标印制单位业务主管人员加盖骑缝章。

商标标识印制完毕，商标印制单位应当在 15 天内提取标识样品，连同《商标印制业务登记表》《商标注册证》复印件、《商标使用许可合同》复印件、商标印制授权书复印件等一并造册存档。商标印制单位应当建立商标标识出入库制度，商标标识出入库应当登记台账。废次标识应当集中进行销毁，不得流入社会。

商标印制档案及商标标识出入库台账应当存档备查，存查期为 2 年。

(三) 商标印制违法行为及应承担的法律责任

商标印制违法行为及应承担的法律责任包括：①擅自设立商标印刷企业或者擅自从事商标印刷经营活动的，由所在地或者行为地市场监督管理部门依照《印刷业管理条例》的有关规定予以处理；②商标印制单位未认真履行核查业务，且印制的商标与他人注册商标相同或者近似，属于《商标法实施条例》第 50 条第 2 项所述的商标侵权行为的，由所在地或者行为地市场监督管理部门依《商标法》有关规定处理；③商标印制单位未建立健全商标印制管理制度，由所在地市场监督管理部门责令限期改正，并视情节予以警告，处以非法所得 3 倍以下罚款，但最高不超过 3 万元，没有违法所得的，可以处以 1 万元以下罚款；④商标印制单位的违反行为构成犯罪的，所在地或者行为地市场监督管理部门应及时将案件移送司法机关追究刑事责任。

## 第三节 商标权的法律保护

一、商标侵权行为的认定

我国《商标法》第 57 条对侵犯注册商标专用权的行为作了规定。

(一)未经商标注册人的许可,在同一种商品上使用与其注册商标相同的商标的

这种行为是假冒注册商标的行为,属"显性侵权",其危害性大,是最严重的商标侵权行为。相同商标是指被控侵权的商标与原告的注册商标相比较,二者的构成要素相同或者在视觉上没有差别。假冒注册商标情节严重的,行为人还有可能受刑法制裁。

(二)未经商标注册人的许可,在同一种商品上使用与其注册商标近似的商标,或者在类似商品上使用与其注册商标相同或者近似的商标,容易导致混淆的

该条款实际包括以下三种情形。

1. 未经许可,在同一种商品上使用与注册商标相近似的商标

近似商标是指被控侵权的商标与原告的注册商标相比较,其文字的字形、读音、含义或者图形的构图及颜色,或者其各要素组合后的整体结构相似,或者其立体形状、颜色组合近似,易使相关公众对商品或者服务来源产生误认或者认为其来源与原告注册商标的商品有特定的联系。近似商标的判断标准,应考虑以下两个方面:一是两个商标所使用的商品或服务相同或相类似;二是两个商标标志的主体部分相近似。近似商标的判断应当以相关公众的注意力为标准,既要对两个商标的主要部分进行比对,也要在整体上比对两个商标,同时要做到——这种比对是在两个商标相隔离的状态下进行的。实务中多对商标的音、形、义三方面进行考察,即读音是否相同;外形是否相近,是否会导致直观上的误认;意思是否相同。如果有一个以上的因素相同,并且容易造成混淆,则基本可以认定为近似商标。例如,"开开"与"开升"、"果珍"与"果真"、"红牛"与"红午"、"富贵鸟"与"富贵岛",消费者若不细心观察,就会造成误认,因此应综合考察。

认定商标相同或者近似按照以下原则进行:以相关公众的一般注意力为标准;既要进行对商标的整体比对,又要进行对商标主要部分的比对,比对应当在比对对象隔离的状态下分别进行;判断商标是否近似,应当考虑请求保护注册商标的显著性和知名度。

2. 未经许可,在类似商品上使用与注册商标相同的商标

这是一种"隐性侵权"行为。类似商品是指在功能、用途、消费对象、

销售渠道等方面相同，或者相关公众一般认为其存在特定联系、容易造成混淆的商品。类似服务是指在服务的目的、方式、对象等方面相同，或者相关公众一般认为其存在特定联系，容易造成混淆的服务。对于类似商品的认定，我国依据《尼斯协定》，该协定是1957年在法国尼斯签订的，其将商品分为34个大类，将服务项目分为8个大类。我国于1994年加入了《尼斯协定》。大多数国家采用《尼斯协定》所确定的分类（称为主观因素的分类）方式，同时辅以客观因素来判断商品或服务是否类似。即同时考虑商品或服务的用途、用户、功能、销售渠道、销售习惯等。由于该协定本身是为了便于进行商标管理，仅凭该协定还不能作出类似商品或类似服务的判断。我国在实践中也采取主客观相结合的认定办法判断商品或服务是否类似。是否构成类似商品或服务除了要参考《尼斯协定》《类似商品和服务区分表》（国内分类表）外，还要结合商品的构成原料、功能、用途、销售区域等综合认定。

3. 未经许可，在类似商品上使用与注册商标相近似的商标

认定商标侵权时，需要注意的是，行为人只有擅自使用与他人在相同或类似商品上的注册商标相同或相近似的商标才构成侵权，若行为人将相同商标或近似商标使用在不相同或不类似的商品上，则对普通商标而言不构成侵权，对驰名商标而言才有可能构成侵权。总之，相同商品、相同商标的认定相对简单，类似商品、近似商标的认定比较复杂，有人称其为"模糊区"，在认定时应灵活运用、综合考察。在该侵权行为的认定中，还应当注意以下几个问题：

①与《商标法》第57条第1项的情形不同的是，本项的构成要件还包括"容易导致混淆"。"容易导致混淆"是指足以使相关公众对使用注册商标和被诉商标的商品来源产生误认，或者足以使相关公众认为使用注册商标和被诉商标的经营者之间具有许可使用、关联企业关系等特定联系。换句话说，如果不可能导致混淆，即便未经商标注册人的许可，在同一种商品上使用与其注册商标相近似的商标，或者在类似商品上使用与其注册商标相同或者近似的商标，也不会构成商标专用权侵权。这也是我国《商标法》首次明确地将"容易导致混淆"作为侵权的判断标准。

②相同或类似商品、服务的判断及商标相同、近似的判断主体。无论是商品或服务的相同、类似判断，还是商标相同、近似的认定，都有判断主体，即"相关公众"的问题，根据《最高人民法院关于审理商标民事纠纷案件适用法律若干问题的解释》，相关公众是指与商标所标识的某类商品或者服务有

关的消费者和与前述商品或者服务的营销有密切关系的其他经营者。一般而言，我们是以相关公众的一般注意力来判断商品或服务的相同、类似和商标相同、近似的。即判断时假想相关消费者在进行消费时的一般注意程度。这种一般注意程度既非粗心大意又非心细如丝，需要结合具体的实际市场情况来判断，如购买客体的价格高低、特性如何（如药品），购买时间是否仓促等。

### （三）销售侵犯注册商标专用权的商品的

这种行为属于流通领域的商标侵权行为，又称销售侵权。该行为严重侵犯他人的注册商标专用权，混淆了商品来源，损害了消费者及商标权人的利益。1993年修正的《商标法》规定"销售明知是假冒注册商标的商品的"属于侵权行为，原《商标法实施细则》第41条还规定"经销明知或者应知是侵犯他人注册商标专用权商品的"也属于侵权行为，两者结合就变成只有主观上故意或过失销售假冒注册商标的商品的行为才可认定侵权，修正后的《商标法》排除了主观上的过错，规定只要销售侵犯注册商标专用权的商品就属于侵权。

### （四）伪造、擅自制造他人注册商标标识或者销售伪造、擅自制造的注册商标标识的

这种行为又称商标标识侵权。伪造即仿造他人的商标图样或商标标识；擅自制造是指违反商标印制管理规定，未取得印制资格或未经商标注册人委托或授权而印制注册商标标识；销售伪造、擅自制造的注册商标标识，即买卖、经销违法的注册商标标识。制造、销售商标标识本身并不是我们所说的使用商标的行为，但这很容易成为发生侵犯商标权行为的前提，如果不对这些行为加以禁止，侵犯商标权行为将是必然发生的。商标标识侵权行为扰乱了正常的商标秩序，给消费者造成了混淆和误认，侵犯了消费者的利益，并且给商标权人造成了损失，使其享有商标权的商品积压、滞销。

### （五）未经商标注册人同意，更换其注册商标并将更换商标的商品又投入市场的

这种行为是指行为人合法取得他人拥有注册商标的商品后，未经商标权人同意，撤换其注册商标，并将更换了商标的商品又投入市场。在理论上称

为"反向假冒",是修正《商标法》时新增加的内容。假冒行为是指未经许可,在自己的商品上使用他人的商标;反向假冒行为是指未经许可,在他人的商品上使用自己的商标,借他人的优质商品为自己树立品牌,该行为违反了公平竞争和诚实信用的法律原则,其后果是使商标权人失去了利用商标建立产品信誉的机会,对于企业实行名牌战略非常不利,既损害了商标权人的利益,同时在消费者中造成混淆,也损害了消费者的利益。在一些发达国家的商标法中,将反向假冒商标的行为归为商标侵权行为,如美国《商标法》(《兰哈姆法》)、法国《知识产权法典》、澳大利亚《商标法》、意大利《商标法》、英国的法院判例等。我国知识产权理论界关于反向假冒行为的争议开始于1994年的反向假冒纠纷,即著名的"枫叶"诉"鳄鱼"案。关于此案,当时理论界有两种代表性观点:一种认为该行为构成不正当竞争,另一种认为该行为属于商标侵权行为。我国现行《商标法》首次将反向假冒行为确认为商标侵权行为,从而使理论界多年来关于反向假冒性质的争议有了统一的认识,在司法实践中有了法律依据,在国际上使我国的商标立法与发达国家相接近,标志着我国的商标保护趋于现代化及保护水平的提高。

(六)故意为侵犯他人商标专用权行为提供便利条件,帮助他人实施侵犯商标专用权行为的

我国《商标法》第三次修正案首次明确提出,故意为侵犯他人商标专用权行为提供便利条件也属于侵犯商标专用权的行为。例如,故意为侵犯他人注册商标专用权的行为提供仓储、运输、邮寄、印制、隐匿、经营场所、网络商品交易平台等便利条件的,都属于间接侵犯商标专用权行为。

(七)给他人的注册商标专用权造成其他损害的

该条无疑是一个兜底条款,按照《商标法实施条例》和《最高人民法院关于审理商标民事纠纷案件适用法律若干问题的解释》的相关规定,下列行为均属于《商标法》第57条第7项所称侵犯注册商标专用权的行为。

①在同一种商品或者类似商品上将与他人注册商标相同或者近似的标志作为商品名称或者商品装潢使用,误导公众的。

②将与他人注册商标相同或者近似的文字作为企业的字号在相同或者类似商品上突出使用,容易使相关公众产生误认的。应当指出的是,《商标法》第三次修正案第58条特别增加了"将他人注册商标、未注册的驰名商标作为

企业名称中的字号使用，误导公众，构成不正当竞争行为的，依照《中华人民共和国反不正当竞争法》处理"的规定。也就是说，如果将他人注册商标作为企业名称中的字号，虽未突出使用但仍会误导公众的，依照反不正当竞争法来处理。

③复制、摹仿、翻译他人注册的驰名商标或其主要部分在不相同或者不相类似的商品上作为商标使用，误导公众，致使该驰名商标注册人的利益可能受到损害的。

④将与他人注册商标相同或者相近似的文字注册为域名，并且通过该域名进行相关商品交易的电子商务，容易使相关公众产生误认的。

（八）不视为商标侵权的行为

《商标法》第三次修正案增加了不视为商标侵权的行为的规定，这些规定也可以看作对商标专用权的限制。

①注册商标中含有的本商品的通用名称、图形、型号，或者直接表示商品的质量、主要原料、功能、用途、重量、数量及其他特点，或者含有的地名，注册商标专用权人无权禁止他人正当使用。当商标中含有上述元素时，通常不具备显著性，但如果这些商标经过长期使用取得了显著特征而便于识别，则仍可以作为商标注册。然而，商品的通用名称、图形、型号，或者直接表示商品的质量、主要原料、功能、用途、重量、数量及其他特点，或者地名等属于社会成员自由使用的社会公共资源，因此商标权人无权阻止他人正当使用。

②三维标志注册商标中含有的商品自身的性质产生的形状、为获得技术效果而需有的商品形状或者使商品具有实质性价值的形状，注册商标专用权人无权禁止他人正当使用。我国《商标法》第12条规定："以三维标志申请注册商标的，仅由商品自身的性质产生的形状、为获得技术效果而需有的商品形状或者使商品具有实质性价值的形状，不得注册。"但是，当上述形状与其他可注册要素结合时，则仍有可能作为商标注册，在这种情形下，上述形状应当属于社会公共资源，商标权人无权阻止他人正当使用。

③商标注册人申请商标注册前，他人已经在同一种商品或者类似商品上先于商标注册人使用与注册商标相同或者近似并有一定影响的商标的，注册商标专用权人无权禁止该使用人在原使用范围内继续使用该商标，但可以要求其附加适当区别标识。

《商标法》第 32 条规定:"申请商标注册不得损害他人现有的在先权利,也不得以不正当手段抢先注册他人已经使用并有一定影响的商标。"既然规定不能抢注此类未注册商标,也就意味着有一定影响的在先商标的权利人可以继续使用其商标。但为了平衡注册商标专用权人与在先商标的权利人的利益,在先商标的权利人仅可以在原使用范围内继续使用该商标,并且可以被要求附加适当区别标识。

## 二、侵犯商标权纠纷的解决途径

我国《商标法》第 60 条第 1 款规定:"有本法第五十七条所列侵犯注册商标专用权行为之一,引起纠纷的,由当事人协商解决;不愿协商或者协商不成的,商标注册人或者利害关系人可以向人民法院起诉,也可以请求工商行政管理部门处理。"可见,商标侵权行为的解决途径包括协商解决、调解解决、行政处理、诉讼解决,使侵权人承担相应的法律责任。

### (一) 协商解决

发生侵权纠纷后,双方当事人应积极进行磋商,在互让互谅的基础上解决纠纷。这种方式必须是双方自愿进行的,不能有任何强制性。协商解决方式能够使当事人客观地分析已发生的侵权纠纷,节约处理纠纷的成本,有利于迅速解决纠纷。但也正由于其不带有任何强制性,协商解决未必能充分保护商标权人的利益。

### (二) 调解解决

调解解决是指由工商行政管理部门应当事人的"请求"进行调解,主要针对侵权赔偿数额的争议,赔偿数额的多少可以由当事人自己协商或依法请求行政调解或直接向法院起诉。当事人选择进行调解时,该调解是在双方自愿的基础上进行的,并且调解结果没有强制约束力。调解不成或调解后反悔或不履行调解结果的,被侵权人可以向法院提起民事诉讼。调解处理程序简便,方便当事人,有利于减少诉讼案件。我国商标法采取的行政调解方式是基于我国的实际情况,利用市场监督管理部门熟悉业务的特点作出的规定,有利于纠纷的及时解决。

### (三) 行政处理

当事人不愿协商或协商不成的,可以请求市场监督管理部门依法对商标侵权行为进行处理。对商标进行行政保护的另一个途径是海关保护，主要针对进出口产品中侵犯商标权的行为。

1. 市场监督管理部门处理

对侵犯注册商标专用权的行为，被侵权人可以向县级以上市场监督管理部门投诉，请求市场监督管理部门对侵权案件进行查处。市场监督管理部门处理时，认定侵权行为成立的，可采取的行政处理措施包括责令停止侵权，没收、销毁侵权商品和专门用于制造侵权商品、伪造注册商标标识的工具，并可处以罚款。当事人对处理决定不服的，可以依照《中华人民共和国行政诉讼法》向人民法院起诉；侵权人期满不起诉又不履行的，市场监督管理部门可以申请人民法院强制执行。对涉嫌构成犯罪的侵权案件，应由市场监督管理部门移送司法机关追究侵权人的刑事责任。当事人对市场监督管理部门的处理决定不服的，可以自收到通知15日内向人民法院起诉。

进行处理的市场监督管理部门根据当事人的请求，可以就侵犯商标专用权的赔偿数额进行调解；调解不成的，当事人可以依照《中华人民共和国民事诉讼法》向人民法院起诉。

县级以上市场监督管理部门根据已经取得的违法嫌疑证据或者举报，对涉嫌侵犯他人注册商标专用权的行为进行查处时，可以行使下列职权：询问有关当事人，调查与侵犯他人注册商标专用权有关的情况；查阅、复制当事人与侵权活动有关的合同、发票、账簿以及其他有关资料；对当事人涉嫌从事侵犯他人注册商标专用权活动的场所实施现场检查；检查与侵权活动有关的物品；对有证据证明是侵犯他人注册商标专用权的物品，可以查封或者扣押。市场监督管理部门依法行使职权时，当事人应当予以协助、配合，不得拒绝、阻挠。

我国的行政执法实践表明，通过行政处理解决侵权纠纷的方式方便、快捷，节约费用，并且效率高。由市场监督管理部门开展保护商标专用权的执法工作有诸多优势，主要包括：①市场监督管理部门可以依照法律的授权，主动查处商标侵权行为，这在商标注册人自我保护意识较弱的情况下，使消费者的利益得到了很好的保护；②市场监督管理部门可以快速有效地制止商标侵权行为，使权利人受到的损害减少到最低限度；③市场监督管理部门在处罚程序上较为简便，有利于案件尽快处理结束；④市场监督管理部门在处理商标侵权案件的过程中，只要求权利人提供基本的证据，减轻了权利人的举证责任；⑤市场监督管理部门查处商标侵权案件基本不需要权利人承担费用,减轻了权利人的经济负担。

2. 海关保护

海关是侵权商品进出口的主要渠道,也往往是遏制侵权行为发生、蔓延的第一道环节,因此,国际范围内对在海关的知识产权保护极为重视,《TRIPS协定》整整用了一节共10个条款专门规定知识产权的海关保护,主要内容有:①有正当理由怀疑假冒商标或盗版货物的进口有可能发生的权利持有人,能够向行政或司法主管机关提出书面申请,要求海关中止放行此类货物进入自由流通;②海关有权要求申请人提供足以保护被告和主管机关并防止滥用的保证金或同等的担保;③对货物的中止放行应迅速通知进口商和申请人;④一般情形下,权利持有人应在接到中止放行通知书之日起10个工作日的期限内就该案提起诉讼,否则海关当局有权决定放行。

《中华人民共和国海关法》(以下简称《海关法》)第44条规定:"海关依照法律、行政法规的规定,对与进出境货物有关的知识产权实施保护。"第91条规定:"违反本法规定进出口侵犯中华人民共和国法律、行政法规保护的知识产权的货物的,由海关依法没收侵权货物,并处以罚款;构成犯罪的,依法追究刑事责任。"

《中华人民共和国知识产权海关保护条例》(以下简称《海关保护条例》)及《中华人民共和国海关行政处罚实施条例》详细构建了海关知识产权保护的框架,其特点主要有:①知识产权权利人请求海关实施知识产权保护的,应当向海关提出采取保护措施的申请。知识产权权利人请求海关扣留侵权嫌疑货物的,应当提交申请书及相关证明文件,并提供足以证明侵权事实明显存在的证据。②知识产权权利人请求海关扣留侵权嫌疑货物的,应当向海关提供不超过货物等值的担保,用于赔偿可能因申请不当给收货人、发货人造成的损失,以及支付货物由海关扣留后的仓储、保管和处置等费用。③涉嫌侵犯专利权货物的收货人或者发货人认为其进出口货物未侵犯专利权的,可以在向海关提供货物等值的担保金后,请求海关放行其货物。知识产权权利人未能在合理期限内向人民法院起诉的,海关应当退还担保金。④知识产权权利人请求海关扣留侵权嫌疑货物后,海关不能认定被扣留的侵权嫌疑货物侵犯知识产权权利人的知识产权,或者人民法院判定不侵犯知识产权权利人的知识产权的,知识产权权利人应当依法承担赔偿责任。⑤个人携带或者邮寄进出境的物品,超出自用、合理数量,并侵犯《海关保护条例》第2条规定的知识产权的,由海关予以没收。

### (四) 诉讼解决

当事人不愿协商或协商不成的，商标权人也可向人民法院提起民事诉讼，包括商标侵权诉讼及其他商标争议诉讼。对不服商标局作出的处理决定的，可依法提起行政诉讼。包括注册商标注销与撤销的处理决定、维持注册商标的处理决定、是否授权的处理决定等所提出的诉讼。

1. 商标侵权案件的管辖

（1）级别管辖

根据《最高人民法院关于审理商标案件有关管辖和法律适用范围问题的解释》（以下简称《管辖解释》），商标民事纠纷第一审案件一般由中级以上人民法院管辖。各高级人民法院根据本辖区的实际情况，经最高人民法院批准，可以在较大城市确定1~2个基层人民法院受理第一审商标民事纠纷案件。

（2）地域管辖

根据《最高人民法院关于审理商标民事纠纷案件适用法律若干问题的解释》第6条、第7条的规定，因侵犯注册商标专用权行为提起的民事诉讼，由《商标法》第13条、第52条所规定侵权行为的实施地、侵权商品的储藏地或者查封扣押地、被告住所地人民法院管辖。这里规定的侵权商品的储藏地，是指大量或者经常性储存、隐匿侵权商品所在地；查封扣押地，是指海关、工商等行政机关依法查封、扣押侵权商品所在地。对涉及不同侵权行为实施地的多个被告提起的共同诉讼，原告可以选择其中一个被告的侵权行为实施地人民法院管辖；仅对其中某一被告提起的诉讼，该被告侵权行为实施地的人民法院有管辖权。

2. 临时保护措施

（1）诉前禁令

我国《商标法》第65条规定："商标注册人或者利害关系人有证据证明他人正在实施或者即将实施侵犯其注册商标专用权的行为，如不及时制止将会使其合法权益受到难以弥补的损害的，可以依法在起诉前向人民法院申请采取责令停止有关行为和财产保全的措施。"提出申请的利害关系人，包括商标使用许可合同的被许可人、注册商标财产权的合法继承人。注册商标使用许可合同被许可人中，独占使用许可合同的被许可人可以单独向人民法院提出申请；排他使用许可合同的被许可人在商标注册人不申请的情况下，可以提出申请。如果没有这样的诉前禁令，权利人将只能眼睁睁看着侵权行为发生而不能有所举措，最终造成的损害后果可能是无法挽回的，《TRIPS 协定》第 50 条规定了临时措施，包括防止侵犯任何知识产权，特别是防止货物进入其管辖范围内的商业渠道，包括结关后立即进入的进口货物；保存关于被控侵权的有关证据。前者主要是指诉前禁令，后者指的则是证据保全。

根据《最高人民法院关于诉前停止侵犯注册商标专用权行为和保全证据适用法律问题的解释》，诉前禁令内容有：①停止侵犯注册商标专用权行为，应当向侵权行为地或者被申请人住所地对商标案件有管辖权的人民法院提出。②申请人提出诉前停止侵犯注册商标专用权行为的申请时，应当提交下列证据：商标注册人应当提交商标注册证，利害关系人应当提交商标使用许可合同、在商标局备案的材料及商标注册证复印件；排他使用许可合同的被许可人单独提出申请的，应当提交商标注册人放弃申请的证据材料；注册商标财产权的继承人应当提交已经继承或者正在继承的证据材料；证明被申请人正在实施或者即将实施侵犯注册商标专用权的行为的证据，包括被控侵权商品。③申请人提出诉前停止侵犯注册商标专用权行为的申请时应当提供担保。④人民法院接受商标注册人或者利害关系人提出责令停止侵犯注册商标专用权行为的申请后，符合相关规定的，应当在 48 小时内作出书面裁定；裁定责令被申请人停止侵犯注册商标专用权行为的，应当立即开始执行。⑤商标注册人或者利害关系人在人民法院采取停止有关行为措施后 15 日内不起诉的，人民法院应当解除裁定采取的措施。

（2）证据保全

根据《商标法》第 66 条的规定，"为制止侵权行为，在证据可能灭失或者以后难以取得的情况下，商标注册人或者利害关系人可以依法在起诉前向人民法院申请保全证据"。根据《最高人民法院关于诉前停止侵犯注册商标专用权行为和保全证据适用法律问题的解释》，诉前保全证据的内容有：①诉前保全证据的申请，应当向侵权行为地或者被申请人住所地对商标案件有管辖权的人民法院提出。②提出申请时应递交书面申请状。申请状应当载明：当事人及其基本情况；申请保全证据的具体内容、范围、所在地点；请求保全的证据能够证明的对象；申请的理由，包括证据可能灭失或者以后难以取得，且当事人及其诉讼代理人因客观原因不能自行收集的具体说明。③申请人申请诉前保全证据可能涉及被申请人财产损失的，人民法院可以责令申请人提供相应的担保。④商标注册人或者利害关系人在人民法院采取保全证据的措施后 15 日内不起诉的，人民法院应当解除裁定采取的措施。

### 3. 诉讼时效

侵犯注册商标专用权的诉讼时效为 2 年，自商标注册人或者利害权利人知道或者应当知道侵权行为之日起计算。商标注册人或者利害关系人超过 2 年起诉的，如果侵权行为在起诉时仍在持续，在该注册商标专用权有效期限内，人民法院应当判决被告停止侵权行为，侵权损害赔偿数额应当自权利人向人民法院起诉之日起向前推算 2 年计算。

### 三、侵犯商标权的法律责任

注册商标专用权的法律保护有两种途径，即行政保护和司法保护。国际上多采取司法保护，我国采取双重保护制度，具有中国特色，符合中国实际。侵犯商标权应承担的法律责任有以下三种。

#### （一）行政责任

1. 商标侵权案件的行政管辖

我国《商标法》规定，市场监督管理部门有权依法查处商标侵权案件。任何人都可以向侵权人所在地或侵权行为地的县级以上市场监督管理部门控告或检举，被侵权人也可以直接向人民法院起诉。两个以上的市场监督管理部门对同一商标侵权案件均有管辖权的，由先立案的市场监督管理部门管辖。侵权人所在地即侵权人的住所地或主要经营地；侵权行为地是指侵权行为实施地或侵权结果发生地，包括侵权物品制造地、销售地、运输地、仓储地。市场监督管理部门对侵犯商标权涉嫌犯罪的，应及时移送司法机关处理。

2. 侵犯商标权应承担的行政责任

侵犯商标权应承担以下责任：①责令立即停止侵权行为，如立即停止假冒注册商标的行为、立即停止销售侵犯商标权的商品的行为；②没收、销毁侵权商品和主要用于制造侵权商品，伪造注册商标标识的工具；③罚款。违法经营额在 5 万元以上的，可以处违法经营额 5 倍以下的罚款，没有违法经营额或者违法经营额不足 5 万元的，可以处 25 万元以下的罚款；④对 5 年内实施两次以上商标侵权行为或者有其他严重情节的，应当从重处罚。

3. 行政职权

《商标法》赋予县级以上市场监督管理部门采取有关调查取证和必要的行政强制措施的权力：询问有关当事人，调查与侵犯他人注册商标专用权有关的情况；查阅、复制当事人与侵权活动有关的合同、发票、账簿以及其他有关资料；对当事人涉嫌从事侵犯他人注册商标专用权活动的场所实施现场检查；检查与侵权活动有关的物品；对有证据证明是侵犯他人注册商标专用权的物品，可以查封或者扣押。

市场监督管理部门依法行使前款规定的职权时，当事人应当予以协助、配合，不得拒绝、阻挠。

在查处商标侵权案件过程中，对商标权属存在争议或者权利人同时向人民法院提起商标侵权诉讼的，市场监督管理部门可以中止案件的查处。中止原因消除后，应当恢复或者终结案件查处程序。

4. 商标代理机构的行政责任

严格规范商标代理机构的商标代理行为是《商标法》的重要内容之一。《商标法》着重规定了商标代理机构的相关法律责任。商标代理机构有下列行为之一的，由市场监督管理部门责令其限期改正，给予警告，处1万元以上10万元以下的罚款；对直接负责的主管人员和其他直接责任人员给予警告，处5000元以上5万元以下的罚款；构成犯罪的，依法追究刑事责任：办理商标事宜过程中，伪造、变造或者使用伪造、变造的法律文件、印章、签名的；以诋毁其他商标代理机构等手段招徕商标代理业务或者以其他不正当手段扰乱商标代理市场秩序的；违反《商标法》第4条，第19条第3款、第4款规定的。

商标代理机构有上述行为的，由市场监督管理部门记入信用档案；情节严重的，商标局、商标评审委员会可以决定停止受理其办理商标代理业务，并予以公告。

商标代理机构违反诚实信用原则，侵害委托人合法利益的，应当依法承担民事责任，并由商标代理行业组织按照章程规定予以惩戒。

对恶意申请商标注册的，根据情节给予警告、罚款等行政处罚；对恶意提起商标诉讼的，由人民法院依法给予处罚。

（二）民事责任

商标权是一种财产权利，当商标权被侵犯时，被侵权人可以采取民事诉讼程序获得民事救济，侵权人依法承担相应的民事责任。人民法院在审理侵犯注册商标专用权纠纷案件中，依据《商标法》的规定和案件具体情况，可以判决侵权人承担停止侵害，排除妨碍、消除危险、赔偿损失，消除影响等民事责任，还可以作出罚款，收缴侵权商品、伪造的商标标识和专门用于生产侵权商品的材料、工具、设备等财物的民事制裁决定。

1. 停止侵害

即停止商标侵权行为。

2. 排除妨碍、消除危险、消除影响

即排除因侵权行为可能给商标权人带来的妨碍或危险，消除因侵权行为给注册商标造成的商誉损害。

3. 赔偿损失

（1）计算方法

侵犯商标专用权的赔偿数额，按照权利人因被侵权所受到的实际损失确定；实际损失难以确定的，可以按照侵权人因侵权所获得的利益确定；权利人的损失或者侵权人获得的利益难以确定的，参照该商标许可使用费的倍数合理确定。对恶意侵犯商标专用权，情节严重的，可以按照上述方法确定数额的1倍以上3倍以下确定赔偿数额。赔偿数额应当包括权利人为制止侵权行为所支付的合理开支。权利人因被侵权所受到的实际损失、侵权人因侵权所获得的利益、注册商标许可使用费难以确定的，由人民法院根据侵权行为的情节判决给予500万元以下的赔偿。人民法院在确定法定赔偿数额时，应当综合考虑侵权行为的性质、期间、后果，商标的声誉，商标使用许可费的数额，商标使用许可的种类、时间、范围及制止侵权行为的合理开支等因素。

（2）举证责任的减轻

人民法院为确定赔偿数额，在权利人已经尽力举证，而与侵权行为相关的账簿、资料主要由侵权人掌握的情况下，可以责令侵权人提供与侵权行为相关的账簿、资料；侵权人不提供或者提供虚假的账簿、资料的，人民法院可以参考权利人的主张和提供的证据判定赔偿数额。

（3）赔偿责任的限制

注册商标专用权人请求赔偿，被控侵权人以注册商标专用权人未使用注册商标为由提出抗辩的，人民法院可以要求注册商标专用权人提供此前3年内实际使用该注册商标的证据，注册商标专用权人不能证明此前3年内实际使用过该注册商标，也不能证明因侵权行为受到其他损失的，被控侵权人不承担赔偿责任。

(三) 刑事责任

侵犯商标权情节严重或非法所得数额较大的，构成犯罪。犯罪人除了要赔偿被侵权人的损失外，还要依法被追究刑事责任。刑事责任是整个法律责任体系中必不可少的一环，也是最具威慑力的一环。

侵犯商标权罪的构成要件与其他刑事犯罪基本相同，包括四个要件。

①侵犯商标权罪的主体可以是自然人，也可以是单位。对单位犯罪实行"双罚"原则，即对单位处以罚金，并对单位直接负责的主管人员和直接责任人员按自然人犯罪规定进行处罚。

②主观方面，犯罪主体对侵犯商标权的行为存在犯罪故意，并且是直接故意，其明知自己的行为会产生危害社会的后果并积极追求这种结果的发生。

③侵害的客体为国家的商标管理秩序和注册人的商标权。

④客观方面，犯罪人实施了《刑法》所规定的商标犯罪行为，并且情节严重或数额较大。有关商标刑事犯罪的具体规定见《刑法》第213~215条，根据最高人民法院的司法解释，这三种罪行分别是：①假冒注册商标罪。即未经商标注册人许可，在同一种商品、服务上使用与其注册商标相同的商标，情节严重的，处3年以下有期徒刑，并处或单处罚金；情节特别严重的，处3年以上10年以下有期徒刑，并处罚金。②销售假冒注册商标的商品罪。即销售明知是假冒注册商标的商品，违法所得数额较大或者有其他严重情节的，处3年以下有期徒刑，并处或者单处罚金；违法所得数额巨大或者有其他特别严重情节的，处3年以上10年以下有期徒刑，并处罚金。③非法制造、销售非法制造的注册商标标识罪。即伪造、擅自制造他人注册商标标识或销售伪造、擅自制造的注册商标标识，情节严重的，处3年以下有期徒刑，并处或者单处罚金；情节特别严重的，处3年以上10年以下有期徒刑，并处罚金。

单位犯上述三种罪的，对单位判处罚金，并对其直接负责的主管人员和其他直接责任人员，依照《刑法》第213~215条的规定进行处罚。

为了更好地适用《刑法》和打击知识产权犯罪，有力震慑知识产权犯罪分子，最高人民法院、最高人民检察院联合颁布了《关于办理侵犯知识产权刑事案件具体应用法律若干问题的解释》，其中第1~3条对假冒注册商标罪、销售假冒注册商标商品罪、非法制造和销售非法制造的注册商标标识罪作了进一步的适用解释。

## 四、驰名商标的特殊保护

### (一) 驰名商标保护的立法

驰名商标（well-known mark）是指在市场上享有较高声誉并为相关公众所熟知的商标。驰名商标与普通商标相比，知名度高、影响范围大，使用驰名商标的商品质量稳定，服务优良，市场占有率高，构成企业的重要无形资产，是企业保护其合法权益的有力法律武器，在市场竞争中发挥着重要作用。驰名商标具有极高的商业价值，会给使用人带来巨大的经济利益，因此在工商业活动中常常成为被侵害的对象，如将他人的驰名商标用作商品装潢、商号（厂商名称），或将他人使用的驰名商标抢注为商号、域名等，给驰名商标所有人造成了很大的损失。因此对驰名商标的保护很有必要，这也是企业实行商标战略的重要措施之一。

1925 年修订的《巴黎公约》首次在世界范围内将"驰名商标"作为正式的法律术语，并作出了对驰名商标进行保护的规定，拉开了国际上保护驰名商标的序幕。在 1925 年的海牙大会上，《巴黎公约》增补了保护驰名商标的第 6 条之 2，现行有效的文本是在 1958 年里斯本大会上形成的文本，主要内容如下：

①商标注册国或使用国主管机关认为一项商标在该国已经成为驰名商标，已经为有权享有本公约利益的人所有，而另一商标构成对此驰名商标的复制、仿造或翻译，用于相同或类似商品上，容易造成混乱时，本同盟各国应依职权（如本国法律允许）或应有关当事人的请求，拒绝或取消另一商标的注册，并禁止使用。商标的主要部分抄袭驰名商标或是导致造成混乱的仿造者，也应适用本条规定。

②自注册之日起至少 5 年内，应允许提出取消这种商标的要求。允许提出禁止使用的期限，可由本同盟各缔约方规定。

③对于以不诚实手段取得注册或使用的商标提出取消注册或禁止使用的要求的，不应规定时间限制。

对驰名商标的保护虽已在国际公约中确定下来，但两个国际公约仅对驰名商标的认定作了原则性规定。《巴黎公约》第 6 条之 2 规定了对驰名商标的保护，规定各缔约方在认定商标是否驰名时，不以实际使用为条件，不以是否注册为前提，既包括已注册的驰名商标，也包括已使用但未注册的驰名商标。与《巴黎公约》相比，《TRIPS 协定》在保护驰名商标方面又有了新的进步:首先,它明确地将驰名商标的保护延伸到服务商标上;其次,是否驰名应当以相关公众知晓程度为准;再次,将对驰名商标的保护范围扩展到不相类似的商品或服务上,即"跨类保护";最后,对如何认定驰名商标作了原则性规定,具体由各国主管机关依照《巴黎公约》及《TRIPS协定》关于驰名商标的保护原则确定。

世界知识产权组织和保护工业产权巴黎联盟联合制定了《关于驰名商标保护规定的联合建议》(以下简称《联合建议》)。需要说明的是,《联合建议》的法律效力与《巴黎公约》及《TRIPS协定》有所不同。《巴黎公约》及《TRIPS协定》对于缔约方来说是强制性的,《联合建议》则是一份建议性文件,但它具有很强的指导意义。它有以下几个特点:①对于驰名商标的驰名范围,《巴黎公约》及《TRIPS协定》一直没有确定应该在哪个或哪些缔约方驰名。对于这一点,各缔约方的认识不尽一致,发达国家与发展中国家之间的冲突尤甚。发达国家因为拥有驰名商标的数量众多,主张认定驰名商标时不考虑该商标在认定国的驰名程度;而发展中国家则主张认定驰名商标时,该商标至少应在该缔约方驰名。《联合建议》对此问题给出了一个答案,即不得要求该商标在除该缔约方以外的任何范围内驰名,即使该商标不为其他缔约方中的任何相关公众所知晓,该缔约方也可将该商标确定为驰名商标。这一条相对《巴黎公约》及《TRIPS协定》中对地域范围的语焉不详有了重大突破。②尽管《TRIPS协定》明确了驰名商标的驰名范围为相关公众,但对何为相关公众却没有提及。《联合建议》则以列举的方式明确了相关公众的范围:其一,使用该商标的那些商品和(或)服务的实际和(或)潜在的客户;其二,使用该商标的那些商品和(或)服务的销售渠道中所涉及的人员;其三,经营使用该商标的那些商品和(或)服务的商业界。这种列举为非穷尽式的列举。③《联合建议》进一步强调了在认定中不得要求的因素:其一,该商标已在该缔约方内使用,或该商标已在该缔约方进行注册或提出注册申请;其二,该商标在除该缔约方以外的任何范围内驰名,或该商标已在除该缔约方以外的任何范围或就除该缔约方以外的任何范围内进行注册或提出注册申请;其三,该商标在该缔约方为全体公众所熟知。

(二)驰名商标的认定

按照我国《商标法》和《驰名商标认定和保护规定》的相关规定,驰名商标是指在中国为相关公众所熟知的商标。我国《商标法》所指的驰名商标,与《巴黎公约》及《TRIPS 协定》的规定相一致，包括已注册的和未注册的驰名商标。

1. 驰名商标的认定因素及认定标准

我国《商标法》第 14 条规定了认定驰名商标时应考虑的因素：相关公众对该商标的知晓程度；该商标使用的持续时间；该商标的任何宣传工作的持续时间、程度和地理范围；该商标作为驰名商标受保护的记录；该商标驰名的其他因素。驰名商标的认定标准是确定一个商标是否驰名的关键。《TRIPS 协定》对驰名商标的认定作了原则性规定，其第 16 条之 2 规定，确认某商标为驰名商标时，应考虑"相关公众的知晓程度，包括在该成员地域内因宣传该商标而使公众知晓的程度"，对"相关公众"的内涵与外延、"公众知晓程度"的界定等则未作进一步规定。各国法律对其规定也不一致。我国《商标法》第 14 条规定了驰名商标的认定标准，《驰名商标认定和保护规定》第 9 条对《商标法》第 14 条作了进一步的列举。以下是对驰名商标的认定标准的详细分析。

(1) 相关公众对该商标的知晓程度

各国认定驰名商标的标准不尽相同。法国以公众知晓程度作为认定驰名商标的唯一标准；德国以知名度高低为认定标准；美国实施的《联邦反商标淡化法》采用列举方式或多重标准，一般认为，"相关公众"是指在一国的地域范围内被使用、销售、经营该商标的商品或服务的人们所知晓，即经常消费该商品或服务的公众，或与该商标有正常联系的公众，而不是众所周知、家喻户晓，因为有些商标标识的商品或服务不具有普遍性。此外，根据知识产权的地域性，驰名商标也具有地域性特征。《联合建议》提出：不得要求该商标在除该缔约方以外的任何管辖范围内驰名。《TRIPS 协定》规定"在该成员地域内因宣传该商标而使公众知晓的程度"，并未要求在全世界范围内驰名。因此，我国认定驰名商标应为在中国市场上的驰名商标。

(2) 该商标使用的持续时间

包括该商标使用、注册的历史和范围，最早使用及连续使用的时间，如使用该商标的商品或服务的最早销售发票或该商标最早的广告或商标注册证复印件。

(3) 该商标的任何宣传工作的持续时间、程度和地理范围

包括该商标的广告发布情况及促销活动的方式、地域范围、宣传媒体的种类以及广告投放量等。

（4）该商标作为驰名商标受保护的记录

包括该商标曾在中国或者其他国家和地区作为驰名商标受保护的记录及在国内外（地区）的注册情况。

（5）该商标驰名的其他因素

包括使用该商标的主要商品近 3 年的产量、销售量、销售收入、利税、销售区域等。

2. 认定方式

驰名商标的认定方式为被动认定，即当驰名商标权利人认为其权利受到侵害并请求保护时，由人民法院或有关行政主管部门对是否为驰名商标作出认定。被动认定又称事后认定。

3. 认定机关

在商标注册审查、市场监督管理部门查处商标违法案件过程中，当事人依照《商标法》第 13 条的规定主张权利的，商标局根据审查、处理案件的需要，可以对商标驰名情况作出认定。

在商标争议处理过程中，当事人依照《商标法》第 13 条的规定主张权利的，商标评审委员会根据处理案件的需要，可以对商标驰名情况作出认定。

在商标民事、行政案件审理过程中，当事人依照《商标法》第 13 条的规定主张权利的，最高人民法院指定的人民法院根据审理案件的需要，可以对商标驰名情况作出认定。

4. 认定的程序

（1）行政认定程序

当事人在商标异议案件中、在商标不予注册复审案件和请求无效宣告案件中提出驰名商标保护请求时，商标局、商标评审委员会应当在《商标法》第 35 条、第 37 条、第 45 条规定的期限内及时作出处理。

涉及驰名商标保护的商标违法案件由市（地、州）级以上市场监督管理部门查处时，市场监督管理部门应当对投诉材料予以核查，依照《市场监督管理行政处罚程序规定》的有关规定决定是否立案。决定立案的，市场监督管理部门应当对当事人提交的驰名商标保护请求及相关证据材料是否符合《商标法》第 13 条、第 14 条，《商标法实施条例》第 3 条和《驰名商标认定和保护规定》第 9 条的规定进行初步核实和审查，经初步核查符合规定的，应当自立案之日起 30 日内将驰名商标认定请示、案件材料副本一并报送上级市场监督管理部门。经审查不符合规定的，应当依照《市场监督管理行政处罚程序规定》的规定及时作出处理。

省（自治区、直辖市）级市场监督管理部门应当对本辖区内市（地、州）级市场监督管理部门报送的驰名商标认定相关材料进一步进行核实和审查。经核查符合规定的，应当自收到驰名商标认定相关材料之日起 30 日内，将驰名商标认定请示、案件材料副本一并报送商标局。经审查不符合规定的，应当将有关材料退回原立案机关，由其依照《市场监督管理行政处罚程序规定》的规定及时作出处理。

商标局经对省（自治区、直辖市）级市场监督管理部门报送的驰名商标认定相关材料进行审查，认定构成驰名商标的，应当向报送请示的省（自治区、直辖市）级市场监督管理部门作出批复。

立案的市场监督管理部门应当自商标局作出认定批复后 60 日内依法予以处理，并将行政处罚决定书抄报所在省（自治区、直辖市）级市场监督管理部门。省（自治区、直辖市）级市场监督管理部门应当自收到抄报的行政处罚决定书之日起 30 日内将案件处理情况及行政处罚决定书副本报送商标局。

（2）司法认定程序

人民法院在审理商标纠纷案件中，根据当事人的请求和案件的具体情况，可以对涉及的注册商标是否驰名依法作出认定。

①认定驰名商标的必要性。不是所有要求保护商标权的案件都需要以认定驰名商标为前提，主要有以下两种情况需要进行认定：以违反《商标法》第 13 条的规定为由，提起的侵犯商标权的诉讼；以企业名称与其驰名商标相同或者近似为由，提起的侵犯商标权或者不正当竞争诉讼。

②认定驰名商标的方法。人民法院认定商标是否驰名，应当以证明其驰名的事实为依据，综合考虑《商标法》第 14 条规定的各项因素，但根据案件具体情况无须考虑该条规定的全部因素即足以认定商标驰名的情形除外。

③认定驰名商标的管辖。通常商标民事案件的审理法院应当是各地中级及中级以上的人民法院，但是，根据《最高人民法院关于涉及驰名商标认定的民事纠纷案件管辖问题的通知》，自该通知下发之日起，涉及驰名商标认定的民事纠纷案件由省、自治区人民政府所在地的市、计划单列市中级人民法院，以及直辖市辖区内的中级人民法院管辖。其他中级人民法院管辖此类民事纠纷案件，需报经最高人民法院批准；未经批准的中级人民法院不再受理此类案件。

### (三) 驰名商标的保护措施

驰名商标由于知名度高、信誉好、影响范围广，相关国际公约及各国对其提供了超过普通商标的保护，称为特殊保护。自《巴黎公约》保护驰名商标时起，各国相继将驰名商标列入保护范畴。《TRIPS 协定》在《巴黎公约》的基础上，将对驰名商标的保护提高到新的水平。我国《商标法》以这两个国际公约为准，明确规定了对驰名商标的特殊保护。

1. 对未在中国注册的驰名商标的保护

我国《商标法》第 13 条第 2 款规定："就相同或者类似商品申请注册的商标是复制、摹仿或者翻译他人未在中国注册的驰名商标，容易导致混淆的，不予注册并禁止使用。"根据该规定，若被认定为驰名商标，即使未在我国注册，他人在相同或类似商品上申请注册的商标构成对驰名商标的复制、摹仿或翻译，并且上述行为足以导致混淆的，不予注册，驳回申请；擅自使用的，禁止继续使用。可见，对驰名商标的保护包括在注册阶段的保护及使用中的保护。在我国未注册的驰名商标大多是外国商标，我国的驰名商标基本都已注册。

2. 对已在中国注册驰名商标的保护

我国《商标法》第 13 条第 3 款规定："就不相同或者不相类似商品申请注册的商标是复制、摹仿或者翻译他人已经在中国注册的驰名商标，误导公众，致使该驰名商标注册人的利益可能受到损害的，不予注册并禁止使用。"这是对已注册驰名商标的"跨类保护"，即他人将与所有人的驰名商标相似、相同的商标申请注册在非类似的商品上，应予驳回，不予注册；擅自使用的，由市场监督管理部门禁止使用。《TRIPS 协定》第 16 条将驰名商标的保护范围扩大到与核定商品或服务不相类似的商品或服务上，许多国家的商标法都规定了对驰名商标的扩大保护范围。显而易见，这不同于普通的注册商标，对于普通商标，允许在不相同或不相类似的商品上注册相同的商标或近似商标。已经申请注册与他人驰名商标相同或近似的商标在非类似商品上，而且可能损害驰名商标注册人权益的，商标局驳回其注册申请，申请人不服的，可以向商标局评审委员会申请复审。已经注册的，自注册之日起 5 年内，驰名商标所有人可请求商标评审委员会予以撤销，但恶意注册的不受 5 年时间的限制。

3. 禁止作为商号使用

有些企业将与他人驰名商标相同或近似的文字注册为企业名称的一部分，

并且不规范地使用，引起公众误认，造成混淆，影响驰名商标的信誉。因此，禁止将与他人驰名商标相同或近似的文字作为商号使用，可能引起公众误认的，市场监督管理部门不予登记；已经登记的，驰名商标所有人可以请求市场监督管理部门予以撤销。

4. 反淡化制度

淡化是指减少、弱化驰名商标与其所标示的商品的关系，削弱驰名商标的识别性和显著性，损害商标信誉的行为，如将他人驰名商标用作商品名称或装潢名称、企业名称、网络域名以及丑化驰名商标等行为。淡化行为造成的侵权具有间接性、隐蔽性，其危害大，会导致市场混淆，扰乱市场秩序。因此应建立反淡化制度，对驰名商标实行全方位的保护。

5. 驰名商标宣传的限制

我国《商标法》第14条第5款规定："生产、经营者不得将'驰名商标'字样用于商品、商品包装或者容器上，或者用于广告宣传、展览以及其他商业活动中。"长期以来，不少生产经营者误将驰名商标当作荣誉称号，并极力通过行政程序或司法程序获得驰名商标的认定，甚至不惜铤而走险，通过制造假案等不正当方式进行驰名商标的认定，为了矫正生产经营者的认识误区并遏制不正当认定驰名商标的行为，修正后的《商标法》特作出上述规定。

# 第九章 反不正当竞争法与实务分析

> **导读**
>
> 　　不正当竞争和垄断是伴随市场竞争而产生的，随着市场自律调节机制局限性的凸显，其社会危害性也越来越明显。市场竞争应该是公平、自由的竞争，可以实现优胜劣汰，优化社会资源的配置，促进社会经济健康、快速发展。不正当竞争行为和垄断行为会破坏这种竞争机制的形成和运行，损害社会利益。
>
> 　　在我国，由于种种原因，规制不正当竞争和垄断行为的法律制度目前还不够健全。如今，市场自律机制包括《反不正当竞争法》与《反垄断法》在内的各种非刑事法律制度对不正当竞争和垄断经营的规制作用日渐减弱，为了更好地保护合法经营者和消费者的权益，遏制不正当竞争和垄断对公平竞争秩序的破坏，运用刑法来规制不正当竞争和垄断经营行为就成为国家干预市场经济的必然选择。

## 第一节　反不正当竞争与知识产权保护

　　竞争是市场经济的必然结果，是市场经济的本质属性。但是，竞争具有双重性：正当竞争可以推动经济发展、促进社会进步；不正当竞争则会破坏经济的有序发展，使"市场之手"难以发挥作用。故而世界各国都十分重视对不正当竞争的法律调整，以保障市场经济的健康发展，鼓励和保护公平竞争，制止不正当竞争行为，保护经营者和消费者的合法权益。

## 一、反不正当竞争法与知识产权法

根据《巴黎公约》第1条的规定，工业产权的保护手段包括对不正当竞争行为的制止。但是，在《巴黎公约》中明文列出的应予禁止的不正当竞争行为仅有三项，并且集中在有形商品的贸易上。《TRIPS协定》则将对技术秘密及其他未公开信息的保护提升到重要地位。鉴于此，我国有些学者认为，像上述公约与协定那样，对不正当竞争加以规制，应是知识产权法的一部分。

笔者认为，反不正当竞争法应为独立的经济法中的市场秩序规制法，其规制的对象不能认为是知识产权的一部分。由于市场竞争日趋激烈，一些不法经营者为了谋取优势地位，往往会采取各种违反诚实信用原则的不正当竞争手段，而这些手段已经超出了上述公约与协定中加以规制的不正当竞争行为的范围，与传统知识产权保护对象已经存在明显不同，所以反不正当竞争法作为独立的专门立法日益受到各国的重视。当然，作为知识产权领域的不正当竞争行为，如假冒商标的行为等，仍然是反不正当竞争法所规制客体的重要组成部分，并且反不正当竞争法规定的不正当竞争，还涉及《商标法》等知识产权法所规制不到的对商品本身的假冒行为等。因此，确切地说，反不正当竞争法作为独立法，与知识产权法一起，构成了对知识产权的保护网络。

由上可知，反不正当竞争法与知识产权法关系密切，二者既有联系，又有着明显的区别。反不正当竞争法与知识产权法都对知识产权提供法律保护，但反不正当竞争法是通过禁止违反诚实信用的竞争行为来实现保护，知识产权法则是通过赋予权利和排除侵权行为来实现保护，二者保护知识产权的角度不同。反不正当竞争法对知识产权的法律保护虽然不如知识产权法专、深，但比知识产权法的保护范围要广。反不正当竞争法既对知识产权法已有的保护对象进行了延伸，又拓展了对知识产权新的保护空间。

尽管反不正当竞争法与知识产权法区别明显，但二者之间也存在密切的关系。我们知道，侵犯（假冒）知识产权的行为虽然是典型的违反知识产权法的行为，但由于这些行为在侵犯权利人利益的同时，也损害了消费者利益和社会公众利益，其行为违反诚实信用原则、善良风俗、商业道德的性质尤为明显，又成为公认的不正当竞争行为，因而反不正当竞争法从规范竞争的角度对此作出了规定。正因为知识产权成为反不正当竞争法与知识产权法的共同调整对象，所以，反不正当竞争法与知识产权法存在竞合关系。

## 二、反不正当竞争法与知识产权法竞合关系的处理

### (一) 知识产权法优先适用

一般而言,知识产权法作为对专利权、商标权等智力成果权进行专门规制的法律,属于特别法;而反不正当竞争法对知识产权相应权利的保护是规定在禁止假冒之列的,属于普通法。根据特别法优于一般(普通)法、特别条款优于一般条款的原则,应优先适用知识产权法。例如,保护注册商标专用权是商标法的核心内容。我国《商标法》对注册商标专用权的取得、行使、转让、灭失、侵权责任作了具体规定,属于特别法。而假冒他人注册商标是一种混淆商品或服务出处的行为,属于典型的欺骗性不正当竞争行为,我国《反不正当竞争法》第6条第1项对此作了明确的规定,该规定属于普通规定。在对注册商标进行保护的问题上,应优先适用《商标法》。

### (二) 反不正当竞争法对知识产权法的补充适用

知识产权法依其法定条件和程序通过授权来保护权利人的专有权或专用权,这就使未经授权的智力成果权,如技术秘密权、未注册商标权被排除在知识产权法的保护范围之外。而对技术秘密权、未注册商标权的侵犯,同样会给权利人带来损害,《反不正当竞争法》的出台,就给技术秘密权、未注册商标权的保护提供了有力支持,有了《反不正当竞争法》的补充适用,两方面的法律就能共同作用,对智力成果权形成有效保护。

例如对技术成果的保护,《专利法》保护的能称其为专利的技术成果,必须具有新颖性、创造性、实用性;而《反不正当竞争法》对技术秘密的要求,则更偏重于其实用性,对其新颖性、创造性未作刻意要求。更为重要的是,专利权的获得必须以公开技术成果为代价,而《反不正当竞争法》对技术秘密的要求则更强调其秘密性。两者的保护范围有别。《反不正当竞争法》通过兜底作用,既可以禁止非法获取技术秘密,又可以保护新技术和《专利法》不予保护的技术秘密。

再如对驰名商标的保护,《商标法》保护的范围以注册为原则,而且仅限于同种或者类似的商品或服务。而《巴黎公约》则规定驰名商标即使未注册也应得到保护。《TRIPS协定》更是将对驰名商标的保护范围扩大到禁止在不相类似的商品或服务上使用与驰名商标相同或者相近似的标识。可见,我国业已加入的《巴黎公约》和《TRIPS协定》的保护范围比《商标法》要宽。

对于这一《商标法》的立法欠缺,《反不正当竞争法》作出了积极反应。《反不正当竞争法》第 6 条第 4 项和《最高人民法院关于适用〈中华人民共和国反不正当竞争法〉若干问题的解释》第 13 条实则对侵犯未注册的驰名商标以及在不相类似的商品或服务上侵犯已注册的驰名商标的混淆行为作了禁止性的规定,亦即通过对知名商品的保护来达到该一般性条款的立法目的。因此可以说,《反不正当竞争法》第 6 条第 4 项是对《商标法》的有力补充。

## 第二节 不正当竞争行为的概念与特征

### 一、不正当竞争行为的概念

对于什么是不正当竞争行为,相关国际公约和各国立法的界定不一。《巴黎公约》规定,凡在工商业事务中违反诚实的习惯做法的竞争行为均构成不正当竞争行为。世界知识产权组织拟定的《发展中国家商标、商号和不公平竞争行为示范法》指出,违反工业或商业事务中诚实做法的任何竞争行为即为不正当竞争行为。在各国相关法律中,德国采用概括式方法将不正当竞争行为表述为"在营业中为竞争目的采取的违反善良风俗的行为";日本则采用列举式的方法,将六种"不公正交易方法"规定为不正当竞争行为。虽然国际公约和各国立法的规定表述不尽相同,但都认为不正当竞争行为实质上是一种违反平等、公正、诚实信用原则和竞争规则的非法行为。

我国《反不正当竞争法》第一章第 2 条规定:"本法所称的不正当竞争行为,是指经营者在生产经营活动中,违反本法规定,扰乱市场竞争秩序,损害其他经营者或者消费者的合法权益的行为。"这一法定概念,是我们判断何为不正当竞争行为的法律依据。这一法定概念包含以下三方面含义:①不正当竞争的主体是经营者,即从事商品生产、经营或者提供服务的自然人、法人和非法人组织和个人;②经营者的行为具有违法性,即违反《反不正当竞争法》的基本原则、第二章规定的相关内容及《反不正当竞争法》第 2 条蕴含的一般性规定,我国《反不正当竞争法》第 2 条为一般条款;③经营者的违法行为损害其他经营者的合法权益,扰乱社会经济秩序。

要想正确理解不正当竞争的概念,还应当准确地区分它与正当竞争、禁止竞争、限制竞争等的不同之处。

## 二、不正当竞争行为的特征

### (一) 不正当竞争的行为主体是经营者

按照我国《反不正当竞争法》第 2 条的规定，经营者是反不正当竞争法中的违法主体。对于经营者的确定内涵，同条第 3 款指出，"本法所称的经营者，是指从事商品生产、经营或者提供服务（以下所称商品包括服务）的自然人、法人和非法人组织。在司法实践中，某些从事带有营利或收费性活动的事业单位，如医院、科研院所、学校等应当视为经营者。

### (二) 不正当竞争行为发生在市场竞争活动中

只有在市场竞争活动中，才可能产生不正当竞争行为，非市场竞争行为不可能成为不正当竞争行为。这一特征是不正当竞争行为与一般民事侵权行为的区别所在。例如，对技术秘密权的侵犯，当侵权人与受害人无竞争关系时，应以一般侵权行为论；只有在侵权人与受害人存在竞争关系、以此损害受害人的竞争优势的情况下，才构成不正当竞争行为。

### (三) 不正当竞争行为违反《反不正当竞争法》

所谓违反《反不正当竞争法》，一是指行为违反该法的列举性规定；二是指行为违反该法的一般性规定；三是指行为违背自愿、平等、公平、诚实信用的基本原则，违背公认的商业道德。

### (四) 不正当竞争行为人损害的主要是同业经营者的权益

《反不正当竞争法》列明的不正当竞争行为，主要是经营者对同业经营者造成损害的行为。经营者对其他人造成损害的，不属于不正当竞争行为的范畴，应以其他法律处理。但是，由于竞争的广泛性，不同行业的经营者之间也存在不正当竞争的可能。例如，某食品生产企业在宣传该食品的药用价值时，以比较广告的形式对某种药品进行贬损，那么该食品生产企业的行为就构成了对不同行业的药品生产企业的不正当竞争行为。

### (五) 行为结果对其他经营者造成损害并扰乱社会经济秩序

不正当竞争是一种有目的的排他性行为，是以侵害相关竞争对手合法权益为直接目标的行为，不正当竞争行为的后果不仅损害竞争对手，更重要的是会阻碍市场竞争运行机制、扰乱市场经济秩序。必须注意的是，不正当竞争行为不同于一般的民事侵权行为。一般的民事侵权行为的构成往往要求损害结果的发生，而不正当竞争行为不以实际损害结果的发生为必备要件。有些不正当竞争行为，只要行为出现就应当承担法律责任，而无须考虑损害结果的发生，如低于成本销售商品的行为。

## 第三节 与知识产权有关的不正当竞争行为

对于不正当竞争行为究竟有哪些，与知识产权有关的不正当竞争行为又有哪些等问题，目前并无统一定论。世界知识产权组织在《发展中国家商标、商号和不正当竞争行为示范法》的解释性说明中列举了12种不正当竞争行为：①贿赂竞争对手的买主，以获得和保持他们的惠顾；②通过间谍活动或贿赂其雇员，获取竞争对手的商业秘密或交易秘密；③未经许可而使用或公开竞争对手的"技术秘密"；④引诱竞争对手的雇员，以破坏他们的雇佣合同或使他们离开其雇主；⑤以提起专利或商标侵权诉讼威胁竞争对手，而这种威胁是欺诈性的，并以减少竞争对手的交易量和阻止竞争为目的；⑥联合抵制贸易以阻止或妨碍竞争；⑦倾销，即以低于成本的价格销售，并有阻止或压制竞争的意图或后果；⑧给消费者造成一种印象，即他正在获得一个以优惠条件购买商品的机会，而事实并非如此；⑨依样模仿竞争对手的商品、服务、广告或贸易的其他特点；⑩鼓励或利用竞争对手的违约行为；⑪进行与竞争对手的商品或服务做比较的广告宣传；⑫违反不直接涉及竞争的法律，以获得超过竞争对手的不正当利益。

世界知识产权组织草拟的名为"对反不正当竞争的保护"的综合性文件及《反不正当竞争示范法》，将不正当竞争行为概括为：①混淆商品或服务的来源；②以夸大等方式进行欺骗，使人对所提供的商品或服务产生误解；③贬损竞争对手；④侵犯商业秘密；⑤不合理地利用他人已被消费者承认的成果；⑥以对比方式做广告；⑦有奖销售等其他行为。上述条款较为全面地囊括了不正当竞争行为的各个方面。但在一些国家的反不正当竞争法中，与知识产权保护有关的不正当竞争行为才是相关立法关注的重点，如商品假冒行为、欺骗性宣传、商业诽谤行为、侵犯商业秘密行为、滥用工业产权专有权的行为等，而贿赂销售、有奖销售等多交由其他法律调整。

我国《反不正当竞争法》第二章第 6~12 条将不正当竞争行为规定为混淆行为、贿赂行为、虚假商业宣传、侵犯商业秘密、不当有奖销售、利用误导性信息损害竞争对手利益、利用技术手段损害其他经营者合法权益。涉及知识产权保护的，主要是第 6 条、第 8 条、第 9 条所规定的混淆行为、虚假商业宣传、侵犯商业秘密。与知识产权保护关系最密切的是第 6 条规定的混淆行为、第 9 条规定的侵犯商业秘密。当然，《反不正当竞争法》第 11 条对商业诽谤行为的规定亦可认为与知识产权保护相关。

## 一、混淆行为

混淆行为是指经营者在市场经营活动中，以各种不实手法对自己的商品或服务作虚假表示、说明或承诺，或不当利用他人的智力劳动成果推销自己的商品或服务，使用户或者消费者产生误解，扰乱市场秩序，损害同业竞争者的利益或者消费者利益的行为。

《反不正当竞争法》第 6 条规定："经营者不得实施下列混淆行为，引人误认为是他人商品或者与他人存在特定联系：（一）擅自使用与他人有一定影响的商品名称、包装、装潢等相同或者近似的标识；（二）擅自使用他人有一定影响的企业名称（包括简称、字号等）、社会组织名称（包括简称等）、姓名（包括笔名、艺名、译名等）；（三）擅自使用他人有一定影响的域名主体部分、网站名称、网页等；（四）其他足以引人误以为是他人商品或者与他人存在特定联系的混淆行为。"

### （一）混淆他人有一定影响的标识

"有一定影响的"标识是指具有一定的市场知名度，并具有区别商品来源的显著特征的标识。根据最高人民法院的司法解释，人民法院认定《反不正当竞争法》第 6 条规定的标识是否具有一定的市场知名度，应当综合考虑中国境内相关公众的知悉程度，商品销售的时间、区域、数额和对象，宣传的持续时间、程度和地域范围，标识受保护的情况等因素。

《反不正当竞争法》第 6 条规定的标识有下列情形之一的，人民法院应当认定其不具有区别商品来源的显著特征：①商品的通用名称、图形、型号；②仅直接表示商品的质量、主要原料、功能、用途、重量、数量及其他特点的标识；③仅由商品自身的性质产生的形状、为获得技术效果而需有的商品形状，以及使商品具有实质性价值的形状；④其他缺乏显著特征的标识。对于第①项、第②项、第④项规定的标识经过使用取得显著特征，并具有一定的市场知名度，当事人请求依据《反不正当竞争法》第 6 条规定予以保护的，人民法院应予支持。

因客观描述、说明商品而正当使用下列标识，当事人主张属于《反不正当竞争法》第 6 条规定的情形的，人民法院不予支持：①含有本商品的通用名称、图形、型号；②直接表示商品的质量、主要原料、功能、用途、重量、数量以及其他特点；③含有地名。

### （二）混淆他人名称或者姓名

名称或者姓名是经营者活动的外在特征，体现商品（服务）经营者的商业信誉和商品声誉。擅自使用他人的企业名称、社会组织名称或者姓名，引人误认为是他人的商品的行为，被《反不正当竞争法》第 6 条第 2 项规定为不正当竞争行为，且为对一般商品的混淆与误导。构成擅自使用他人的企业名称、社会组织名称或者姓名的行为，应当符合以下条件：第一，未经权利同意。企业名称是企业的符号，经过市场监督管理部门核准并登记注册后，企业在法律规定的范围内对该名称享有专有权。未经企业的同意并签订书面转让协议，不能使用该名称。《反不正当竞争法》要禁止的是通过擅自使用他人的企业名称，诱导消费者对商品或服务产生误认的行为。姓名是自然人的符号。《民法典》第 1012 条规定："自然人享有姓名权，有权依法决定、使用、变更或者许可他人使用自己的姓名。"第 1014 条规定："任何组织或者个人不得以干涉、盗用、假冒等方式侵害他人的姓名权或者名称权。"《反不正当竞争法》第 6 条第 2 项规定禁止擅自使用他人的姓名，同样是为了排除消费者对商品或服务产生误认。第二，该行为的目的为通过擅自使用与他人相同的企业名称或者姓名，造成误认。第三，被假冒的他人的企业名称或者姓名一般具有良好的信誉、声誉。

擅自使用他人的企业名称、社会组织名称或者姓名，根据《反不正当竞争法》第 18 条的规定处理。在出现与《中华人民共和国产品质量法》（以下简称《产品质量法》）竞合的情况时，应优先适用《产品质量法》。按《产品质量法》的规定，伪造或者冒用他人厂名、厂址的，责令改正，没收违法生产、销售的产品，并处违法生产、销售产品货值金额等值以下的罚款；有违法所得的并处没收违法所得；情节严重的，吊销营业执照。

### (三) 混淆他人网站

擅自使用他人有一定影响的域名主体部分、网站名称、网页等，造成网页服务内容混淆的行为，被《反不正当竞争法》第6条第3项规定为不正当竞争行为，网页主办者可以主张权利。从司法实践来看，适用本条需要满足以下要件：①网页服务内容之间具有竞争关系；②网页本身具有一定的影响力并且能够识别商品来源；③被控网页造成混淆。

"有一定影响"是指该域名、网页为相关公众所知悉，有一定市场知名度和美誉度，对此需要结合域名、网站名称、网页等的实际使用情况、宣传、排名、获奖等因素进行综合判断。品牌方往往需要花费大量时间、金钱用于注册域名、设计版面、整合内容、运营推广网站，经过多年累积才能使网页获得稳定的访问量和知名度。正是因为网络设计运营需要花费大量心血，部分商家选择直接照搬他人网页的表达方式，借此节约投入，或者搭便车、造成混淆，吸引其他网页的流量，破坏了市场的竞争秩序。

## 二、虚假宣传行为

虚假宣传行为是指经营者利用广告或其他办法，对其商品的性能、功能、质量、销售状况、用户评价、曾获荣誉等作虚假或者引人误解的商业宣传，欺骗、误导消费者的行为。它包括虚假宣传和引人误解的宣传两种类型。例如，将一般产品宣传为名牌产品，将合成材料宣传为天然材料；将由进口油漆（如意大利聚酯漆）漆涂的家具标示为"意大利聚酯漆家具"，使人误以为该家具是进口（意大利）家具。虚假宣传既妨碍消费者的正确选择和判断，又侵犯其他经营者的利益，扰乱商品、服务市场，必须为法律所禁止。《反不正当竞争法》第8条对虚假宣传行为作了明确规定。该条所界定的管辖范围非常宽，反向假冒行为应在其规定的范围之内。

根据以上规定，虚假宣传行为的构成要件如下：第一，虚假宣传的主体是经营者。经营者自己作虚假宣传固然在法律禁止之列，经营者委托他人作虚假宣传也应被法律所禁止。第二，虚假宣传的内容涉及商品的性能、功能、质量、销售状况、用户评价、曾获荣誉等。第三，虚假宣传的结果，一是造成商品质量的误认，二是造成经营者的误认。

对于虚假宣传行为，行为人除了应当按照《反不正当竞争法》第20条的规定承担民事责任外，还应当按照第26条的规定处理。即经营者利用广告或其他方法，对商品作引人误解的虚假宣传的，监督检查部门应当责令其停止违法行为，根据情节处20万元以上200万元以下的罚款，可以吊销营业执照。利用广告作引人误解的虚假宣传的，优先适用《中华人民共和国广告法》。广告的经营者在明知或者应知的情况下，代理、设计、制作、发布虚假广告的，监督检查部门应当责令停止违法行为，没收违法所得，并依法处以罚款。

### 三、侵犯商业秘密

《反不正当竞争法》第9条第4款明确规定，"商业秘密是指不为公众所知悉、具有商业价值并经权利人采取相应保密措施的技术信息、经营信息等商业信息"。技术信息，即未公开的、与工业生产有关的技术诀窍、生产方案、工艺流程、设计图纸、化学配方、技术情报等信息。经营信息，即未公开的、与经营活动有关的经营方法、管理方法、产销策略、货源情报、客户名单、标底及标书内容等信息。商业秘密能为权利人带来竞争优势，容易成为侵害对象，因此《反不正当竞争法》专门对此作出了规定。

根据《反不正当竞争法》第9条的规定，商业秘密的构成要件是：第一，商业秘密必须具有秘密性，即技术信息和经营信息不为公众所知悉。秘密性是商业秘密的本质属性。第二，商业秘密必须具有实用性。商业秘密能在生产经营中具体应用，并能给权利人带来经济利益，包括现实的或潜在的经济利益和竞争优势。第三，商业秘密必须具有经济性。即该项技术信息或经营信息的使用能够为经营者带来一定的经济利益，包括现实的或潜在的经济利益和竞争优势。第四，商业秘密必须具有保密性。即权利人根据技术信息和经营信息的不同特点，对其采取了严密、有效的保密措施，以阻止他人（包括内部人员中与该秘密无关的人员）非法获取。商业秘密的这一属性是构成《反不正当竞争法》中的商业秘密的最重要条件，权利人为采取保密措施所做的努力，是确认该信息能否成为商业秘密的最重要因素。

根据《反不正当竞争法》第9条的规定，侵犯商业秘密的不正当竞争行为主要有以下四种：第一，经营者以盗窃、贿赂、欺诈、胁迫、电子侵入或者其他不正当手段获取权利人的商业秘密；第二，披露、使用或允许他人使用以前项手段获取的权利人的商业秘密；第三，违反保密义务或者违反权利人有关保守商业秘密的要求，披露、使用或允许他人使用其所掌握的商业秘密；第四，教唆、引诱、帮助他人违反保密义务或者违反权利人有关保守商业秘密的要求，获取、披露、使用或者允许他人使用权利人的商业秘密。

对侵犯商业秘密的不正当竞争行为，我国《反不正当竞争法》第 21 条规定了其行政责任，即对侵犯商业秘密的行为，监督检查部门应当责令停止违法行为，没收违法所得，处 10 万元以上 100 万元以下的罚款；情节严重的，处 50 万元以上 500 万元以下的罚款。我国《刑法》第 219 条规定了相关刑事责任，即有侵犯商业秘密的行为，情节严重的，处 3 年以下有期徒刑，并处或者单处罚金；情节特别严重的，处 3 年以上 10 年以下有期徒刑，并处罚金。

### 四、商业诽谤行为

商业诽谤行为是指经营者采取编造、传播虚假信息或者误导性信息，损害竞争对手的商业信誉、商品声誉的行为。《反不正当竞争法》第 11 条对商业诽谤行为作了明确的规定。商业诽谤行为的构成要件为：第一，行为主体是经营者。第二，行为人的主观心态是故意。第三，行为方式表现为编造、传播虚假信息或误导性信息。所谓"编造"，即无中生有。传播虚假信息或误导性信息既包括向不特定的人传播，也包括向特定的用户或同行业经营者传播。第四，商业诽谤行为侵害的客体是竞争对手的商业信誉、商品声誉，即商誉权。商誉是对经营者及其商品品质的积极社会评价，是经营者在市场竞争中经过大量努力、付出艰辛劳动后换来的，应该受到法律保护。

进行商业诽谤，损害其他经营者商誉权的，应当按照《反不正当竞争法》第 23 条的规定处理。由于商誉权在民法中属于法人的名誉权和荣誉权，在《反不正当竞争法》规定不足的情况下，可以按照《民法典》的规定处理。为了弥补《反不正当竞争法》对商业诽谤法律责任规定的不足，《刑法》规定了商业诽谤的刑事责任，设立了商业诽谤罪。根据《刑法》第 221 条和第 231 条的规定，捏造并散布虚伪事实，损害他人的商业信誉、商品声誉，给他人造成重大损失或者有其他严重情节的，处 2 年以下有期徒刑或者拘役，并处或者单处罚金。单位犯本罪的，对单位判处罚金，并对其直接负责的主管人员和其他直接责任人员，依照上述规定处罚。

# 第十章 网络知识产权的国际保护

> **导读**　知识产权国际保护制度，是指以多边国际公约为基本形式，以政府间的国际组织为协调机构，通过对各国国内知识产权法律进行协调而形成的相对统一的国际法律制度。知识产权是法定的"私权"，属于国内法调整的范围。但是，由于作为知识产权标的物的智力成果的跨国流动，知识产权这种"私权"便不可避免地进入了国际法调整的范围。从19世纪末起，欧美主要资本主义国家出于资本输出的需要，迫切要求将知识产品的垄断专用权从国内扩展到国外。同时，随着科技和国际商业贸易等经济交往的不断发展，知识产品的国际市场也开始形成和发展起来，此时，知识产权保护突破了地域性限制，上升到国际保护的层面。为此，各国先后签订了一系列保护知识产权的双边和多边国际条约，成立了一些全球性或区域性的国际组织。可以说，知识产权的国际保护是在国内保护的基础上发展起来的，经历了从双边安排到多边国际条约再到国际保护组织化的过程。

## 第一节　知识产权的国际保护

全球性的知识产权组织包括联合国教育、科学及文化组织（以下简称"联合国教科文组织"、国际劳工组织、世界知识产权组织（WIPO）和世界贸易组织（WTO）。联合国教科文组织和国际劳工组织在知识产权国际保护领域发挥着重要作用。例如，联合国教科文组织主持缔结了《世界版权公约》，并与国际劳工组织和世界知识产权组织一起发起缔结了邻接权领域里《保护表演者、音像制品制作者和广播组织罗马公约》（以下简称《罗马公约》）、《保护录音制品制作者防止未经许可复制其录音制品公约》（以下简称《录音制品公约》）、《关于播送由人造卫星传播载有节目的信号的公约》（以下简称《卫星公约》）等重要国际公约。世界知识产权组织是管理知识产权条约最多的，也是世界贸易组织成立之前最具权威性的国际知识产权组织。世界贸易组织把知识产权问题纳入多边贸易体系，成为与世界知识产权组织并列的知识产权国际保护组织。

世界知识产权组织与世界贸易组织及其管理的各种条约共同构成了现代知识产权国际保护体系的核心。此外，一些区域性组织对于知识产权国际保护制度的完善也起到了协调与推动作用。

## 一、世界知识产权组织与知识产权保护

### （一）世界知识产权组织的宗旨与职能

《建立世界知识产权组织公约》第3条明确规定了世界知识产权组织的宗旨，即"通过国家之间的合作并在适当的情况下与其他国际组织配合，促进世界范围内的知识产权保护；保证各联盟之间的行政合作"。第4条则规定了该组织的职责：①促进旨在便利在全世界对知识产权的有效保护和协调各国有关这方面的法令的措施的发展；②执行巴黎联盟及其有关专门联盟和伯尔尼联盟的行政任务；③可同意担任或参加其他旨在促进知识产权保护的国际协定的行政工作；④鼓励缔结旨在促进知识产权保护的国际协定；⑤对请求知识产权方面的法律—技术援助的国家给予合作；⑥收集和传播有关知识产权保护的情报，从事并促进这方面的研究，并公布这些研究的成果；⑦提供促进知识产权国际保护的服务，并适当办理这方面的注册并公布有关注册的资料；⑧采取其他适当的行动。

### （二）世界知识产权组织的机构

世界知识产权组织下设四个机构：大会、成员国会议、协调委员会和国际局。

1. 大会

大会是世界知识产权组织的最高权力机构，由成员国中参加巴黎联盟或

伯尔尼联盟的国家组成。大会的主要职能：根据协调委员会的提名任命总干事；审查并批准协调委员会的报告和活动，以及总干事关于世界知识产权组织活动的报告；通过世界知识产权组织的财务规定和各联盟共同的两年经费预算；批准总干事所提出的旨在促进有关知识产权保护的国际条约的行政管理措施；参考联合国的做法和惯例，决定秘书处的工作语言；确定哪些非本组织成员的国家、哪些政府间组织和非政府性的国际组织能够以观察员的身份参加本组织的会议；行使其适合于本公约的职权。

2. 成员国会议

成员国会议由全体成员国组成。其主要职能是：在尊重各联盟自主权的基础上，成员国就有关知识产权的问题交换意见，提出建议；为发展中国家制订两年法律和技术发展合作计划；通过发展合作计划预算；通过对建立世界知识产权组织公约的修正案；决定允许哪些非本组织成员的国家、哪些政府间组织和非政府性的国际组织可以观察员的身份参加会议；行使其适合于本公约的职权。

3. 协调委员会

协调委员会由巴黎联盟和伯尔尼联盟执行委员会的成员国组成。其主要职责是：就一切相关行政、财务问题提出意见；拟定大会的议程草案；任命代理总干事；组织有关会议、准备有关文件和报告、收集向各国提供的知识产权情报、出版有关刊物、办理国际注册；等等。

4. 国际局

国际局是世界知识产权组织的常设办事机构，负责组织会议及文件、交流情报、出版刊物和进行国际注册等事宜。

(三) 世界知识产权组织管理的知识产权公约

世界知识产权组织管理着众多保护知识产权的公约、条约与协定。其中，保护著作权方面的公约、条约主要有《伯尔尼公约》《罗马公约》《录音制品公约》《卫星公约》《世界知识产权组织版权条约》《世界知识产权组织表演和录音制品条约》。

保护工业产权方面的公约、条约主要有《巴黎公约》《制裁商品来源的虚假或欺骗性标志协定》《商标国际注册马德里协定》《工业品外观设计国际注册海牙协定》《商标注册用商品与服务国际分类尼斯协定》《保护原产地名称及其国际注册里斯本协定》《建立工业品外观设计国际分类洛迦诺协定》《专利合作条约》《专利国际分类协定》《建立商标图形要素国际分类维也纳协定》《国际承认用于专利程序的微生物保存布达佩斯条约》《商标注册条约》《商标法条约》《保护植物新品种国际公约》《保护奥林匹克会徽内罗毕条约》。

**二、世界贸易组织与知识产权保护**

《关税与贸易总协定》（GATT）是第二次世界大战后调整国际经济贸易和金融关系的三大支柱之一，对战后的经济恢复和发展起到了重要的作用。自1947年签订以来，《关税与贸易总协定》一直作为一个"事实上"的国际贸易协定，影响着关税和贸易领域的多边谈判。在《关税与贸易总协定》临时实施过程中，由于没有一个与之相应的组织负责协调和监督工作，导致存在难以克服的局限性，使多边贸易体制应发挥的作用受到阻碍和限制。各缔约方因此普遍认为应建立一个国际贸易组织，为各缔约方提供一个协商一致的论坛，也为全球经济贸易提供一个有效的管理机制，使世界经济持续发展的目标得到有效的实现。

（一）世界贸易组织的宗旨与职能

世界贸易组织重申了《关税与贸易总协定》的宗旨，具体内容包括：①提高生活水平，保证充分就业，大幅度地稳步提高实际收入水平，增加有效需求，发展生产，增加产品的产量以及商品和服务的贸易量；②以可持续发展为目标，根据各国经济发展水平，采取与之相适应的方式，最佳地利用世界资源，保护和维护世界环境；③做出积极的努力，确保发展中国家特别是那些最不发达国家在国际经济贸易活动中获得与其经济发展水平相适应的份额；④建立一个完整的、具有活力和持久的多边贸易体系。

世界贸易组织主要行使以下职能：①促进乌拉圭回合各项法律文件以及其后可能达成的各项新协议的实施、管理和运作，努力实现各项协议确定的目标；②为成员国就有关协议事务和对相关的新议题进行谈判提供场所，并为谈判提供框架；③负责成员国之间的诉讼，采取必要步骤解决成员国之间的贸易争端；④定期审议各成员国的贸易政策，确保其政策的实施；⑤协调与世界银行和国际货币基金组织的关系，保障全球经济决策的一致性，防止与减少经济贸易政策上的冲突。

（二）世界贸易组织的组织机构

世界贸易组织的组织机构如下。

1. 部长级会议

由所有成员国的主管对外经济贸易的部长、副部长级的官员或其全权代表组成,是世界贸易组织的最高权力机构,执行世界贸易组织的全部职责,并有权为执行这些职责采取必要的行动。

2. 总理事会

总理事会由所有成员国的代表组成,在部长级会议休会期间代为行使其职责。在成员国之间发生诉讼或争端时,总理事会有权召开会议履行解决争端的职责,还有权就成员国的贸易政策进行审议。它下设:①货物贸易理事会,负责监督《关税与贸易总协定》及其相关协议的实施与运作;②服务贸易理事会,负责服务《关税与贸易总协定》及其部门协议的实施与运作;③知识产权理事会,负责监督执行与贸易有关的知识产权协定。这些理事会有权制定各自的程序规则,并提交总理事会批准。

3. 专门委员会

部长级会议下设专门委员会,负责处理特定的贸易和其他事项的实施。目前已设立的专门委员会有贸易与发展委员会,国际收支限制委员会,预算、财务与行政委员会,贸易与环境委员会等。

4. 争端解决机构

争端解决机构是负责解决成员国之间贸易争端的常设机构。总理事会具有争端解决机构的职能,在履行争端解决职责时,即为争端解决机构。但争端解决机构的组成人员与总理事会不同,争端解决机构可以设立自己的主席,并可以制定必要的程序规则,成立专家小组,由专家小组对争端的事实结合有关法律文件进行评价后提出解决建议。上诉机构也是解决争端的常设机构,其成员在法律、国际贸易中都有一定的权威性。专家小组或上诉机构的报告应提交给争端解决机构审议,争端解决机构具有司法裁决权。

5. 秘书处

秘书处由总干事领导,负责处理世界贸易组织的日常事务。秘书处在争端处理方面有辅助职责,其工作人员由总干事指派,并按部长级会议通过的规则确定其工作职责和服务条件。

(三) 世界贸易组织与知识产权

知识产权在国际贸易中的地位日益突出,保护知识产权人的权利、解决因知识产权而产生的贸易争端变得越来越重要，尤其是发达国家强烈要求将知识产权问题纳入世界贸易组织的管辖范围，以维护其在知识产权领域的预期利益。世界贸易组织第一次把知识产权纳入多边贸易体系中，同时实行"一揽子"协议政策，其成员都必须全部接受有关协定，不得有所保留。因此，世界贸易组织与知识产权有着不可分割的必然联系。

世界贸易组织对知识产权的管辖范围是通过《TRIPS协定》加以确定的。《TRIPS协定》规定了一系列最低保护标准，为知识产权执法机制规定了整体框架和具体措施，并规定了争端解决机制。因此，《TRIPS协定》被誉为"知识产权国际保护的法典。"

### 三、区域性知识产权保护

除了世界知识产权组织和世界贸易组织的知识产权保护体系，区域性知识产权保护组织在知识产权国际保护中也发挥着重要作用。欧洲经济共同体在版权领域制定跨国法的总体做法是先易后难：先从科技新发展产生的新客体入手，逐步扩大到传统版权保护对象。非洲法语国家就建立工业产权组织达成的共识，成立了非洲（法语国家）知识产权组织（OAPI），其主要职能是颁发工业产权保护证书，如发明专利与增补证书、实用新型证书，同时负责工业品外观设计、产品与服务商标、企业名称和原产地名称、标记的注册，著作权的管理，专利信息的传播等工作。此外，北美自由贸易区的《北美自由贸易协定》中也有关于区域性知识产权保护的规定。

区域性知识产权保护为在更广泛的国际范围内就知识产权保护的相关问题达成共识创造了条件，同时也形成了一些知识产权国际保护的框架，为知识产权的国际保护打下了基础。

知识产权本身是一个开放性的概念，其范围随着时代的发展而不断变化，知识产权制度随时面临着社会发展带来的挑战。传统的知识产权国际保护制度的大部分原则性规定和一部分具体规定仍可以适用于网络环境下的知识产权保护，而有些新问题却是传统知识产权保护制度无法解决的。无论是发达国家还是发展中国家，都意识到了在全球范围内加强网络知识产权国际保护的重要性，并在积极、努力地进行研究与尝试。

## 第二节 网络环境下著作权国际保护的新发展

网络传输作为一种崭新的传播作品的方式,给传统著作权制度带来了全球性的冲击。美国是互联网的发源地,相应地,互联网上的版权纠纷自然就较早地在美国出现,并引起了美国政府的注意。从信息基础设施工作机构提交的《知识产权与国家性信息基础设施》报告到《知识产权与国家信息基础设施》白皮书,美国一直致力于解决网络版权问题。

### 一、世界知识产权组织的互联网条约

世界知识产权组织在应对数字技术对版权法的挑战中做出了很大的努力。其中,最为重要的成就是《世界知识产权组织版权条约》(WCT)和《世界知识产权组织表演和录音制品条约》(WPPT)达成。这两个条约主要是为了解决数字技术和电子环境下所引起的版权与邻接权保护的新问题,也被统称为"互联网条约"。

#### (一) WCT 与 WPPT 的基本内容

从本质上看,WCT 就是要求成员国把《伯尔尼公约》的规定延伸到计算机程序和数据库等数字环境下。WCT 是《伯尔尼公约》第 20 条意义上的专门协定,WCT 不得与除《伯尔尼公约》以外的条约有任何联系,也不得损害任何其他条约的权利和义务。WCT 的任何内容均不得减损缔约方相互之间按照《伯尔尼公约》已承担的义务。WCT 涉及网络著作权的主要内容有关于计算机程序和数据库的规定、向公众传输的权利、关于技术措施的义务和权利管理信息。

WPPT 在总则中明确规定了其与其他公约的关系,并对其使用的一些词,如"表演者""录音制品""录制""录音制作者""发行""广播""向公众传输"等规定了定义。WPPT 第二章规定了表演者的权利,包括表演者的精神权利,表演者对其未录制的表演的经济权利、复制权、发行权、出租权、提供已录制表演的权利。其中,"提供已录制表演的权利"规定:"表演者应享有专有权,以授权通过有线或无线的方式向公众提供其以录音制品录制的表演,使该表演可为公众中的每一个人(包括法人)在其个人选定的地点和

时间获得。对本条规定的情况，各缔约方也可采用发行权或向公众传输权的方式。"本条是第一次将网络传输包括在国际条约之内。

(二) WCT 与 WPPT 对传统著作权制度的扩展

1. 复制权

复制权问题一直是两个条约形成过程中的热点问题。在世界知识产权组织于日内瓦举行的外交会议上，各国代表各抒己见，对此展开了激烈的辩论。欧盟建议进一步澄清《伯尔尼公约》第9条的这一规定，将其修订为"各成员方承认以电子媒介永久或暂时地存储受保护作品属于《伯尔尼公约》第9条第1款意义上的复制，包括作品进入计算机内存的上传和下载行为。"专家委员会基本接受了欧盟的这一建议，并在其建议草案的第7条中对复制权作了说明。该条规定在日内瓦外交会议上得到了美国和欧盟的支持，但与会的大多数国家对其持反对意见，导致其没有通过。美国和欧盟不甘心失败，于是借助 WCT 的议定声明来达到其目的。

WCT 第1条第4款的议定声明规定："《伯尔尼公约》第9条所规定的复制权及其所允许的例外，完全适用于数字环境，尤其是以数字形式使用作品的情况。不言而喻，在电子媒体中以数字形式存储受保护的作品，构成《伯尔尼公约》第9条意义下的复制。"同时，在关于 WPPT 第7条（表演者的复制权）、第11条（录音制品制作者的复制权）的议定声明中规定："第7条和第11条所规定的复制权及其中通过第16条允许的例外，完全适用于数字环境，尤其是以数字形式使用表演和录音制品的情况。不言而喻，在电子媒体中以数字形式存储受保护的表演或录音制品，构成这些条款意义下的复制。"

WCT 与 WPPT 及其议定声明的表述均避免提到敏感的"临时复制"，而是使用了"以数字化形式在电子媒介上的存储"的表达方式，对临时复制问题没有给出定论。数字化作品在网络传输过程中不可避免地会产生多个复制行为，因此，对临时复制予以适当的法律规制，实现著作权保护与公众利益的平衡是一个至关重要的问题。在国际立法层面上，对临时复制问题的法律规制分为两种模式：一种模式认为，网络传输中的临时性存储属于著作权法中的复制，同时规定某些情形下属于合理使用，不构成侵害著作权，目前大多数国家的著作权立法正在向这个方向发展；另一种模式则不将临时复制视为著作权法上的复制，而是结合著作物的种类、利用形态，直接判定其是否侵害著作权。

2. 发行权

在 WCT 和 WPPT 规定发行权之前,《伯尔尼公约》和《TRIPS 协定》中都没有关于发行权的规定,根据通常的理解,发行是向公众提供作品原件或复制件的行为。

WCT 第 6 条第 1 款规定:"文学和艺术作品的作者应享有授权通过销售或其他所有权转让形式向公众提供其作品原件或复制品的专有权。"第 2 款规定:"对于在作品的原件或复制品经作者授权被首次销售或其他所有权转让之后,适用本条约第 1 款中权利用尽所依据的条件,本条约的任何内容均不得影响缔约各方确定该条件的自由。"关于 WCT 第 6 条和第 7 条的议定声明进一步规定:这两条中的"复制品"和"原件和复制品",受其中发行权和出租权的约束,专指可作为有形物品投放流通的固定的复制品。WPPT 第 8 条规定:"①表演者应享有授权通过销售或其他所有权转让形式向公众提供其以录音制品录制的表演的原件或复制品的专有权;②对于在已录制的表演的原件或复制品经表演者授权被首次销售或以其他所有权形式转让之后适用本条约第①款中权利用尽所依据的条件(如有此种条件),本条约的任何内容均不得影响缔约各方确定该条件的自由。"WPPT 第 12 条第 1 款规定:"录音制品制作者应享有授权通过销售或其他所有权转让形式向公众提供其录音制品的原件和复制品的专有权。"第 2 款规定:"对于在录音制品的原件或复制品经录音制品制作者授权被首次销售或以其他所有权形式转让之后适用本条约第 1 款中权利用尽所依据的条件(如有此种条件),本条约的任何内容均不得影响缔约各方确定该条件的自由。"

与传统发行权相比,WCT 与 WPPT 对发行权的规定有如下变化:①发行涉及的行为必然与固定作品(制品)的原件有关,即作品(制品)原件和复制品;②WCT 与 WPPT 将向公众提供作品(制品)的方式缩小到所有权的转让,而不包括出租;③WCT 与 WPPT 明确规定了作品(制品)原件或者复制品经作者授权发行后,该原件或复制品的发行权就用尽了,即所谓发行权用尽原则。

3. 出租权

WCT 与 WPPT 规定的出租权是独立于发行权的专有权。WCT 第 7 条第 1 款规定:"计算机程序、电影作品和按缔约各方国内法的规定,以录音制品体现的作品的作者,应享有将其作品的原件或复制品向公众进行商业性出租的专有权。"第 2 款规定:"本条约不得适用于:①程序本身并非出租主要对象的计算机程序;②电影作品,除非此种商业性的出租已导致对此种作品的广泛复制,从而严重地损害了复制专有权。"WPPT 第 9 条和第 13 条为表演者和录音制作者规定了与 WCT 第 7 条内容相同的出租权。

WCT 与 WPPT 关于出租权的规定只适用于计算机程序、电影作品和录音制品,但两条约并不反对缔约国将出租权扩大到其他作品。两条约如此规定的原因是:第一,某些作品并不存在出租的可能性,或者出租的可能性非常小;第二,即使规定了出租权,也不便于操作,甚至会影响经济生活的正常运行;第三,发展中国家反对为一切作品规定出租权。

4. 作者的精神权利

精神权利是指作者基于作品依法享有的以人身利益为内容的权利,是与著作财产权相对应的非财产性权利。如果说作者的精神权利在传统技术条件下比较安全的话,那么网络数字化技术将改变这一切。在网络上,每个人都可以轻而易举地修改他人的署名和作品的内容。如果对这种行为不加以法律上的限制和约束,那么不仅会使作者创作和传播作品的积极性大受打击,也会使网络用户难以从网络上获得真实可靠的信息,甚至可能导致一系列的网络犯罪行为。传统意义上的精神权利侵权方式主要是"从书到书"或"从书到报",主要是在传统的媒介载体上进行传播,具体表现为未经作者允许擅自将其作品编辑成书并发行或擅自改动作品的署名和文字内容。而在网络环境下,侵犯精神权利的方式则呈现出多样化的特点。主要表现为三种方式:一是"从书到网",即未经作者允许,擅自将其作品进行数字化处理后,在网络中传播,或擅自改动作品的署名和文字内容后再传输到网上传播;二是"从网到书",即未经作者允许,擅自将其数字化后的作品重新转化为传统的作品形式进行传播,或擅自改动其数字化后作品的署名和文字内容再进行付梓,如见书或见报等;三是"从网到网",即未经作者允许,将其数字化作品在网络上传播,或擅自改动其数字化作品的署名和文字内容后再在网络上传播。不管是以何种方式对作者精神权利进行侵权,其实质都是对作者的发表权、署名权(身份权)和保护作品完整权的侵犯。

WCT 没有直接涉及作者精神权利的内容,只在第 1 条第 4 款和第 3 条中间接指出:在作者精神权利的国际保护方面,完全适用《伯尔尼公约》的有关规定。WPPT 则首次把精神权利的国际保护对象扩大到表演者。WPPT 第 5 条规定:不依赖于表演者的经济权利,甚至在这些权利转让之后,表演者仍然对于其现场有声表演或以录音制品录制的表演有权要求承认其系表演者,除非使用表演的方式决定可省略不提其系表演者;并有权反对任何对其表演进行有损其名声的歪曲、篡改或其他修改。表演者的上述权利在其死后应继续保留，至少到其经济权利期满为止，并可由被要求提供保护的缔约方立法所授权的个人或机构行使。

5. 权利的限制与例外

WCT 第 10 条第 2 款规定："缔约各方在适用《伯尔尼公约》时，应将对该公约所规定权利的任何限制或例外限于某些不与作品的正常利用相抵触，也不无理地损害作者合法利益的特殊情况。"以上规定允许缔约各方将其国内法中依照《伯尔尼公约》被认为可接受的限制与例外继续适用并适当地延伸到数字环境中。同样，这些规定应被理解为允许缔约方制定对数字环境适用的新的例外与限制。WPPT 第 16 条第 2 款规定："缔约各方应将对本条约所规定权利的任何限制或例外限于某些不与录音制品的正常利用相抵触，也不无理地损害表演者或录音制品制作者合法利益的特殊情况。"其中允许的例外完全适用于数字环境，尤其是以数字形式使用表演和录音制品的情况。

6. 关于技术措施

WCT 第 11 条规定："缔约各方应规定适当的法律保护和有效的法律补救办法，制止规避由作者为行使本条约或《伯尔尼公约》所规定的权利而使用的、对就其作品进行未经该有关作者许可或未由法律准许的行为加以约束的有效技术措施。"WPPT 第 18 条规定："缔约各方应规定适当的法律保护和有效的法律补救办法，制止规避由表演者或录音制品制作者为行使本条约所规定的权利而使用的、对就其表演或录音制品进行未经该有关表演者或录音制品制作者许可，或未由法律准许的行为加以约束的有效技术措施。"这两个条约并没有规定采取何种措施和机制，而是把制定具体规则的权利留给缔约方，缔约方可以将这些规定适用于数字环境。

7. 权利管理信息

在互联网中，权利管理信息具有非常重要的作用。在网络中，每时每刻都在传输无数个有版权的作品，而网络版权的授予又都是以电子形式完成的，用户只需要单击几个按键就能以特定价格获得以特定方式使用特定作品的权利。为了保证网上电子交易系统能够正常运转，电子管理信息必须具有完整性和真实性，如果版权人的性别被别有用心的人改换，或者"版权所有"被改为"自由使用"，那么版权人的合法权益就将难以得到保障，这最终将导致越来越多的版权人由于害怕其作品被非法使用而放弃进行网上交易，甚至拒绝将自己的作品上网交易。鉴于此，WCT 第 12 条规定："缔约各方应规定适当和有效的法律补救办法,制止任何人明知或就民事补救而言有合理的根据知道其行为会诱使、促成、便利或包庇对本条约或《伯尔尼公约》所涵盖的任何权利的侵犯而故意从事以下行为:①未经许可去除或改变任何权利管理的电子信息;②未经许可发行,或者以发行为目的进口、广播或向公众传播被非法去除或改变权利管理电子信息的作品或作品的复制品。"本条中的"权利管理信息"是指识别作品、作品的作者、对作品拥有任何权利的所有人的信息,或有关作品使用的条款和条件的信息,或代表这种信息的任何数字或代码,各项信息均附于作品的每件复制品上或在作品向公众进行传播时出现。WPPT对此作出了相同的规定。

应该说,WCT和WPPT在数字环境下的版权保护方面取得了很大的进展,但相对于快速发展的信息传播技术和网络传播媒体而言,国际条约的步伐显然是落后的。有关国际组织和一些主要国家也看到了这方面的现实,正积极地倡导对相关国际条约进行进一步补充和完善。

## 二、世界贸易组织的《TRIPS协定》

世界经济在第二次世界大战以后经过长足发展,到20世纪90年代呈现出一体化趋势,这种趋势在西方发达国家尤为明显。尽管有相关的知识产权保护的多边国际条约,如《巴黎公约》《伯尔尼公约》《世界版权公约》和《罗马公约》等,但这些国际公约在新的国际经济贸易形势下,已不能完全适应和满足世界各国,特别是以美国为首的发达国家的要求。

(一)《TRIPS协定》对知识产权的一般性保护

《TRIPS协定》作为《关税与贸易总协定》乌拉圭回合谈判要求提交的文件之一,必须和其他文件"一揽子"提交。与以往的知识产权保护公约相比,《TRIPS协定》强调在各成员方之间的相关法律制度存在差异的情况下,规定有效和适当的方法,对与贸易有关的知识产权进行保护。《TRIPS协定》规定了迅速和有效的争端解决程序,以多边方式防止和解决政府间的有关争端。《TRIPS协定》为发展中国家做出了过渡性安排,使其逐渐达到协定规定的保护标准。《TRIPS协定》对知识产权有其特定的保护范围,这种保护范围是与国际贸易的需要相联系的,与贸易无关的科学发现权、与民间文学有关的权利、作者的精神权利等都不属于该协定的保护范围。《TRIPS协定》在第一部分第1条中规定了其保护的知识产权范围:①版权和相关权利;②商标权;

③地理标识权；④工业设计权；⑤专利权；⑥集成电路布图设计（拓扑图）权；⑦对未披露信息的保护权。

《TRIPS 协定》确立了以下基本原则。

1. 国民待遇原则

《TRIPS 协定》第 3 条规定，每一成员给予其他成员国民的待遇不得低于其给予本国国民的待遇，但《巴黎公约》《伯尔尼公约》《罗马公约》和《关于集成电路的知识产权条约》中分别规定的例外除外。另外，《TRIPS 协定》的国民待遇的例外不仅限于上述四个公约中规定的例外，还包括有关知识产权在司法和行政程序方面的例外。

2. 最惠国待遇原则

根据《TRIPS 协定》第 4 条的规定，在知识产权保护上，一成员对其他国家国民给予的任何利益、优惠、特权或豁免，均应立即无条件地给予所有其他成员的国民。本条同时规定了最惠国待遇的四种例外。另外，《TRIPS 协定》第 5 条规定了"关于取得或维持保护的多边协定"，指出第 3 条和第 4 条的义务不适用于在 WIPO 主持下订立的有关取得或维持知识产权的多边协定中规定的程序。

3. 防止权利滥用原则

《TRIPS 协定》第 8 条规定了防止知识产权作为专有权被滥用的原则。该原则的目的在于：一是知识产权的保护需要与公共利益相平衡，不能以损害公共利益为代价，而过分强调知识产权权利人的权利；二是权利人在行使权利时，不能采用不正当的竞争行为。

4. 权利用尽原则

权利用尽原则也称为权利穷竭原则，是指权利人或经其委托将其享有权利的专利产品，或带有商标标志的商品，或其他受知识产权法律或相关国际条约保护的智力劳动成果合法处分，如销售、转让以后，权利人就该产品（或其复制件）所享有的已被其处分的权利即告穷竭。权利用尽原则也被称为"首次售卖"原则。

5. 最低保护标准原则

《TRIPS 协定》设定了保护知识产权的最低标准。该协定第 1 条关于义务的性质和范围规定："各成员应实施本协定的规定。各成员可以，但并无义务，在其法律中实施比本协定要求更广泛的保护，只要此种保护不违反本协定的规定"。

(二)《TRIPS 协定》对网络环境下知识产权的专有保护

《TRIPS 协定》将计算机程序和有独创性的数据汇编列为版权保护的对象。该协定第 10 条第 1 款规定，无论计算机程序是以源代码还是以目标代码表达，均应作为《伯尔尼公约》项下的文学作品加以保护。《伯尔尼公约》没有提到计算机程序，但从该公约适用于"文学、科学和艺术领域内以任何方式或形式表现的一切产物"的角度来解释，计算机程序也应属于《伯尔尼公约》保护的作品范围。《TRIPS 协定》的这一规定不仅要求世界贸易组织的成员将计算机程序作为版权保护的对象，还间接指出对计算机程序保护的最低标准不应低于《伯尔尼公约》对文字作品的保护。这可以说是对计算机程序提供版权保护的主体范围和权利内容的进一步扩大。该协定第 10 条第 2 款还就数据库作出规定，数据汇编或其他资料汇编不论是采用机器可读形式或者其他形式，只要由于对其内容的选择或编排构成智力创作，即应予以保护。但这种保护不得延伸至数据或资料本身，并不得损害存在于数据或资料本身中的任何版权。

《TRIPS 协定》是对以往知识产权国际保护条约的总结与发展，将知识产权国际保护提高到了新的水平，其标准和原则可以延伸到适用于网络知识产权的保护。

## 第三节　网络域名的国际保护

域名在产生之初仅仅是网络主机的地址，如同门牌号一样，其设计的初衷是方便人们发送 E-mail 和访问其他站点。但是，随着网络中商业活动数量的急剧增加，域名的巨大商业价值及其与商标、商号产生的冲突，逐渐引起了国际社会的普遍关注。由于美国是互联网的起源国，网络普及程度较高，一开始就拥有域名注册的垄断权，同时 WIPO 作为全球性的知识产权保护组织对域名的保护发挥了巨大的作用。

域名初创于美国，随着域名系统（NDS）应用的推广，美国国家科学基金会（NSF）与私营性质的网络解决方案公司（NSI）签署协议，授权 NSI 管理域名系统的注册和数据库。此后，美国对于域名的管理工作逐步由政府行为向私营组织的经营行为过渡。由于美国政府对域名系统的控制行为一直受到国际社会的非议，美国组建了互联网名称与数字地址分配机构（ICANN），并由 ICANN 逐渐接管 NSI 的注册管理业务，ICANN 逐渐成为目前及今后负责网络域名分配和管理的最高权威机构。ICANN 是一个非营利性的国际组织，其目的在于确保互联网的稳定运行，促进有序竞争，实现全球互联网社会的广泛参与。

在 ICANN 的运营过程中，WIPO 一直通过向其提供建议的方式发挥着巨大的作用，如为了建立全球性的、有效的域名纠纷处理机制，WIPO 在经过广泛和深入的磋商及协调的基础上，公布了《互联网域名和地址的管理：知识产权问题》报告，该报告就域名注册规范程序、统一争端解决程序及域名排他程序等向 IACNN 及各成员提出了一系列建议。IACNN 采纳了该报告的大部分内容，并于同年通过了《统一域名争议解决办法程序规则》及其实施细则等多个规则。这些规则的制定与实施大大加强了对域名的管理与国际保护力度。

此外，由于域名问题的复杂性，国际社会已达成共识，力图将域名注册与争议处理纳入规范化轨道，并为此做了不少工作。国际社会正在积极努力，希望通过开展国际协作，携手解决该领域内错综复杂的问题。

## 第四节　商业方法专利的国际保护

互联网在产生之初，需要相当多的硬件基础设施。于是，计算机行业着眼于制作软件与硬件集成的通信系统。当互联网发展成熟后，计算机行业的着眼点不再是单纯的硬件或软件系统，而在于其新创的商业方法（business method），即产生商业利润的"点子"。由于各国专利法并不保护"思想"，因此这些"点子"也不受专利法的保护。但是，当这些"点子"和各种软件、硬件系统结合起来，为许多互联网公司带来利润时，对商业方法应受专利法保护的呼声便日益高涨。

商业方法的概念是在美国的 Hotel Security Checking Co. v. Lorraine Co. 案中提出来的。说到商业方法，就不能不提 State Street Bank 案，正是该案打开了商业方法专利的大门。该案中，美国联邦上诉法院的法官认为，这种将商业方法排除在可授予专利权的主题之外的做法是错误的。该法官提出，在所有美国法院的实践中，从来没有以商业方法为由驳回某项专利申请的做法，即使是提出这一概念的 Hotel Security Checking Co. v. Lorraine Co. 案，不授予专利的原因仅仅是因为其缺乏新颖性，而不是因为其属于商业方法。在当前的案件中，一项与软件或计算机相关的发明，不管其是否属于商业方法，只要符合专利法的规定，均可被授予专利。自 State Street Bank 案后，商业方法专利的申请者大批涌入美国专利商标局，而且对商业方法专利的申请并没有停留在美国本土，一些意欲占领电子商务市场先机的美国企业，也将申请的范围扩大到美国以外的市场。

日本政府的态度和行动一直非常积极，日本特许厅（JPO）和国会不断调整相关政策和修改相关法律，充分维护日本商业方法专利申请人的利益。日本审查标准办公室协调处发布《与商业有关的发明的审查》（以下简称《审查》），指出大多数与商业有关的发明可以被认为是某种形式的与软件有关的发明，可以将其作为计算机软件相关发明进行审查。网络上无形的计算机程序将受到专利法的保护，禁止未经授权从网上下载受专利法保护的软件。该《审查》增强了对软件的专利保护，将导致电子商务市场规模的扩大和商业方法专利数量的增多。

目前，关于商业方法的可专利性还存在很大的争议，国际社会并未形成统一做法，对于商业方法的专利保护还停留在少数发达国家的国内立法层面。但是，商业方法专利已经成为事实，客观上要求国际知识产权保护体系对商业方法的可专利性、审查标准等问题作出相关规定。

## 第五节　网络环境下知识产权国际保护的完善

网络传输的出现犹如知识产权领域浮起的一块"新大陆"。无国界、无中心、公开性、虚拟性和交互性等众多网络传输的新特点使其与以往任何一块知识产权的领地都有所不同，传统的游戏规则好像突然失灵了。业已形成的知识产权国际保护体系受到了前所未有的冲击，适时地进行变革与发展是其必然选择。

### 一、发展与完善网络环境下知识产权国际保护的价值观

传统知识产权国际保护的基本价值观，一方面强调对创造者智力成果的保护与激励；另一方面也强调对创造者权利的限制，以实现个人垄断利益与

公共利益的平衡。

以上价值观并没有在网络环境下消失殆尽，只不过是增加了新的因子。由于网络的发展使知识产权的地域性和时间性都发生了改变，人们可以深切地感受到网络空间的自由所带来的无限乐趣，同时也享受着网络传输的惊人速度所带来的便捷。网络空间的人际交往具有更强的自主性，网络用户可以自行决定以什么身份在虚拟社区中生存，可以选择和设计自己希望扮演的身份与角色，在网络中可以真切地体验到现实生活中无法体验到的生存状态。于是，自我、自由的价值观在网络环境下得到了空前的发展。同时，网络的高效率更是让人们惊喜不已，传输一本100万字的书的全部内容用时还不到3分钟，利用BT下载技术可以同时为20万人提供在线下载服务。由此可见，网络如果失去自由与效率的基本特征，将失去其生命力。因此，知识产权国际保护制度在其价值观中必须注入自由与效率这两个因子，并在具体的制度规定中加以体现。

### 二、协调发达国家与发展中国家的利益关系

知识产权作为利益调节机制，不仅涉及国内的不同主体之间的利益关系，也涉及不同国家之间的利益关系。对于知识产权的国际保护，这种调节作用更多地体现为对国家利益的平衡。知识产权立法的一体化，意味着知识产权保护的基本原则与标准在全球范围内的普适性。从国际保护领域来看，知识产权立法的一体化，实际上是由发达国家积极主导、发展中国家被动接受的制度安排。目前的知识产权国际保护规范较多地考虑了发达国家的利益，而很少考虑发展中国家相对落后的科技和经济状况。现有的国际公约所确定的最低保护标准，体现了权利的高度扩张和高水平保护，更多地顾及和参照了发达国家的要求与做法。知识产权立法的现代化和一体化是不可逆转的，但一体化不是西方化，更不是美国化，用美国的标准来保护整个国际社会的知识产权，忘记国情、脱离现实是不合时宜的。

在当今国际社会，发达国家与发展中国家之间在知识创新与使用过程中存在着巨大的角色差异。据统计，占世界人口4/5的100多个发展中国家只拥有世界研究开发力量的12.6%，而仅占世界人口1/5的20多个发达国家的研究开发力量却达到了总量的87.4%。在全世界申请的专利中，真正属于发展中国家独立拥有的仅占1%[1]；对未来具有重要意义的知识产权，几乎完全

---

[1] 古祖雪. 论国际知识产权法的社会基础 [J]. 湘潭大学社会科学学报，2002（6）：18-22.

由发达国家所控制。对于网络技术的发展水平而言,情况更是如此。发展中国家一方面迫于发达国家的压力,不得不满足一系列最低保护标准;另一方面,也在试图利用一些例外规定将自己的损失降低到最小。因此,网络环境下知识产权的国际保护应重视发达国家与发展中国家利益的协调,以维持知识产权国际保护的良好秩序。

### 三、积极应对网络环境下知识产权国际保护的新问题

知识产权国际保护制度已经针对网络环境做出了积极的应对,增加了一些新的保护客体,如数据库、域名;也扩大了权利的保护范围,如对传统的复制权、发行权等进行了修正,增加了新的权利,如向公众传输的权利、出租权等。然而,网络的发展是无止境的,新问题将不断涌现。以下问题已经现实存在于国际社会中,但国际社会尚未做出及时的回应。

(一) 数据库与隐私权的保护

在网络环境中,信息已经成为一种商品,诸如个人偏好、通信记录、疾病记录、性格倾向、信用记录、违法记录、雇佣资料等都可以进行数字化处理并存储到数据库中。如果不对上述信息进行有效控制,个人隐私就会在信息的商品化中变得透明。信息商品化在知识产权领域即表现为数据库问题。国际版权界认为,对数据库提供汇编作品保护是一种"弱保护",因为任何人都可以自由地使用原汇编作品的材料,用以制作与其竞争的数据库。因此,在保护数据库权利人利益的同时,必须兼顾对隐私权权利人利益的保护。

(二) 网络环境下著作权的集体管理制度

欧洲作者和作曲者协会顾问马丁·雷兹指出:"(从某种意义上讲),互联网仅是将传统作品提供给公众的一种新途径。就这一点来说,著作权集体管理组织(作者协会)被要求向其成员提供的服务与过去是相同的。与众多的传统领域一样,其目的是与使用者就作品的使用达成协议、管理作品的利用以及分配征集来的版税。然而,尽管目的相同,实现目的的手段却有着很大的区别。著作权集体管理组织(作者协会)面临着一次真正的挑战。"[①] 著作权的集体管理必须对具体问题加以调整,才能适应网络环境的需要。

著作权集体管理的前提和基础是从著作权人那里获得授权,然后对其作

---

① 李德成. 试论网络环境下著作权集体管理制度的建立与完善 [J]. 网络法律评论,2002 (2):76.

品进行整理，将作品和有关的权利人信息联系起来，这是利用这些资源并完成著作权人委托事项所必不可少的步骤。在这一过程中，著作权集体管理组织如何获得授权是首先要解决的问题。因此，如何建立网络著作权集体管理作品授权系统程序和建立著作权网上登记系统程序，是知识产权保护组织需要认真研究的课题。著作权集体管理组织获得授权后，要将作品与有关的权利人信息联系起来，针对每一作品的使用报酬进行分配，这些活动需要处理大量的作品信息。在信息的处理过程中，标识系统、许可条件和密码系统的使用是必不可少的，这些技术的运用在客观上需要法律的支持，各国为此正在进行积极的研究与尝试。由于网络著作权的无国界性，这种努力在国际层面的开展将更有意义。

（三）商业方法专利

虽然美国、日本等发达国家正在积极倡导商业方法的专利保护，但在国际保护层面，各国尚未就此达成共识，有关商业方法专利的授权方式与方法等国际保护制度尚属空白。发达国家一方面在自己国内小心地调整着这方面的法律法规，另一方面不断向发展中国家提交商业方法专利申请。鉴于目前国际知识产权保护体系在相关方面规定的欠缺，以及各国国内法规存在较大差异，如果一国的法律提供较少的保护，而另一国的法律提供较多的保护，则一方面可能会导致专利侵权者有"避难港"对其侵权行为进行逃避，另一方面也可能阻碍电子数据在不同经济实体中的正常流通，从而阻碍国际贸易的发展。因此，在国际知识产权保护体系中对商业方法专利作出相关规定以消除分歧势在必行。

对于上述问题，国际社会已经开始关注，并在对其进行研究与讨论，但统一的国际规则的形成还有赖于各国之间达成共识。各国由于社会制度、法律传统以及经济发展水平的不同，关于知识产权保护的共识的达成不是一蹴而就的，对于网络环境下的知识产权问题而言，其复杂程度自不待言。

经过近一个世纪的发展，可以看出：知识产权国际保护的标准在不断提高，知识产权国际保护的范围在不断扩大，知识产权国际保护制度的协调力度也在不断增强，知识产权的统一化趋势空前加强。知识产权国际保护体系面对网络环境的冲击已做出了一系列的适时反应，在科学技术飞速发展的未来，这一体系还要时刻准备迎接更为巨大的新挑战。

# 第十一章 知识产权保护的新需要与刑法完善

> **导读** 时至今日，知识经济时代已经到来，知识产权作为一种人类智力活动的创造成果，已经成为影响一国经济发展的重要因素，能够带来巨大的社会经济效益，为世界各国所重视，是社会经济发展的核心竞争力。随着经济全球化程度的不断加深，中国在知识产权保护领域也面临着严峻的挑战。

## 第一节 知识产权犯罪的现状与发展趋势

### 一、我国知识产权犯罪的现状

知识产权犯罪通常都具有智能化特点，尤其是在当前，知识产权犯罪智能化的特点日益明显，这主要表现在以下几个方面。

#### （一）犯罪人自身知识的智能化

随着人们对知识产权犯罪防范和打击能力的增强，犯罪分子也增强了自身的犯罪能力，从近几年的情况来看，知识产权犯罪分子的学历水平较过去已大为提高，他们的知识水平，对事物进行分析、洞察、辨别的能力和犯罪技能也较以前有所提高。

## （二）作案手段的科技性

从近几年的知识产权犯罪来看，许多犯罪分子在作案时大量使用各种科技手段来达到非法牟利等犯罪目的。之前侵犯知识产权犯罪常见的是食品加工、出版发行、手表箱包等小范围领域，涉案罪名多以假冒注册商标罪、侵犯著作权罪为主，罪名比较集中，而近年来侵犯知识产权犯罪逐渐扩大到侵犯商业秘密、非法获取计算机信息系统数据等科技、管理领域。

## （三）证据收集困难性

由于知识产权犯罪本身具有隐蔽性的特征，犯罪分子又极其狡猾，所以虽然在案件侦查方向、犯罪人范围等的确定上相对容易，但侦查中对犯罪证据的收集、保全却存在诸多困难。

## 二、我国知识产权犯罪的发展趋势

### （一）伴随着经济发展，知识产权价值日益凸显

我国在知识产权市场上的消费能力非常惊人，例如，前些年微软公司的 Windows Vista 中文版在我国的售价是 2100 元人民币，在美国的价格是 200 美元（约折合 1400 元人民币），同年，我国的计算机销售量是 1700 万台左右。从这个例子就能看出知识产权作为一种无形的资产所蕴含的重要经济价值，可以推测出，知识产权犯罪获得的利润极高。由于经济活动具有复杂性，犯罪分子往往会利用多种多样的经济联系来实施犯罪，在传统的司法工作中，人们常通过主动深入社区、企业、事业等组织进行防范教育。但现代科技已渗透到各个经济领域，潜在的犯罪人遍布各个角落，知识产权犯罪的智能化特点使对犯罪环境的转化、治理变得复杂、困难，加大了捕捉、发现犯罪迹象的不确定性。因此，在知识产权犯罪的防范上，不能局限于常规的情报信息收集、重点人员控制等方面，要进一步提高预防、跟踪、监督体系的效能，预防的深度、广度也要随之加大。

### （二）降低追诉数额标准后，犯罪门槛下降

从《最高人民法院关于审理非法出版物刑事案件具体应用法律若干问题的解释》到《关于经济犯罪案件追诉标准的规定》和《最高人民法院、最高人民检察院关于办理侵犯知识产权刑事案件具体应用法律若干问题的解释》，

再到《最高人民法院、最高人民检察院关于办理侵犯知识产权刑事案件具体应用法律若干问题的解释（二）》，知识产权犯罪的追诉数额标准一再降低。美国向WTO提出针对中国违反《TRIPS协定》第61条的规定的申诉，认为由于中国追诉知识产权犯罪的标准过高，导致一些发生在中国的具有商业规模的商标假冒和著作权盗版行为无法被追究责任。美国的该主张虽未得到专家组的支持，但在国内还是引起了业界的重视，在《最高人民法院、最高人民检察院、公安部关于办理侵犯知识产权刑事案件适用法律若干问题的意见》中，我国进一步扩展了对知识产权犯罪的打击面，不仅将未达到销售数额的销售使用假冒注册商标商品的行为、销售他人非法制造的注册商标标志的行为以销售假冒注册商标的商品罪（未遂）定罪处罚，同时也将"通过信息网络传播侵权作品的行为"认定为犯罪，在事实上降低了刑法对知识产权犯罪的追诉标准，扩大了对知识产权犯罪的处罚范围。之后，我国知识产权犯罪率的大幅上升，与上述司法解释的出台不无关系。犯罪门槛下降后，必然会增加司法部门的工作量。由于知识产权犯罪的智能化特点，对知识产权犯罪的社会预防不能止于传统的个人、社区、社会积极参与的机制，社会预防的方式、途径需要实现多层次、网络化、系统性。可以说，知识产权犯罪门槛的降低、社会预防成本的增加，必然会导致治理难度的提高。

（三）出于文化和观念上的原因，知识产权犯罪社会防控的难度加大

毋庸讳言，知识产权保护在我国的发展历史较短，我国公众在文化和观念上尊重知识产权的意识比较薄弱，有些人对盗版等行为持"宽容"态度，并不认为这种行为严重违背了社会道德。对以低价销售盗版产品，公众很少对其做出否定性的道德评价。对知识产权欠缺保护意识，在不知法的情况下盲目犯罪的情形仍然存在。我国知识产权保护的发展历史短于西方，对知识产权的保护观念尚未普遍形成，这也是我国目前知识产权问题较多的原因。因知识产权犯罪事后追究的特性和其本身的隐蔽性，在司法实践中，有的犯罪分子作案设计周密，及时销毁了犯罪证据，未留下对案件查处有用的线索；有的犯罪人利用高科技手段作案，长时间未被发现，在败露后又潜逃他地，这些情形都给及时、有效地查处案件增加了难度。而知识产权犯罪的社会防控是由社会主体在社会、经济领域进行犯罪防范的一项复杂的体系化工程。随着知识产权犯罪智能化特点的凸显，社会防控工作对社会防控参与者知识技能的要求势必提高；由于知识产权犯罪本身的隐蔽性，对防控人员、防控

(四) 出于法制原因，刑法的保护职能得不到充分发挥

从立法的角度来看，刑法的结构体系还未达到完善，对犯罪人的警戒、防范作用尚有提升空间。知识产权犯罪一般不直接危及人身健康和生命安全，因此，许多国家对于知识产权犯罪都是把握一个"严而不厉"的尺度，即降低刑事追诉标准，但不处以特别严厉的自由刑刑罚，主要使用罚金刑。对于首次犯罪，一般多判处缓刑并适当加重罚金；对于屡次犯罪以及情节特别严重的，则不应当适用缓刑，而是在加大罚金处罚力度的同时，没收已经扣押、冻结的赃款、赃物及其孳息，收缴犯罪工具，销毁侵权产品。目前我国仍采用以自由刑为主、以罚金刑为辅的知识产权犯罪刑罚体系，没有广泛、灵活地运用资格刑和没收财产刑，导致我国刑法对知识产权犯罪的打击手段不够多样，不能适应新环境下对日益猖獗的知识产权犯罪进行有力打击的需要。从执法方面来看，知识产权执法部门应加强执法力度。目前，侵犯知识产权的一般违法行为日益猖獗，存在公开销售侵权产品的行为。这表明一般知识产权违法案件没有得到有效的控制，对其缺乏有效的惩治手段，导致数量众多的轻微违法行为汇聚成较为严重的社会问题。

## 第二节　知识产权犯罪的预防与刑法保护的完善

### 一、我国知识产权刑法立法和司法中存在的主要问题

(一) 集中立法模式有一定的局限性

我国现行《刑法》采用将严重侵犯知识产权的犯罪行为集中规定，列专节排列的模式，即集中立法。在我国《刑法》分则的第三章第七节中，共规定了假冒注册商标罪，销售假冒注册商标的商品罪，非法制造、销售非法制造注册商标标识罪，侵犯著作权罪，销售侵权复制品罪，假冒专利罪，侵犯商业秘密罪七种知识产权相关罪名，就知识产权刑法保护进行了统一、集中规制。这种立法模式的优点在于，既有利于实现刑法罪名的系统化、集中化，增强刑法的科学性、统一性和体系性，也便于司法机关适用和社会各界学习

掌握。这种立法模式凸显了刑法的威慑性，彰显了对知识产权刑法保护的严正立场。不过，任何事物均有两面性，这种立法模式尽管集中、统一，但在适用知识产权保护的新问题、新要求上难免存在僵化的问题，对知识产权犯罪新问题、新要求的反应慢，自我调整、完善的活力不足。

（二）知识产权刑法保护的现有范围较窄

我国现有的知识产权权益非常广泛，但能够受到我国刑法保护的类别却比较有限。受制于立法时的经济社会发展状况及犯罪态势，我国《刑法》保护的基本是传统的知识产权，对于一些新出现的重要侵权类型并未进行规定。在一些新型知识产权权利被其他法律赋予、明确的情况下，严重侵权行为得不到刑法的立法保护，从而造成新型知识产权法律保护体系上的断裂。譬如，我国《中华人民共和国植物新品种保护条例》对植物新品种权进行了立法保护，《商标法》《地理标志产品保护规定》对地理标志专有权进行了立法保护。但现行《刑法》却没有关于这些权益的立法保护。尽管《中华人民共和国植物新品种保护条例》第40条规定"假冒授权品种……构成犯罪的，依法追究刑事责任"，在现实中对此却无真正的罪刑规范。何谓"假冒授权品种"，犯罪结果是造成他人经济损失还是有非法获利额，其刑罚配置的具体标准在何处，这些问题都亟待解决。再如，现行《刑法》保护的是注册商品商标，那么侵犯注册服务商标的行为如何处理？难道该行为不具有危害性吗？司法实践中，严重侵犯注册服务商标的行为依然存在。而从《TRIPS协定》和其他一些国家的法律看，注册服务商标同样应受到了刑法保护。《TRIPS协定》第16条明文规定：注册商标的所有人对其商标具有专属权，未经许可，第三方不得擅自在相同或相似产品或服务上使用相似、相同的标识，否则应予以刑事惩罚。

（三）侵犯专利权的犯罪行为类型比较单一

专利法赋予了实用新型和发明专利人权利，但刑法却没有对其进行保护，缺少对犯罪行为的相应规定。我国《刑法》第216条对假冒专利罪采取了简单罪状形式，犯罪行为类型及内部构造的理解与认定较为困难。在专利侵权行为中，一般有专利侵权行为和冒充专利行为两种类型，前者是侵权人对专利人专利独占性的侵犯，侵害的是专利权利人的权利，其主体确定；后者是将非专利产品冒充为专利产品的行为，侵害的是专利使用者的权利，有可能是不特定的群体。不论何种行为类型，两者均对社会造成了危害，侵害了国家专利管理制度，损害了专利权人和消费者的合法权益。

（四）商业秘密的刑法保护力度不足

从《TRIPS 协定》的规定来看，一些具有新型化学成分的产品如需在他国获得市场准入许可，则应将该产品的配料及其保密内容一并交到该国主管部门，为防止不当的商业利用，该国负有对其保密的义务。对此类国外商业秘密，我国《刑法》目前无法给予保护。

（五）罚金刑数额的确定及有效执行需要完善

《最高人民法院　最高人民检察院关于办理侵犯知识产权刑事案件具体应用法律若干问题解释（二）》第 4 条规定："对于侵犯知识产权犯罪的，人民法院应当综合考虑犯罪的违法所得、非法经营数额、给权利人造成的损失、社会危害性等情节，依法判处罚金。罚金数额一般在违法所得的一倍以上五倍以下，或者按照非法经营数额的 50% 以上一倍以下确定。"尽管有了比例罚金制，但在司法实践中，有的被告人被判处罚金 3000 元，难以给罪犯带来刑罚痛苦，不利于剥夺其再犯能力。有的被告人被判处几十万元、上百万元罚金，但能否有效执行存在不确定性。如何增强罚金刑的严肃性，确保执行到位，是需要解决的问题。

### 二、知识产权犯罪的预防与惩治

基于以上对我国知识产权犯罪现状、特点、犯罪概念和犯罪成因的分析，笔者认为，为了使我国的知识产权犯罪发案率下降，必须做好全方位的工作，多种措施并举。

（一）从知识产权制度入手

知识产权本身具有垄断性，这种垄断性是法律根据权利和义务相对称的原理权衡利弊的结果，是法律赋予知识产权拥有者的一种合法的专有权。因此，正当地行使知识产权应当受到尊重与保护。知识产权保护机制需要具有平衡权益性：一方面，其保护知识产权拥有者的合法利益不受侵犯；另一方面，其又要对这种权利进行一定的限制，防止由滥用引起的非法垄断。

知识产权保护是利益平衡机制，因此它与国家经济、生活水平、产业发展等因素密切相关，是社会综合问题。在《TRIPS 协定》中，有专门条文明确规定:"可采取适当措施防止权利持有人滥用知识产权。"但在一些实际案件中可以发现,就算是知识产权制度比较完善的发达国家,也存在滥用知识产权权利的情况。发明创造者的私人利益源自消费者的花费,特别是当消费者是穷人时,这可能与基本人权,如生存权、发展权相冲突。合理使用(fair use)或合理交易(fair dealing)是一种例外,它允许第三方在特定环境下使用版权材料。在大多数国家的国内版权法中,具体表现为基于"合理行为"或"合理使用"的原则,用于个人使用的复制、研究、教育、档案复制、图书馆使用和新闻报道。

因此,我国在提高知识产权保护水平的同时,结合世界发达国家的立法状况以及我国目前的实际情况,分别制定了知识产权领域的《反垄断法》和《反不正当竞争法》,以协调公共利益和知识产权人利益之间的矛盾,平衡二者的关系,防止知识产权拥有者滥用垄断权利,限制过度垄断情形的出现;创造良好的公平竞争环境,建立公平竞争机制,维护公平竞争的市场秩序;保护消费者和竞争者的合法权益,使双方在经济活动中都能合法地、最大限度地获得利益;兼顾效益与公平的原则,提高社会整体的生产效率,达到促进社会福利最大化的目的。我们也可参照国际惯例,对于某些知识产权考虑实行强制许可制度,同时迫使国外公司将其价格降低到国内可以接受的水平。

(二) 从知识产权享有者和消费者入手

1. 正确处理和建立知识产权享有者和消费者的均衡关系

第一,企业的经济利益和社会责任之间的均衡关系。在社会发展中,企业需要承担一定的责任。企业通过技术、市场和管理的创新来获取利润是天经地义的,但是,一个企业尤其是跨国企业,也必须承担相应的社会责任,包括科学技术的传播、环境保护等。尤其是在知识经济时代,软件行业在获得较高利润的同时应承担相应的社会责任。

第二,生产商主权和消费者主权之间的均衡关系。应该注意到,即使是发达国家的知识产权保护,也是在更严谨的"鼓励创新"和"利益平衡"的准则下推进的。尤其是在权利人(主要是企业)和消费者之间,消费者处于弱势地位,因此法律更多地是保护消费者的利益。在加强知识产权保护方面,主要是立法制约反不正当竞争行为和保护消费者利益。但是在我国,在知识产权的保护上,对弱势的消费者一方保护不足,对强势的权利人一方则缺乏足够的法律制约,尤其是要加强对知识产权垄断力量的制约。

### 2. 知识产权消费者应树立诚信的道德观

道德是社会调整体系中的一个重要影响因素，是人们关于善与恶、美与丑、正义与非正义、光荣与耻辱、公正与偏私的感觉、观点、规范和原则的总和。我国控制知识产权犯罪的刑法规定本身就包含相应的道德要素，控制知识产权犯罪的法律实施也需要社会道德的支撑。较高的道德水平对人们的知识产权守法行为有积极作用。有学者指出，德治所营造的良好道德环境，恰恰是实行法治所不可缺少的基础，没有德治所实施的普遍的道德宣传教育（道德教化），也就难以产生普遍的对法律的认同和守法行为。根据司法实际和国际义务，我国重点惩治假冒和盗版犯罪，而在盗版犯罪问题上，公众对其缺少否定的道德评价成为犯罪预防的主要障碍。因此，目前应当致力于树立知识产权消费者的诚信的道德观。

## （三）从惩治知识产权犯罪人的角度入手

除了上述不能和不应视作知识产权犯罪的情况之外，我国对知识产权犯罪的惩治力度仍需加强。对于符合我国知识产权犯罪构成要件和特点的纯粹意义上的知识产权犯罪，需要采取多种防治措施并举的综合性对策，以更好地维护国家的知识产权管理制度并保护知识产权拥有者的合法权益，促进科技创新和产业发展。

### 1. 设置知识产权犯罪的单行刑法规范

在知识产权战略已经作为国家战略的今天，我国知识产权刑法保护在立法理念、刑事政策、刑事保护对象和犯罪打击力度等方面与国际上知识产权刑事保护的大趋势是否相适应，与知识产权无形财产权的本质属性是否相适应等，都是我国知识产权刑事立法需要考虑的问题。对此，笔者认为，在知识产权法律领域，应该借鉴法国、德国等国知识产权单行刑法的立法体例，这样才能把基础民商法关系、概念、范围、知识产权的权利义务与刑法联系起来。单行刑法既能保障刑法典的稳定性、权威性，又能灵活地适应新情况、新形势，具有较强的适应性。随着知识产权保护面临的新问题、新情况逐渐增多，知识产权刑法保护制度应得到及时修改完善，通过单行刑法规范对新出现的情况及时做出回应，以适应新形势的需要。单行刑法能够灵活地将新的侵犯知识产权的行为入罪，做出及时的刑事反应，保障创新的动力与活力。同时，还应进一步细化相关的犯罪规范，完善对罪状和犯罪行为特征的描述。另外，也可通过司法解释与指导性案例的方式进行补充。

2. 修改知识产权犯罪的构成要件，增加和完善有关犯罪的规定

我国《刑法》第213～219条分别规定了假冒注册商标罪，销售假冒注册商标的商品罪，非法制造、销售非法制造的注册商标标识罪等七种知识产权犯罪，涉及商标权、专利权、著作权和商业秘密权等知识产权的主要领域，这对于打击知识产权犯罪、净化知识产品的市场经济环境，无疑具有十分重要的意义。但是，刑法对知识产权犯罪的罪名设置和罪状设计缺乏应有的超前性和完备性，致使某些严重的侵犯知识产权的犯罪因"法无明文规定"而不能纳入刑事制裁的范围，从而妨碍了刑法在打击知识产权犯罪中的功能和作用的充分发挥，削弱了刑法的尊严和权威。

3. 调整刑罚结构，重视罚金刑、资格刑和缓刑的适用

就刑罚公平而言，罪刑关系、刑刑关系的确立与适用应当做到公平、合理、协调，其关键在于坚持罪刑均衡原则。鉴于我国知识产权犯罪目前的刑罚结构整体趋重且罪刑之间不平衡的现状，笔者认为，应调整知识产权犯罪的刑罚结构，以确保知识产权犯罪行为与我国刑法分则规定的其他犯罪行为之间法定刑的综合平衡。在实现知识产权犯罪刑罚适用公平的同时，应当采取以下措施，完善罚金刑和资格刑的规定，以降低刑罚适用的社会成本，提高刑罚适用的效益。

第一，采用"限额罚金制"或者"倍比罚金制"的立法模式。财产刑的适用能使犯罪人受到精神痛苦，削弱或剥夺其再犯能力。司法实践中，应切实重视并发挥好罚金刑的作用，既要使罪犯受到痛苦、受到教育，也要保障判后的有效执行。我们反对不重视罚金刑的观点，同时也要反对"唯罚金论"，如果片面夸大罚金的作用，反而会降低对自由刑适用的重视程度。

第二，借鉴国外成熟经验，在知识产权犯罪中增设资格刑。在国外，资格刑的适用范围较广，包括禁止从事一定的职业、禁止担任一定的职务、剥夺一定的权利、剥夺荣誉称号、剥夺国籍等。如《法国刑法典》规定，"法院可判令侵权单位不超过5年的全部或部分以及最终或临时停业"，"法院还可以判令被告按《法国刑法典》第131～135条规定的条件付费张贴处罚判决书，以及在法院指定的报纸上全文或摘要刊登此判决书，但公告费用不得超过罚金的最高限额"。针对类似于白领犯罪和贪利性犯罪的情况，资格刑能够消除特定犯罪人的行为能力，因而其效果可能比主刑（罚金、拘役、管制乃至短期自由刑）更好。在经济社会中，资格刑不仅可以防止罪犯再犯，而且对普通人也具有强烈的预防和震慑作用。

第三，适当减轻自由刑。"在一个自由受到推崇、自由属于一切人、每个人都怀着一种普遍而持久的情感向往自由的社会里，监禁怎么会不成为典型的刑罚呢？这是因为自由对一切人都是同样重要的。"① 在我国刑罚体系中，自由刑长期占据核心地位，对于侵犯知识产权犯罪而言，以自由刑为主的现状实难也无必要改变。对于经济犯罪，自由刑的存在及威慑力是非常必要的，因为大多数的经济罪犯都是唯利是图者，而且喜好冒险性的投机；若对之仅科以罚金，在行为人主观上充其量只不过是一次投机生意的失败，而非受到国家的惩罚。因此，其刑罚威吓的效果就大为减弱。

有些学者认为，我国知识产权犯罪自由刑过于严厉，不符合刑罚发展的轻缓化趋势，也不是经济犯罪应该选择的刑罚程度。这种刑罚配置与"严而不厉"的世界刑法发展潮流是相悖的。陈兴良认为："刑法谦抑性，是指立法者应当力求以最小的支出——少用甚至不用刑罚（而用其他刑罚替代措施），以便获取最大的社会效益——有效地预防和控制犯罪。"② 换言之，凡是在用其他法律手段足以抑制某种违法行为、足以保护合法权益时，就不要将其规定为犯罪，凡是适用较轻的制裁方法就足以抑制某种犯罪行为、足以保护合法权益时，就不要规定较重的制裁方法。综观知识产权的发展历史可以发现，这一制度的产生源于人类社会一种纯粹的功利需求，而与道德诉求无关，因此，保护知识产权不属于伦理学中所谓的"第一原理"（如不可杀人、不可偷盗等）。侵犯知识产权犯罪作为法定犯罪，由于其应受社会道德谴责性和主观恶性不如自然犯罪强烈，所以一般认为其社会危害性小于后者，犯罪行为人的人身危险性程度与其他传统型犯罪相比也较低。基于罪刑等价（相适应）原则，应当对侵犯知识产权犯罪设置较轻的自由刑。而且，自由刑本来就存在一些天然的弊端，"自由刑无疑是人类集团之驱逐，将犯罪人驱逐于较任何普通社会之条件更坏的地方，而他却必须由此地重新回到社会上来，故为无益的驱逐，受刑人在被驱逐之地，不但不可能过着有意义的生活，而且被切断与文化的联系，损害其心理及社会性，使其社会复归更困难化"③。适当减轻自由刑，既是对刑法的谦抑性和人道性原则的充分尊重，也有利于避免对知识产权的过度保护，减少对社会公众利益的损害。根据侵犯知识产权犯罪的社会危害程度，结合其他罪名法定刑的设置，笔者认为将侵犯知识产

---

① 福柯. 规训与惩罚：监狱的诞生 [M]. 刘北成，杨远婴，译. 北京：三联书店，1999：265.
② 陈兴良. 刑法的价值构造 [M]. 北京：中国人民大学出版社，1998：101.
③ 福柯. 规训与惩罚：监狱的诞生 [M]. 刘北成，杨远婴，译. 北京：三联书店，1999：246.

权犯罪的法定刑规定为3年以下有期徒刑、拘役或者管制较为合适。

**4. 完善刑事诉讼程序，加强对知识产权犯罪被害人的刑事赔偿**

第一，完善"三合一"审判模式。在知识产权犯罪领域，刑法应当遵循自身独立的评判价值，民事、行政处罚依据的前置性法律只能作为刑事判断的一种参考。在一些特定的情形下，即使不构成知识产权民事侵权或行政违法，也可以根据刑事法律直接作出构成犯罪的认定。要区分刑法保护的法益和民法保护的法益，合理地把握公权力的介入程度和时机，防止因过度行使公权力对市场经济秩序、市场环境造成不当损害。要合理地把握刑法介入的方式，全国推行"三合一"审判模式的正当性在于刑事领域违法构成要件和民事侵权领域、行政违法是一致的，区别仅是危害后果程度上的差异。但是，目前相当一部分侵犯知识产权的犯罪案件是由行政部门来处理的，又由于种种因素，其中不少涉及刑事量刑的知识产权侵权案件没有被移送给公检法机关来处理。所以，建立一套完善的行政移送制度，将行政执法手段与刑事执法手段完美地结合起来是有必要的。

第二，完善公诉和自诉相结合的追诉模式。根据最高人民法院、最高人民检察院、公安部、国家安全部、司法部和全国人大常委会法制工作委员会联合发布的《关于实施刑事诉讼法若干问题的规定》，侵犯知识产权犯罪既可以是公诉之罪，也可以是被害人告诉才处理的自诉之罪。但据笔者了解，在司法实践中，由于取证难等原因，知识产权犯罪自诉模式远没有得到应有的重视和充分的适用，应大力改变这种现状。采取公诉和自诉相结合的追诉模式可以集中两种追诉模式的优点，有利于追究犯罪分子的刑事责任。第一，就公诉模式而言，由于有强大的国家专门机关介入侦查和打击犯罪，能够为查明案件事实、收集充分的证据从而惩罚犯罪人提供强大的物质力量支持和基础。第二，自诉模式尊重知识产权人的意志，使其在面临知识产权侵权的情况时可以衡量利弊做出有利的选择。鉴于权益人对自己知识产权的熟悉性和保护自己权益的敏感性、积极性，其应是侵权行为的最先感受者和发现者，也最有积极性拿起刑法武器保护自己的合法知识产权。第三，公诉和自诉相结合的模式符合诉讼经济原则。对于国家权力干预私权来说，应遵循必要性原则，即应该减少干预，充分尊重当事人的意志，这一方面有利于节约司法资源，把有限的资源配置到必须由国家权力干预的方面，另一方面也符合刑罚的谦抑性和最后手段性原则。刑罚仅是一种必要的"恶"，因而不论是在刑罚的配置还是适用上，都应遵循谦抑性和最后手段性原则，即以最小的刑罚量达到最大的效益。知识产权犯罪只有在权益人难以通过自力救济保护自己的权益时，才付诸公诉程序，是与上述原则相吻合的。

此外，对于知识产权犯罪的被害人因知识产权犯罪而遭受的经济损失能否给予相应的补偿，事关刑法正义价值目标的实现，笔者认为，有必要借鉴英国、美国、法国等国的做法，对于知识产权犯罪的犯罪物品采取特殊的司法行政强制措施，在修订后的知识产权刑事立法中明确规定，对于没收的侵权物品及各种违法所得，一律予以收缴，并交给知识产权犯罪的被害人或者权利所有者，这样不仅可以对知识产权犯罪的被害人提供切实可行的经济补偿，又可以避免社会资源的浪费，充分做到物尽其用。

另外，应当加强国际交流与合作，如在涉外知识产权犯罪案件上多与国际刑警组织合作。我国已加入国际刑警组织并成为国际刑警组织执委会成员之一，我国以往多是在一般刑事案件上与国际刑警组织合作，随着涉外侵犯知识产权犯罪行为的危害性日益严重，我国应在这方面加强与国际刑警组织的合作，以使涉外侵犯知识产权的犯罪分子难逃我国法律的制裁。

## 第三节　创新变革中的知识产权法律保护问题

当今世界，全球创新活动日趋活跃，创新局势瞬息万变，新一轮创新变革蓄势待发。与此同时，鼓励创新的知识产权制度也在发生深刻的调整和变革，在创新发展中的重要性不断增强，各国都逐渐加强了对知识产权的法律保护。为加强对知识产权的保护，我国建立并完善了与创新发展相适应的知识产权刑事司法保护与行政保护体系，其中，刑事司法保护发挥了法律保护知识产权的主导作用，而行政保护则在知识产权涉及公共利益时发挥保护作用，两者都为我国创新驱动发展提供了必要的知识产权保护支撑。随着创新变革的快速发展，现有的知识产权保护体系愈加难以满足实际知识产权保护工作的需要，新技术、新业态等创新成果对知识产权法律保护提出了更高的要求。

### 一、知识产权法律保护面临的新问题

#### （一）保护的客体范围呈现逐渐扩大的趋势

在创新活动蓬勃开展的形势下，新技术、新业态、新产业争相涌现，创新成果接连出现，特别是在互联网领域，新模式、新应用等新事物层出不穷。

而且由于经济社会的发展,知识的产生速度、传播速度与更新速度都在加快,创新成果的研发周期逐渐缩短,知识产品总量则迅速增加。这些创新成果大大突破了现有的知识产权法律保护框架,使知识产权制度在短时间内无法覆盖创新发展的各个方面,知识产权制度不断受到冲击。可以说,当前的知识产权制度滞后于保护创新成果的要求,知识产权法律和刑事司法保护的客体范围呈现扩大的趋势。

随着互联网技术的快速发展,消费者的需求也在不断变化,互联网企业必须加快技术创新和商业模式创新来应对这种变化。在互联网经济中,新的商业模式以用户体验为导向,自身的迭代速度很快,保护需求时效性强,需要根据用户反馈不断实时调整产品和服务。但是,现有的知识产权法律保护跟不上其更新速度,企业开创了新的商业模式后,其他企业争相模仿,导致产业之间的无序竞争愈演愈烈,严重阻碍了产业健康发展。

在现有的知识产权法律和刑事司法保护体系下,如果不能对这些新出现的事物进行及时、有效的保护,容易造成对创新主体的侵权。即使是在知识产权法律保护的框架下,保护工作在实施过程中执行得不够及时、有效,创新成果不能得到有力的保护,也会极大地挫伤创新主体的积极性。目前,我国的知识产权保护不仅存在法律和刑事司法障碍,而且实际的知识产权保护工作缺乏前瞻性,对于即将出现以及未来可能出现的新事物没有相应的应对机制。如何及时保护新业态、新模式等新事物,现行法律和刑事司法所确立的保护机制如何在实践中更加有效地运行,既确保合理地利用专利、版权、商标等知识产权资源以提高全社会的经济产出,又维护公平竞争以激发创新主体的创造力,这些都是必须解决的问题。

(二) 开放式创新中成果保护方式的选择

在新的创新范式下,创新过程中更加注重开放与合作,科学技术领域不断交叉融合,技术的开发与突破也强调合作共享,创新成果被所有合作方共享。在开放式创新中,知识产权的常见保护措施既包括申请专利和商标,也包括保守商业秘密、缩短研发时间等。对于大企业来说,可以选择众多正式与非正式知识产权法律保护方式;但对于中小企业来说,知识产权法律保护的选择就比较有限。由于获得和维持专利的耗费不菲且程序复杂,所以大多数中小企业青睐于缩短产品上市时间、保守商业秘密等保护措施。

但是,正式的知识产权法律和刑事司法保护措施仍然在开放式创新中扮演着重要的角色,能够促进开放式创新过程中的知识流动。比如,如果保护的知识产权是专利的话,通过协商的技术转让就很容易进行,专利也可以促进技术和知识产权的交易、推动知识的模块化。因而参与协作式研发的企业更倾向于使用专利,而不是商业秘密。另外,正式的知识产权法律和刑事司法保护还可以作为一个信号传递方式,向外界展示企业的技术实力,特别是对于中小企业来说,拥有专利可以成为获取风投资金、与大企业合作的前提条件。

虽然开放式创新中的知识产权法律和刑事司法保护措施很重要,但也有一些学者认为,自由披露可以让小企业克服"规模小"这一不利因素。自由披露的理念是,企业有选择地披露部分知识资产给他人免费使用对该企业有好处。这在开放源软件的开发中是一种常见的做法,一些其他行业的大企业也开始采用这一做法。

因此,在开放式创新中,知识产权法律和刑事司法保护没有统一的有效办法,不同的知识产权保护措施因形式而异,适用于某些知识产权法律和刑事司法保护措施的情况在很大程度上因行业和企业类型而异。尤其是服务行业的企业主要依赖的是上市速度,而研发密集型中小企业依赖的则是专利措施。那么,知识产权法律和刑事司法保护措施在不同的开放式创新实践中,以及对于不同的外部知识源是否扮演着不同的角色?如果答案是肯定的,那么合法的知识产权法律和刑事司法保护什么时候会阻碍价值创造和价值捕获?这是需要进一步考虑的问题。

## 二、强化知识产权政策保护和法律保护的设想

在创新变革的快速发展下,我国需要改进知识产权法律和刑事司法保护的现有机制,优化知识产权政策的制定过程,强化知识产权法律和刑事司法保护与运用。对于知识产权保护体系的完善,应当进行合理的布局与深化研究,逐步增强对互联网等创新发展快的领域的知识产权法律保护。同时,在知识产权相关政策的制定过程中,应将利益相关方都纳入进来,共同推动知识产权治理机制的建设与完善。虽然形成政策的过程可能会显得相当困难,但为了保障创新创造活动的开展,应做好前瞻性的研究工作,及时、有效地对新问题、新事物做出应对。

### (一)逐步增强互联网等领域的知识产权法律保护

对于互联网领域的知识产权法律和刑事司法保护问题,目前的管理办法

有《关于规范网络转载版权秩序的通知》和《国务院办公厅关于加强互联网领域侵权假冒行为治理的意见》。随着互联网相关技术的发展，互联网正在引领全球信息技术革命，加速向经济社会各领域渗透融合，不断催生新产品、新模式、新业态，给知识产权法律和刑事司法保护提出了众多新问题。同时，创新成果的增多也为知识产权事业的发展带来了新的机遇。在对创新成果进行保护的过程中，应根据各领域的发展规律与技术特征，做到既要惩戒又要兼顾多方利益，实现保护知识产权与激励创新之间的平衡。因此，对于互联网、大数据、人工智能等新兴领域的知识产权保护问题，要在深入研究的基础上，加快推进相关法律法规的制定，也要逐步增强对新业态、新领域创新成果的知识产权民事、行政和刑事法律保护措施。

1. *构建互联网等领域的知识产权保护法律体系*

我国互联网相关技术发展迅速，互联网、云计算、大数据、物联网等和其他产业紧密结合，有关技术现已达到世界前沿水平。面对互联网前沿技术的知识产权保护需求，我国已经无法借鉴国外相关经验，需要自身深入探索并逐步建立适应互联网时代的知识产权法律保护体系，针对互联网新技术的特点制定相应的保护措施，在不同领域实施以促进发展为前提的差别化保护策略，并由此指导相关的国际知识产权法律法规的制定。

2. *合理确定不同领域的知识产权保护水平*

知识产权保护有一个适度原则，即要与产业的发展状况相适应，过高或者过低的保护水平都会产生抑制创新的作用。因而对于不同领域创新成果的保护，应当审时度势，针对互联网经济形态下不同领域知识产权保护的实际情况，设计合理的知识产权法律法规保护机制，确定适当的保护水平。同时要根据不同领域的发展状况，适时地逐步提高知识产权法律和刑事司法保护水平，达到既保护创新主体的利益，又兼顾使用者和社会公众利益的目标，鼓励进一步创新，促进不同领域的发展。

3. *通过典型判例营造良好的竞争环境*

由于法律的制定难以赶上日新月异的技术创新，面对不断涌现的创新成果，知识产权法律和刑事司法保护更多应从实际出发，通过一些判例来营造一个更加公平的竞争环境，如提高侵权惩罚性赔偿的额度或建立刑事处罚制度。同时，也需要公布一些典型案例来加强司法和执法层面的透明度，对审判经验进行交流与总结。在涉及专业技术领域的判决和裁定时，法院要利用专家和证人或者技术调查员作为知识产权法官的有效的协助和支持。

## (二) 利益相关方都要纳入政策制定和法律保护的框架之中

对于创新发展的未来趋势，很难预知新的创新成果何时出现，但可以通过建立相应的机制及时做出应对。知识产权管理部门应把相关的利益方都纳入政策制定和法律保护的框架之中，以开放合作的形式共同制定应对机制，提出相应的解决方案。管理机制体制也应适时地做出改变，与各方共同商议，及时掌握发展动态。可以先由行业协会、领头企业等创新主体提出应对方案，在行业内进行约束自律，以行业规范的形式进行管理。知识产权管理部门综合各方意见后，由点及面，从全局的角度进行综合考量，制定相应的政策。如果形势发展呈现一般性规律，则应用法律、法规的形式固化下来。

对于新技术、新业态等创新成果的出现，行业协会或领头企业能够及时洞悉与了解，比知识产权管理部门更早地掌握相关发展情况。为了更好地支持与引导相关产业的发展，知识产权管理部门应当加强与行业协会或领头企业的联系，及时对新事物进行跟踪和了解，掌握行业的发展动态与技术前沿领域。在对新事物进行治理与规制的过程中，应增加与行业协会的沟通，了解其实际需求，然后建立相应的管理与法律保护机制，实现有效治理。

以政策目标为导向，对知识产权的权利进行某种重新定义，以强化新领域的知识产权法律和刑事司法保护。虽然对于传统的知识产权类别之外的数据类别进行某种重新定义看起来不可避免，对现有知识产权的权利进行任何重塑仍将取决于政策制定者想要达到的目标。如果目标是促进数据收集和利用，以增进对人类健康的了解，那么政策制定者将需要考虑一系列问题。现有的知识产权安排是否为促进这一目标提供了正确的激励措施？是否需要采取额外的激励措施？抑或市场上是否有足够的激励措施？"数据收集者"的行为是否需要得到规制？管理商业秘密的法律包括刑事司法涵盖了其中的一些问题，但确有必要围绕这些不断变化的问题展开研究。

总之，在创新变革快速发展的形势下，面对新问题，知识产权和刑事司法法律保护工作应当逐渐得到完善，以促进领域的发展为前提，适当地强化知识产权法律和刑事司法保护水平。不仅要对当前出现的创新成果进行保护，也要对未来可能出现的创新成果进行保护，构建全方位、战略性、前瞻性的应对机制，从而不断地完善并强化现有的知识产权保护体系，保护创新成果，激发创新主体的活力，促进经济社会的发展。

# 参考文献

[1] 梁军. 知识产权法 [M]. 成都：电子科技大学出版社，2019.

[2] 漆海燕，李飞鸣，马丽. 知识产权法 [M]. 成都：西南交通大学出版社，2019.

[3] 孙那. 立陶宛知识产权法 [M]. 北京：法律出版社，2019.

[4] 马海霞. 知识产权法概论 [M]. 北京：法律出版社，2019.

[5] 张大伟. 欧盟版权法 [M]. 上海：东方出版中心，2019.

[6] 刘智慧. 2020 国家统一法律职业资格考试教材一本通：民法·知识产权法 [M]. 北京：中国法制出版社，2019.

[7] 林宣佐，罗鸿海，房立普. 知识产权法理论与实务 [M]. 北京：中国商务出版社，2019.

[8] 何隽. 知识产权法案例评析 [M]. 北京：知识产权出版社，2019.

[9] 冯晓青. 知识产权法热点问题研究：第 5 卷 [M]. 北京：中国政法大学出版社，2019.

[10] 教学辅导中心. 知识产权法配套测试：7 [M]. 9 版. 北京：中国法制出版社，2019.

[11] 郭禾. 知识产权法 [M]. 北京：中国人民大学出版社，2020.

[12] 一考通自考命题研究中心. 知识产权法：一考通试卷 [M]. 北京：国家行政学院出版社，2020.

[13] 李明德，闫文军. 日本知识产权法 [M]. 北京：法律出版社，2020.

[14] 蔡玮律. 秒懂知识产权法 [M]. 北京：清华大学出版社，2020.

[15] 俄罗斯知识产权法：《俄罗斯联邦民法典》第四部分 [M]. 孟祥娟，译. 北京：法律出版社，2020.

[16] 知识产权法：实用版法规专辑［M］．北京：中国法制出版社，2020．

[17] 刘东根．2020年国家统一法律职业资格考试一本通：第四卷　知识产权法·经济法·环境资源法·劳动与社会保障法·国际私法·国际经济法［M］．北京：法律出版社，2019．

[18] 教学法规中心．知识产权法：学生常用法规掌中宝2021～2022［M］．北京：中国法制出版社，2020．

[19] 席默，泽曼，哈穆尔，等．生命科学发明在欧洲的保护和执法：在欧洲专利公约和欧盟法的框架下［M］．2版．黎邈，张颖，钟辉，译．北京：知识产权出版社，2020．

[20] 汪泽．民法思维与商标权救济［M］．北京：商务印书馆，2020．

[21] 王硕．劳动合同：原理与案例［M］．天津：天津社会科学院出版社，2020．

[22] 黄佑星．走向多元化的法理思考［M］．长春：吉林大学出版社，2020．

[23] 顾骏，许春明，等．意志与责任：法律人工智能［M］．上海：上海大学出版社，2020．

[24] 王淑君．公共利益视角下高校专利问题研究［M］．北京：知识产权出版社，2020．

[25] 广州市律师协会．岭南知识产权律师：知行集［M］．北京：中国法制出版社，2020．

[26] 柯岚馨．知识产权论文总目［M］．北京：知识产权出版社，2020．

[27] 杨帆．知识产权的国际保护［M］．北京：中国人民大学出版社，2020．

[28] 李雨峰．西南知识产权评论：第8辑［M］．北京：社会科学文献出版社，2020．

[29] 张玉敏．知识产权法学［M］．3版．北京：法律出版社，2020．

[30] 周志强．一本书精通知识产权［M］．上海：东华大学出版社，2020．

[31] 张广良．国际知识产权发展报告：2019［M］．北京：中国人民大学出版社，2020．

[32] 李雷霆，张晓津．知识产权典型案例解析［M］．北京：知识产权出版社，2020．

[33] 田卓景雯．乌克兰知识产权发展报告［M］．北京：知识产权出版社，2020．